오후의 단상

오후의 단상

초판 1쇄 인쇄 2009년 9월 15일
초판 1쇄 발행 2009년 9월 20일

지은이 | 서세연
펴낸이 | 金泰奉
펴낸곳 | 한솜미디어
등 록 | 제5-213호

편 집 | 박창서, 김주영, 김미란
마케팅 | 김영길, 김명준
홍 보 | 장승윤

주 소 | (우143-200) 서울시 광진구 구의동 243-22
전 화 | (02)454-0492
팩 스 | (02)454-0493
이메일 hansom@hansom.co.kr
홈페이지 www.hansom.co.kr

값 10,000원
ISBN 978-89-5959-210-4 (03810)

오후의 단상

서세연 지음

한솜미디어

❖ 머리말

글 쓰는 일을 직업으로 삼는 작가도 아니면서 또 그렇다고 남에게 귀감(龜鑑)이 될 만한 삶을 산 저명인사도 아니면서 감히 이렇게 책을 엮어 낸다는 것이 어째 주제 넘는 짓 같아 쑥스럽게만 여겨지고 지인들의 조소(嘲笑)감이나 되자 않을까 싶어 매우 조심스럽고 두려운 마음까지 들기도 한다.

나는 어려서부터 유명한 문인들 그리고 저명한 인사들이 쓴 수필을 즐겨 읽어 왔다. 내가 글을 써 본 일이라곤 어렸을 때 객지에서 공무원으로 근무하고 계시던 아버지에게 써 드렸던 편지와 친구지간에 주고받았던 편지 그리고 이성에 첫눈이 뜨였을 때 썼던 이성에 대한 연서가 고작이었고, 법원 일반직 공무원으로 재직하고 있을 때 각종 기획안 등 공문서 작성, 재판부에서 근무할 때 쓴 재판조서 및 검증조서 작성 등이었다.

그러다가 일상생활상의 필요나 직무와 관련된 글이 아닌 수필이라는 장르로 글을 쓰게 된 동기(motive)는 지리산 산행기를 쓴 글이 요행히 법률 전문 주간지인 법률신문에 실리게 되고부터이다.

그것이 계기가 되어 틈이 있을 때마다 내가 그저 평범하게 한갓 소시민으로 살아오면서 겪고 느꼈던 바를 글로 써서 같은 신문에 게재를 의뢰하여 실어준 글 등 이것저것을 주워 모아 이렇게 주접스럽게 책을 엮게 되었다.

연분이라는 끈에 이끌려 무직이었던 늦깎이 수험생과 인연을 맺어 같이 살아오는 동안 박봉으로 어려운 살림살이를 알뜰하게 꾸려오면서 나와 자식들의 뒷바라지를 잘 해준 아내에게 이 책을 바친다.

그리고 평소 나의 일을 성실하게 거들어주고 있는 우리 사무실의 김행산 사무장 이하 직원들에게 감사하며, 한솜미디어 편집팀과 김태일 실장님께 깊이 감사를 드린다.

서세연

❖ 목 차

제4장 산행기(山行記) 등…

제1장

오후의 단상

행복이란 결코 손이 닿지 않는 먼 곳에 있는 꿈이 아니다.
행복은 내 마음속에 있다.
내 마음이 행복하다고 느끼면 그것이 곧 행복이다.

내 탓이오

나의 어머니가 세상을 떠나셨을 때 어머니가 생존 시 천주교 신자였던 연유로 천주교 성당에서 영결미사를 지낸 일이 있었다. 그때 나는 어머니를 잃은 슬픔과 불효를 저지른 회한으로 눈에도 마음에도 눈물이 가득하여 그 성당에서 신도들이 무어라 읊조리며 어떻게 미사를 드리는지 분간치 못하고 있었는데 문득 그들이 모두 자신들의 가슴팍을 가리키면서 "…내 탓이오, 내 탓이오"라고 하는 소리가 내 귀의 고막을 울렸고 내 심금을 울렸다.

그래서 어머니가 돌아가신 것이 내 탓으로만 여겨져 더욱 내 마음이 아팠고 괴로웠다. 그래서 하늘을 보고 울었다. 그리고 다짐을 했다. 내 비록 신자는 아닐지라도 이 세상을 살아가는 데 맺어지는 모든 인간관계에서 발생하는 어떤 허물일지라도 그것을 내 탓으로만 돌려 후회되는 일이 없도록 해야겠다고.

이 세상을 살아가노라면 우리 인간들이 연출하는 세상만사 시비 거리도 많고 싸움질이 많기도 하다. 그것은 어쩌면 인간사회의 필연적인 현상이 아니면 그것의 속성일지도 모르겠다. 그런데 문제는 서로들 시비 거리가 될 만한 건더기도 아닌 것들을 가지고 시비가 벌어지고 싸움질을 한다는 데 있다.

얼마 전에 내가 본원 조사관(가사)으로 근무한 적이 있었는데 그 당시 직무상 남의 가정사, 그 중에서도 특히 부부간의 이혼사건에 끼어들어 그들 당사자의 호소를 들어볼 기회가 있었다. 그런데 그들 모두가 하나같이 자기 허물을 얘기하는 사람은 없었고, 이혼을 원하는 쪽이나 이혼을 당하는 쪽이나 상대방 쪽 탓만 늘어놓고 있었다. 서로 갈라서고자 하는 사유를 제3자가 들어 보면 웃어 넘겨버릴 하찮은 것들을 그들은 맺어진 인연을 끊어버릴 좋은 구실이라도 찾은 것처럼 너무도 당당하게 주장하고 고집을 부리는 꼴을 보았다.

그들은 왜 정성으로 만들어진 보금자리를 흩트려 버리겠다고 바동거릴까. 속살 부비며 끈끈하게 맺어졌던 인연을 왜 하루아침에 박살을 내겠다고 울부짖고 있는 것일까. 인간의 성품에 간사한 일면이 있어 자기 편리만을 추구한 이기적이고 쾌락적인 동물 근성 때문인지는 몰라도 서로 만났을 때의 좋았던 감정을 잊어버리고 처음부터 원수가 되어 있는 것처럼 증오심만 가득 차 있는 것을 보았다.

그들 사이에 비집고 들어가 그들의 마음을 달래어 처음 만났을 때의 좋은 사이로 돌아가도록 여러 차례 시도해 보았으나 내 능력 부족 탓인지 거의 허사였다. 인간사회에서 벌어지고 있는 온갖 불화와 분쟁은 인간의 이기적인 속성 때문일 것이고 자기 개인의 허물, 자기가 속해 있는 집단의 허물은 모른 채 어떠한 허물일지라도 그것을 남의 탓, 다른 집단의 탓으로만 돌려 버리기 때문에 생기는 것인지도 모르겠다.

전체의 화합을 위한 나 개인의 희생정신, 양보하는 미덕, 타협하는 자세, 용서하는 아량, 자비스러운 마음, 자기를 아는 겸손, 타인의식 등등 인간이 가질 수 있는 아름답고 착한 마음씨만으로 이 세상을 살아간다면 어느 가정에서나 어느 사회에서나 화목만이 존재하고 있을 것이다. 그러나 그러하지 못한 것이 현실이라서 그저 안타까울 뿐이다. 다만 나 혼자만이라도 "내 탓이로소이다. 내 탓이로소이다" 하면서 양보하는 마음으로 이 세상을 살아가리라.

생명은 유한한데

얼마 전 내가 아는 사람이 세상을 떠났는데 그분이 생존시 불교신자였기 때문인지는 몰라도 하여튼 그 망자에 대한 장례를 화장으로 한다 해서 서울 근교 화장장까지 따라가 본 적이 있다. 화장터를 생각하면 어렸을 때 고향 연등동 산비탈에 시커멓게 연기로 그을려 채색된 사각모꼴의 창고 같은 좀 으스스한 시멘트 건물을 무서워서 똑바로 쳐다보지 못하고 곁눈길로 힐끔 힐끔 버스 창 너머로 지나치면서 보곤 했던 때가 연상된다.

현대식 건물로 단장되고 시설이 완비된 그 화장터에서 생명이 끊어진 망자의 육신이 유족들이 유리창으로 들여다보는 앞에서 불구덩이로 밀려들어가 잠깐 사이 연기로 변해 사라지고 산 자의 눈에 남아 보이는 것은 재로 변한 몇 조각의 회색빛 뼈뿐이었다. 그 뼈 조각이 한줌의 뼈 가루로 부수어져 유족의 손으로 넘겨지는 것을 보고 난 후 집으로 돌아오는 동안 내 마음은 왜 그리 허전하고 또한 착잡했는지. 그래서 여러 가지 상념에 사로잡혔다.

사람은 각자 '우연'스럽게 이 세상에 태어나 길게든 짧게든 삶을 유지하다가 '필연'적으로 사라진다. 즉 '생'은 '우연'이요, '사'는 '필연'이라 사람은 자기가 태어나는 것은 모르지만 죽는 것은 안다. 자기 의사와 관계없이 어느 생리학적 작용에 의하여 이 세상에 태어나 또한 자기 의사와는 무관한 인연(혈연)을 맺기도 하고 이 세상을 살아가면서 자기 의사에 따른 또 다른 인연을 맺기도 한다. 생존의 길이는 사람에 따라 다르지만 어떻든 이 세상을 우주관적 관념으로 살핀다면 인간생명의 길이는 찰나에 지나지 않는 것, 그 존재 자체도 미생물학적 개념에 불과한 것이다.

사람이 세상에 태어나면 먼저 태어난 사람들, 같은 때에 태어난 사람들, 나중에 태어난 사람들이 줄줄이 이어지는 인간관계에서 어느 사람은 모두에게 유익한 존재로 살아가고 어느 사람은 자기에게만 유익하게 살아가고 또 다른 사람은 모두에게 해로운 존재로 살아가기도 한다. 어차피 사람은 이 세상을 자기 혼자서는 살아갈 수 없는 사회적 동물인 것은 누구나 다 아는 진리이다.

자기에게 있어서는 유한인 이 세상을 어떻게 살아가는 것이 다른 사람에게 필요하고 유익한 삶이 되어 자기 개체의 유한을 다른 사람의 마음속에 영원으로 심어 줄 수 있을까. 자기가 살아가는데 필수적 바탕인 사회가 자기를 또한 필요로 하는 '관계'를 유지시키고 그 사회를 보전시키려면 무엇보다도 우선은 타인의식이 뚜렷해야 하고 봉사정신, 희생정신이 서로 몸에 배어 있어야 할 것이다.

인간사회를 구성하는 우리들, 어떻든 이 세상에 태어나 서로 같이 살게 되었으면 살아가는 동안 서로를 위하고 양보하고 '용서' 하고 그래서 화평하게 살아가는 것이 바로 자기를 위하는 길이요, 또한 모두를 위하는 길이어서 우리들 육신은 죽어서 비록 재로 변하고 흙으로 변해 없어져 버려도 이어지는 기억 속에 영원으로 살아남아 있을 것이다.

표리부동의 심리학

친구지간인 아마추어 골퍼(흔히 주말 골퍼라고 지칭)들이 어느 골프장에서 내기 골프를 치는데 어느 홀 그린 위에서 다른 친구 셋 중 둘은 각각 그 홀에서의 타수가 '보기(Bogey)'이고 다른 한 친구는 '파(Par)'를 했는데 마지막에 치는 친구가 지금 홀인(Hole-in) 하면 버디(Birdie)가 되는 상황, 공이 놓인 자리에서 홀까지는 1m가 조금 못 되는 거리, 라이도 좋고 블랙도 없는 호조건의 퍼팅 거리, 지금 퍼팅을 하려는 친구는 마음속으로 이번에는 내가 이겼다고 확신을 하고 신중하게 퍼팅을 했는데 그만 그 공이 홀 가장자리를 반 바퀴 돌아 다시 홀 밖으로 나와 버렸다. 퍼팅을 했던 친구는 "어!" 하며 실망스러운 소리를 크게 지르며 속상해 했다.

옆에서 유심히 지켜보던 '파'를 한 친구는 아주 아깝다는 듯이 "쯧쯧쯧!" 하면서 혀를 찼다. 마음속으로는 서로 비겼으니 기뻐 죽겠으면서도… 속으로는 좋아서 웃음이 자꾸 나오려고 하지만 참고 있는 표리부동의 심리상태가 연출된다.

PGA 또는 LPGA 골프대회의 중개를 보면 마지막 라운드까지 승자가 가려지지 않아 동점자끼리 연장전에 들어가 서든 데스(Sudden Death)방식으로 경기를 치르는데 몇 홀을 서로 비기다가 어느 홀에서 승자가 결정될 때 우승퍼팅을 한 선수에게 우승을 놓친 선수가 그의 쓰리고 아픈 마음을 겉으로는 내색을 하지 않고 얼굴은 웃으며 다가가 축하악수 또는 포옹을 한다.

극히 일부에 속하는 부류의 인간들의 얘기겠지만 세간에 나도는 우스갯소리에 어느 남편은 부인이 사망하자 겉으로는 아주 서러워 못 견디겠다는 듯이 울면서도 혼자 화장실에 가서는 미소를 짓는다 하고, 돈을 많이 벌어 놓은 남편과 사별한 어느 부인은 마찬가지로 표면적으로는 슬픔에 못 이기는 듯 눈물을 쏟으며 엉엉 울면서도 마음속으로는 죽은 남편 보고 "자기 멋쟁이!"라고 한다는 것과 같은 표리부동의 심리.

나이 많은 노인이 "오래 살아 뭘 하나, 어서 죽어야지"와 노처녀가 "시집을 가면 뭐해, 시집 안 갈 거야"라고 말하는 것과 같은 표리부동의 심리.

나는 오래 되지 않은 때 영세를 받고 그때부터 매주 아내를 따라 성당에 나가서 미사에 참여하고 있다. 그러나 겉으로는 신앙심이 있는 듯 성당에 나가고는 있지만 내면적으로는 아직까지도 이른바 '믿음'이라는 깊은 신심이 없이 몸뚱어리만 형식에 맞추어 다니고 있다. 이러하니 오로지 일념으로 기도를 해야 하는 마음도 없고 간구하는 마음도 없이 그 시간에 마음은 잡념으로 허공을 맴돌고 있으니 이거야말로 표리부동의 심리가 아니고 무엇이겠는가.

언행일치(言行一致)라는 말은 있어도 심언일치(心言一致), 심행일치(心行一致)라는 말은 없는 것 같다. 그것은 이 세상을 살아가면서 생각한 대로 말을 다 하고 살 수 없는 것이고, 생각나는 대로 행동을 다 하고 살 수 없는 것이기 때문이다.

상대방 골퍼가 버디 퍼트(Birdie Putt)를 놓치는 것을 보고 기쁜 표정을 지을 수 없는 것이고 우승을 한 선수에게 내가 우승을 놓쳐서 내 마음이 아프고 쓰리다고 말을 할 수 없는 것 등등 우리는 일상에서 표리부동으로 처신을 해야 하는 경우가 더 많은 것 같다. 더러는 성질이 급한 사람은 참을성이 없이 자기 생각대로 말을 내뱉어 버리고 또 행동을 하는 바람에 개인 간에는 언쟁이 벌어지기도 하고 사회적으로 물의를 빚기도 한다. 생각의 표출에는 다시 생각하는 신중함이 있어야 한다.

사람이 생각하는 것은 자유다. 인간심리의 내면의 세계는 어느 누구도 침범할 수 없다. 이것을 제도상으로는 사상의 자유라 한다. 세간에는 '거울신경(Mirror neuron)' 즉 "타인의 감정을 느끼고 식별하고 이해하며 타인의 관점에서 사물을 바라보게 해 주는 공감의 열쇠"라는 전문용어가 있고, 그래서 "사실상 거울신경이 있기 때문에 우리는 다른 사람의 마음속을 읽을 수 있다"고 설명하지만 사람이 신이 아닌 바에야 나 아닌 다른 사람의 생각을 어떻게 알 수 있단 말인가. 내가 품고 있는 생각을 밖으로 내비치지 않는 한 아무도 모른다. 그런데 생각 자체로도 죄가 된다고 하고 그 생각(淫心)을 금기하는 종교적 규범이 있다는 것은 구태여 신앙인이 아니라도 다 안다.

무선 휴대전화 시대

내가 부부동반으로 친구들 몇 명과 같이 남쪽지방으로 나들이 여행을 떠나 어느 식당에서 식사를 하고 있을 때 그 중 한 친구의 휴대전화기에서 벨소리가 울렸다. 그 친구가 전화를 받으면서 대뜸 한다는 말이 "아니, 여기까지 웬 일인가?"라고 했다. 말하자면 내가 여기 있는 줄 어떻게 알고 여기까지 전화를 하느냐는 의아스러운 반가움의 말이었다. 그 말을 들은 우리들은 파안대소를 했다.

그 친구는 휴대폰을 가지고 있으면서(휴대폰 시대에 살고 있으면서) 가정용 · 사무실용 유선전화기만을 사용했던(유선전화시대에 살았던) 습성으로 인한 착각을 잠시 일으켜 그 혼란 속에서 전화를 받은 결과 스스럼없이 그런 말이 튀어나온 것이라고 생각했다. 휴대폰을 가지고 있는 사람에게 전화를 거는 사람은 전화 받는 상대방이 위치추적을 하기 전에야 어디에서 전화를 받는지 알 수 없는 노릇, 그래서 요사이는 대뜸 첫마디가 "지금 어디(계세요)야?" "지금 전화 받을 수 있어요?"라고 한다.

물질문명의 급격한 발달로 우리들의 일상생활 도구의 편의성은 하루가 다르게 높여져 변해가고 있다. 그 중의 하나인 통신시설과 그 통신기기의 기능 및 성능의 발달은 하루가 다르게 그 편의성이 가중되고 있다. 그래서 요사이는 사람이라면 남녀노소를 불문하고 휴대전화기를 소지하고 있다. 그런데 그 편리한 통신기기를 사용하는 사람들의 사고방식 그 의식수준은 어떠한가? 요컨대 우리들의 통신문화는 통신문명을 따라가지 못하고 있는 것 같다.

요즈음의 전화기 사용의 풍속도를 한번 살펴보자. 지난날 휴대전화기가 없었을 때는 서로 간에 하고 싶은 그 많은 말들을 어떻게 참고 살았는지 의심이 갈 정도로 때와 장소를 가리지 않고 특히 기차나 전철 같은 대중교통시설의 공공장소에서 주위 사람을 의식하지 않은 채 그것도 어떤 이는 아주 큰 목소리로(상대방의 목소리가 잘 안 들릴 때는 자기 목소리가 작아서 그런 줄 알고 더욱 큰 소리로) 긴 통화를 하는 모습을 본다. 무선전화기가 출현되기 전의 유선전화기에는 "용건만 간단히"라고 쓴 쪽지를 부착해 놓아 한 사람이 오랜 시간 전화기를 붙들고 있는 것을 삼가도록 하였다.

대중이 모이는 공연장에서나 미사 등을 하는 성(예배)당에서는 공연이나 의식이 시작되기 전에 반드시(?) 사회자 등이 "소지하고 계시는 휴대전화기의 전원을 꺼 주시기 바랍니다"라는 당부말씀을 하고 또한 전철 안에서조차 이와 비슷한 안내방송을 한다. 옛날에는 들을 수 없었던 말이다. 더러는 이러한 당부말씀이 있었음에도 불구하고 한참 조용하고 엄숙해야 할 분위기에 찬물을 끼얹는 전화벨소리가 울린다. 양식이 있고 공중도덕심이 강한 사람은 사회자 등이 안내방송을 하기 전에 미리 휴대폰의 전원을 끈다.

자기(自己) 전화기로 자기만의 공간에서 무슨 말을 어떻게 언제까지 통화를 하든(다만 자동차 자가운전 중의 통화는 빼고) 그것을 무어라 간섭하는 사람은 없다. 문제는 자기만의 공간이 아닌 공공의 장소에서 여러 사람에게 불쾌감을 주는지도 모르고 전화통화에만 열중하고 있는 공중도덕 불감증을 가지고 있는 사람이 자주 눈에 띈다는 데 있다. 그래서 근래에는 전화기 제조 주최 측에서 휴대전화 예절 지키기 캠페인을 벌이고 있는 줄로 알고 있다.

누구에게 감사하였는가?

그 해에도 요사이처럼 참으로 비가 억수로 많이 내렸다. 양동이로 그냥 퍼붓듯 쏟아져 내렸다. 요새 말로 집중호우가 연일 내렸다. 뉴스에서는 연일 홍수로 농경지가 얼마가 침수되고 도시 저지대에서는 수많은 가옥이 물에 잠기고 산간지대에서는 산사태로 가옥이 흙더미에 매몰되어 이재민이 많이 발생하였다고 보도하였다.

그러한 뉴스를 무심히 듣고만 있다가 어느 일간신문에 실린 공원묘지가 있는 산이 산사태로 수많은 분묘가 유실되었다는 기사가 눈에 띄었다. 산사태가 난 장소가 언뜻 내 눈에 익었다.

아니, 한 달 전에 아버지를 장사시낸 곳이 아닌가!

정신이 번쩍 들어 그 기사를 자세히 읽어보니 틀림없이 아버지 어머니가 묻혀있는 천주교 공원묘지였다. 내 가슴이 뛰기 시작했다. 당장 차를 몰고 정신없이 달려갔다.

입구에 들어서니 이미 오른쪽 산비탈이 무너져 내려 입구를 막아버렸다. 차를 가지고 들어갈 수가 없었다. 차를 길옆에 놔두고 걸어 들어가려 하니 길에는 발목까지 빠지는 토사가 쌓여 쉽게 걸어 들어갈 수가 없었다. 그 주위 상황은 내 눈에 들어오지 않았다. 무너져 내린 비탈 쪽이 바로 부모님이 묻혀 계신 곳이기 때문이다.

겨우 발을 걷어 올리고 토사에 푹푹 빠지며 안쪽으로 들어갔으나 부모님 묘소가 있는 쪽은 이미 무너져 내려 길이 없어졌으므로 오를 수 없어 더 들어가 돌아서 온전한 비탈길로 마구 방망이 치는 가슴을 안고 올라갔다. 부모님 묘소가 보이는 곳까지 올라갔다. 비탈진 땅에 일렬식 계단으로 써 놓은 분묘들이라 부모님 묘소가 나의 눈에 얼른 띄지 않아 애타는 심정으로 분묘 한 기 한 기를 더듬어 살펴보니 천만다행으로 부모님 분묘가 그 어떤 빛을 발하고 있는 것처럼 뚜렷하게 내 시야에 들어왔다.

그 순간 나는 "고맙습니다!"라는 말이 입에서 저절로 나왔다. 누구에게랄 것도 없이 감사의 마음이 솟구쳐 입에서 목이 메인 채 고맙다는 말이 나왔다. 허공에다 대고 절을 했다. 정신을 가다듬고 부모님 묘소 주위를 살펴보니 한 달 반 전에 쓴 아버지 묘소 옆 두 기 건너서부터 무너져 내려가 그 밑으로 써진 분묘 수백 기가 유실되어 흙더미 속에 묻혀 흔적을 찾을 수가 없는 상황이었다.

안도의 한숨을 쉬면서 정신을 가다듬고 비탈길을 내려오는데 그때서야 그 주위 정황이 내 눈에 들어왔다. 흙더미와 함께 무너져 내린 관(棺)들은 뚜껑이 열리고 관을 덮었던 명정(銘旌)은 흙 속에 반쯤 묻혀 있고 부서진 관에서 분리된 장사를 지낸 지 얼마 되지 않은 시체들이 수의로 입혀 소렴포로 싸이고 멱목으로 덮혀

묶여진 채 이곳저곳 노출되어 토사와 섞여 있는 참담한 모습들이 보였다.

아니, 그렇다면 아까 내가 비탈길을 정신없이 오를 때는 저 관들을 밟고 갔단 말인가! 끔찍한 생각이 들어 소름이 끼쳤다.

돌아오면서 생각에 잠겼다. 과연 나는 누구에게 감사하다고 하였는가. 사람은 극한 상황에 이르면 하느님을 찾는다고 한다. 사람의 힘으로는 어떻게 할 수 없는 절박한 지경에 이르면 그 존재를 믿든 안 믿든 본능적으로 전지전능하다고 하는 하느님에게 자기의 소망을 간절하게 빈다고 한다. 역으로 나도 그러한 맥락에서 본능적으로 하느님에게 고맙다고 하였는가.

그곳 천주교 공원묘지는 특별한 경우가 아니면 상주가 마음대로 돌아가신 분이 묻힐 광중(壙中)을 팔 곳을 선택할 권한이 없고 망인이 돌아가신 시에 따라 공원묘지 관리사무소에 접수되는 순서대로 묘지가 결정되는데 나의 어머니가 이미 아버지보다 다섯 해 전에 돌아가셔서 묻혀 있는 묘소 옆에 공간이 있어 관리사무소의 허락을 받아 아버지를 어머니 묘소 옆에 모실 수 있었다.

만약에 그러한 공간이 없었더라면 아버지 묘소는 일반 순서대로 다른 곳에 모시게 되어 이번 참변을 면하기 어려웠을 것이다. 어머니가 독실한 천주교 신자였던 탓인지 생전에는 미운 정이 더 컸던 아버지를 당신 곁으로 끌어들여 이와 같은 참변을 면하게 하여 자식들로 하여금 두 번의 슬픔을 갖지 않게 하신 것이 아닌가 하는 생각이 들었다.

명부(冥府)

사람이 죽으면 간다는 곳, 즉 저승, 저세상, 그 다른 이름으로 북망산천(北邙山川), 구천, 황천이라는 곳…. 사람이 죽으면 말이 없는데 그러한 세상을 누가 다녀왔기에 그러한 곳이 있다고 감히 말을 해 이 세상에 정설로 굳어져 있는가. 그것은 살아 있는 사람의 창조적 상상의 세계일뿐이다. 사람을 비롯한 모든 생물은 죽으면 그것으로 끝이다. '有'가 '無'로 되는 것뿐이다. 곧 이 세상에서 사라져 없어진다는 것이다. 사후세계는 없다. 그곳은 역시 살아있는 사람의 상상 속의 가상의 세계일뿐이다.

그런데 사람은 왜 저승이라는 가상의 세상을 만들어 놓고 사람이 죽으면 모두 다 그곳으로 간다고 여기고 있을까. 실체적으로는 죽은 사람은 어디를 가는 것이 아니고 그가 살았던 곳의 장례풍습에 따라 땅속(壙中)에 묻히든지(매장), 불에 태워지든지(화장), 독수리의 먹이가 되든지(조장) 한다. 저승으로 간다는 말은 사람이 죽음으로 인하여 육신에서 빠져나온 영혼이 그곳으로 간다는 뜻이라고 한다.

그러면 사람이 죽었는데 없어지는 육신과 분리되는 없어지지 않는 영혼이라는 눈으로 보이지 않는 실체가 있는 것일까. 영혼불멸설(靈魂不滅說)을 주창하는 사람은 영혼은 사람이 죽어도 없어지지 않고 영원히 지성과 의지의 힘을 발휘하여 존속한다고 한다. 그것은 생각의 차이겠지만 나는 그렇게 생각지 않는다. 영혼이라는 것도 사람이 살아 있을 때 그 생명, 바로 뇌 속에 내재되어 있는 마음, 곧 정신세계일 뿐이다. 생명이 없어지면, 그 뇌세포가 죽으면 정신, 즉 영혼이라는 것도 없어진다.

사람이 죽으면 그 영혼이 간다고 하는 명부에는 천당과 지옥으로 구분된 두 곳이 있다고 한다. 그 의미는 종교마다 다르다. 천주교와 기독교에서는 전자의 그곳을 천국, 즉 이 세상에서 올바르게 살다가 죽은 후에 갈 수 있는 영혼이 영원히 은총과 축복을 받는 하느님이 지배하는 나라라 하고, 불교에서는 극락세계, 즉 부처님이 살고 있는 지극히 안락하고 걱정이 없는 세상이라 하고, 사람이 살아 있을 때 죄를 짓지 않고 선하게 살았던 사람의 영혼이 가는 곳이라 한다. 그리고 지옥은 사람이 살았을 때 죄를 많이 지어 악하게 살았던 사람의 영혼이 간다는 곳이라고 한다.

이것은 아마도 사람이 태어나 세상을 살아가는 동안 선하게 살아야 하고 악하게 살면 벌을 받는다는 '권선징악(勸善懲惡)'의 방편으로 만들어 놓은 구실이 아닌가 싶다.

사람은 죽으면 살아있는 사람의 마음속에 기억의 한점으로 남는다. 사람이 죽으면 살아 있는 사람의 기억 속 외에 그 어떤 곳으로도 가지 않는다. 명부는 기억 속에 있다.

죽은 사람이 살아 있을 때 선한 사람이었으면 좋은 사람으로 기억되는 생각 자체가 천당이고 극락이며, 악한 사람이었으면 나쁘게 기억되는 생각이 지옥일 것이다. 그러니 천당과 지옥도 현세에 있다. 생전에 불행한 삶을 저승에 가 다시 만나 행복하게 살자고 하나 그것은 소망일 뿐 현실적으로 죽은 사람들은 또다시 만날 수 없다. 죽음은 영원한 이별이다. 그 이별은 슬픔이다. 이보다 더 큰 슬픔은 없다. 그래서 사람은 대성통곡한다.

죽음을 이르는 말에 '돌아가셨다'는 말이 있다. 그 말은 사람이 죽으면 그 사람이 왔었던 곳으로 되돌아간다는 뜻인데 그러면 사람은 어디서 왔단 말인가.

어느 유행가 가사처럼 "인생은 어디서 왔다가 어디로 가는가"라고 관념적 의문을 표현하지만 사람은 어디에서 와서 이 세상에 잠간 머물다가 왔었던 곳으로 되돌아가는 것이 아니라 다른 동식물과 마찬가지로 하나의 생물학적 결정체로 생성되어 생존하다가 불확실성 시기에 다다르면 소멸하는 존재에 불과하다.

우연히 한 개의 난자와 수억 개의 정자 중 선택된 정자가 결합되어 수정이 된 소산일 뿐이다. 사람은 오는 곳도 없고 가는 곳도 없다. 오직 태어남(出生)과 죽음(消滅)이 있을 뿐이다.

사람이 오는 곳을 구태여 찾자면 그곳은 모태일 것이다. 그러면 모태로 회귀한단 말인가. 사람은 출생과 삶과 죽음에 철학적 사고를 하여 거기에 추상적 의미를 부여한 것에 불과하다. 그것은 흡사 동굴에 있는 수백만 년에 걸쳐 형성된 석순과 종유석이 조명에 따라 갖가지 형상으로 우리들 눈에 비추이는데 그 형상에 상징적 의미를 부여하여 여러 가지 이름을 붙여 놓은 것과 같은 것이다.

우주만물의 생성과 소멸이 자연현상인 것처럼 사람의 출생과 사망 역시 자연현상의 극히 작은 일부분에 불과하다. 사람은 출생하여 사는 동안만 존재한다. 존재하는 곳은 이 세상이다. 그 이전의 세상과 그 이후의 세상은 없다. 죽은 사람은 죽은 사람을 기억하는 살아 있는 사람의 마음에 존재할 따름이다.

그 기억을 확인하는 행사가 제사라는 의식이다. 겉으로는 죽은 이를 위하여 음식을 차려 놓고 죽은 이의 신령이 와서 음식을 들게 하고 신령 앞에 절을 한다는 것인데 죽은 이의 신령은 살아 있는 사람이 만들어 놓은 허상이므로 실체는 없고, 없으므로 오지도 않는다. 신령은 절하는 사람의 마음속에 있다. 제사라는 것은 흩어져 살고 있는 죽은 이의 후손들을 죽은 이가 죽은 날에 함께 모이게 하여 일가친척 간에 화합과 친목을 더욱 돈독히 하고 죽은 이에 대한 기억을 되살리면서 평소 먹어보지 못한 음식을 장만하여 나누어 먹는 행사로써 조상을 숭배하고 기리는 하나의 생활관습이고 의식이라는 이름의 풍습에 불과하다. 그러나 과거가 없는 현재가 없고 현재가 없는 미래가 없듯이 먼저 이 세상에 태어나 살아왔던 죽은 이를 기리고 기념하여 그가 생전에 누렸던 본받을 만한 삶을 현재에 부각시키고 미래에 나갈 길을 비춰 주게 하기 위하여 가상의 세계를 연출하는 것도 의미가 있을 법하다.

약육강식

TV 등 영상매체를 통해 아프리카 대륙 대평원에서 서식하는 동물들 간에 먹이사슬로 서로 먹히고 먹는 치열한 생존경쟁이 벌어지고 있는 현상을 가끔 목도한다.

세상에 태어난 모든 동물은 자기 수명을 채우기 위해서 먹어야 한다. 초식동물은 풀을 뜯어먹어 생명을 유지하고 육식동물은 자기보다 힘이 약한 동물을 잡아먹어 삶을 유지한다. 이와 같이 초식동물은 풀을 먹어야 살고 육식동물(포식동물)은 고기를 먹어야 산다.

사람은 어떠한가. 사람은 잡식동물이다. 사람은 땅에서 자라나는 식물도 먹고 땅위나 그 밑에서 사는 동물이나 물속에 사는 어류이거나 하늘을 나는 날짐승을 가리지 않고 잡아먹고 산다. 그래서 사람은 모든 생물체에서 가장 강한 동물이다. 그래서 인간을 좋은 의미로 만물의 영장이라고 일컫는지도 모른다.

사자 등 맹수가 톰슨가젤(Thomson's gazelle)이나 누(Gnu) 등 초식동물을 산 채로 잡아먹는 장면을 보고 있노라면 그 잔인함이란 역시 야성의 극치를 이루는구나 하고 전율을 느끼곤 한다.

요사이 TV를 보면 방송사마다 그 전에는 별로 볼 수 없었던 프로그램으로 각종 음식에 대하여 먹거리 홍보(?)라도 하듯 전국 방방곡곡 음식점을 찾아다니면서 여러 가지 별미음식을 소개하는데 보는 이로 하여금 구미를 더 돋우기 위하여 그 음식의 재료와 제조하는 과정을 맛깔스럽게 보여주고 있다.

그런데 그 장면을 보고 있는 나의 마음을 언짢게 하는 대목이 있다. 펄펄 끓고 있는 해물 등 찌게 냄비에 살아 꿈틀대고 있는 낙지를 산 채로 집어넣고 냄비뚜껑을 덮고 잠시 후 그 뚜껑을 열어 벌겋게 익은 낙지를 들어 가위로 먹기 좋게 싹둑싹둑 잘라 넣은 후 그것을 맛있다고 먹는 모습, 장어탕을 조리한다고 물이 펄펄 끓고 있는 솥단지에 장어를 산 채로 집어넣고 솥뚜껑을 덮는 모습, 살아서 꿈틀대는 낙지를 식칼로 탁탁 다져서 거기에 소금과 참기름을 뿌려 산 채로 입에 넣는 모습 또는 바다 대게 등 킹그랩(king crab)을 산 채로 뜨거운 찜통에 바로 넣었다가 끄집어내어 벌겋게 익은 그 대개를 절단 내어 속살을 파먹는 모습 등이다.

살아 꿈틀대고 있는 그 낙지 등을 그대로 그 냄비, 그 찜통에 넣어야 맛이 있는 모양이다. 그러한 낙지 등이 사람과 같은 느낌이란 것이 있으면 그 순간 어떠한 느낌이었을까. 절망적이고 처절한 단말마(斷末魔)의 비명을 질렀을 것이다. 그런 화면을 볼 때마다 그 비명이 들린 듯하다. 사람은 잔인한 동물이다. 그 잔인함을 거리낌 없이 모두에게 보여주고 있다.

음식문화는 나라마다 다르다. 들은 바에 의하면 어느 나라에서는 최고급 요리로 치는 음식으로 살아 있는 원숭이를 통속에 넣어 머리만 밖으로 나오게 해 원숭이를 최고로 흥분시켜 놓은 상태에서 산 채로 머리 골을 파먹는 것이라고 한다. 이거에 비하면 우리나라 TV방송국이 보여주는 조리장면은 그래도 약과라고나 할까.

반면 저 지구 남반부 끝자락에 위치하고 있는 뉴질랜드 같은 나라에서는 바다가재 등 갑각류 및 어류를 바다에서 잡을 때 그 크기와 수량이 법으로 규정되어 있을 뿐만 아니라 잡아 올린 가재 등을 사람이 먹기 위해서 음식으로 조리를 할 때는 살아 있는 채로 물이 펄펄 끓고 있는 냄비나 찜통에 바로 넣거나 그 가재 등의 머리를 식칼이나 송곳 같은 날카로운 도구로 바로 찔러 죽이는 행위는 법으로 엄격하게 금지되어 있다고 하며, 그 가재 등으로 조리를 하려면 반드시 기절을 시켜 그 생물이 죽임을 당하고 있다는 사실을 느끼지 못하게 한 다음에 음식을 만들도록 엄격히 규제되어 있다고 한다. 만약 이를 위반하였을 때는 과중한 벌금을 물도록 한다고 한다.

이 세상에 태어나 자라나는 모든 동식물의 생명은 사람을 살아가게 하기 위하여 존재하는가. 약한 생명체는 강한 생명체를 위하여 존재하는가.

사람은 먹고 살기 위하여 식물을 심기도 하고 채취도 하며 동물을 기르기도 하고 잡아들이기도 한다. 그런데 사람은(오래전에 극소수 식인종이 있었다고 하지만) 아무에게도 먹히지도 않고 먹이로 길러지지 않는다.

그러나 사람을 잡아먹는 우리 눈에 보이지 않는 병균은 있다.

그 병균이 강자이고 사람은 약자이다. 사람은 이 강자에 이기려고, 먹히지 않으려고 불철주야 애를 쓰고 있다. 우리의 시야 밖에서 끝없는 전쟁이 벌어지고 있는 것이다.

조급증

여객기를 타고 여행을 할 때마다 느끼는 것이지만 항공기가 도착지 공항 활주로에 착륙하여 여객터미널 계류장에 접속하면 승무원이 내릴 준비를 하라는 안내방송이 있기가 무섭게 승객들이 일제히 자리에서 일어나 통로에 나가 서는 모습을 본다. 모든 승객이 일어선다고 동시에 나갈 수 있는 상황이 아니라는 것을 다 잘 알면서도 말이다. 그래도 승객들은 통로에 서서 나갈 때까지 기다린다. 참 이상한 생각이 들었다. 자기 자리에 편안히 앉아 있다가 자기 차례가 되면 일어서 나가면 될 것을 그 잠깐 동안을 기다리지 못하고 서성대는지….

그것은 아마도 오랜 시간을 좁은 공간에서 움직이지도 못하고 앉아 있었던 지루함을 어서 떨쳐내려는 심리라고나 할까, 속박에서 벗어났다는 해방감 때문이라고나 할까. 나는 내 자리에서 앞사람이 다 나갈 때까지 그대로 앉아 있다가 내 차례가 되면 그때 일어서 나간다. 그래도 어떻든 항공기 내에서의 승객의 조급증은 남에게나 자기에게나 해가 되지 않아 별 문제는 없다고 본다.

문제는 인간의 이러한 조급증이 자기에게나 타인에게 해가 되는 수가 있다는 것이다. 자동차를 운전하는 사람이 평소에는 성질이 아무리 느긋하다 하더라도 일단 운전대만 잡았다 하면 느긋한 성질은 어디를 다 가고 성질이 급해지고 난폭해지기까지 하는 경우가 더러 있다.

앞차가 조금만 늦게 움직여도 빨리 가라고 클랙슨을 울려대어 주위를 시끄럽게 하는 사람, 사거리에서 신호대기하고 있다가 신호가 바뀌자마자 출발하여 정지신호 무시하고 가로로 급히 지나가는 차에게 측면 충돌을 당하여 대형 사고를 일으켜 생명을 잃는 사람, 한 차선으로 빠져나가는 진출로에서 끼어들기를 하는 얌체성 조급증환자, 정체된 도로에서 갓길(路肩)로 유유히 달려가는 뻔뻔한 조급증환자, 횡단보도에서 파란신호로 바뀌기도 전에 차량왕래가 없다 하여 횡단보도에 들어서는 사람, 또 보행자가 횡단보도신호가 파란신호로 바뀌자마자 바로 그 보도로 들어서 교차로 신호등이 빨강신호로 바뀌기 직전에 교차로를 통과하고자 그 횡단보도를 급히 통과하려는 차에 치여 사고를 당하는 사람과 그 차량 운전자, 횡단보도 앞에 보행자의 안전을 위하여 신호대기 차량 정지선이 분명히 그이져 있는데 그 정지선을 무시하고 신호가 바뀌기도 전에 횡단보도 위로 침범하여 길을 건너는 사람들의 진행을 방해하는 차량운전자, 지하철이나 버스에서 승객이 다 내리기도 전에 먼저 타는 사람, 전철 등 매표창구에서 줄을 서서 표를 사고 있는데 무슨 특권이라도 가진 사람처럼 줄을 서 있는 사람들을 무시하고 창구 쪽으로 바로 가서 손을 내미는 얌체족들, 이들은 모두가 여유 있는 느긋한 마음의 소유자가 아닌 성질이 급한 성격의 소유자들이며 또한 남을 의식하지 않는 이기심(利己心)만 있는 사람들이다.

외국 사람들은 흔히 우리를 보고 '빨리 빨리'를 외치는 성급한 민족이라고 평한다. 아닌 게 아니라 그 '빨리빨리' 하자는 성급함 때문에 우리는 전후 폐허 속에서 급성장하여 짧은 기간에 근대화를 거쳐 세계 선진국 대열에 들어서고 있다. 그런데 '빨리빨리 문화' 속에 사는 우리는 그 성급함 때문에 졸속이 따르고 그 졸속이 부실로 이어져 더러 하자 있는 구조물 또는 건축물이 만들어져 그로 인하여 뜻하지 않은 사회적 물의를 일으키기도 한다.

영상매체를 통해 보는 외국의 예를 들어보자. 하나의 건물 또는 구조물을 축성하는 데 수십 년 또는 백 년이 넘게 걸렸다고 한다. 어느 나라에서는 성당건물을 수십 년 전부터 짓고 있는데 지금도 계속 공사를 하고 있다고 한다. 당대에 일을 끝내어 완성품을 보는 것이 아니라 몇 세대를 거쳐 그 건물이 완성될 때까지 일을 계속한다는 것이다. 그러니까 '언제까지 일을 끝내야 한다'가 아니고 '일이 완성될 때까지 한다'는 식이다. 그래야만 영구불멸의 명작이 나오는 것이니까.

얼마 전에 우리나라 국보 1호인 숭례문(남대문)이 어느 정신 나간 이가 지른 불에 타서 옛날 모습이 사라졌다. 그런데 관계당국에서는 이 숭례문을 그 전 모습으로 복원하는 데 한 3년이 걸린다고 한다. 여기에도 우리의 '빨리빨리' 문화의 속성이 깃들어 있는 것이 아닌가 싶다. 복원에 쓰이는 재료인 소나무를 강원도 산골

임야의 소유자들이 수령이 오래된 소나무를 기증하겠다는 의사를 표시한다는 뉴스를 보았다. 그렇다면 생소나무를 제공받아 알맞은 목재로 사용하기 위해서는 그 소나무를 베어 말리는 기간만 하더라도 수년이 걸릴 것 같은데 생나무를 바로 사용하겠다는 것도 아니고 어떻게 3년 안에 복원을 한다는 것인지 문외한인 나로서는 이해가 잘 안 된다. 문화재를 그렇게 빨리빨리 식으로 복원해야 할 필요가 있을까. 느긋하게 꼼꼼히 원형을 살피면서 완벽하게 복원해야 하는 것이 아닐까.

이웃나라 중국에는 '만만디(慢慢的)'라는 말이 있다고 한다. 대륙적 국민성 탓인가, 모든 일이 급할 것이 없다는 식이다. 무슨 일이든 '천천히, 느리게, 여유 있게' 그러나 끈기 있게, 그리고 완벽하게 끝을 본다는 식이다.

중국 여행을 가서 만리장성 등 극히 일부분만을 둘러보았지만 그 말이 실감이 나기도 했다. 세월의 흐름에 조급함이 없이 바위를 깎아 하나하나 쌓아 올린다든지 커다란 석벽을 징으로 찍어 파내어 불가사의한 석상을 만들어 내는 끈기야말로 미상불 중국적이라고 아니할 수 없음을 느꼈다.

내 고향 찬가

— 뿌리 없는 나무 없듯 태어난 곳 없는 사람 없다.
현재 삶을 영위타 보니 커 나온 둥우리 망각하기 일쑤다.

북쪽에는 종고산이 솟아 있고요, 남쪽에는 장군도가 놓여 있구나. 거울 같은 바다 위에 고기 잡는 배, 돛을 달고 왔다갔다 오동도 바다. 아~ 아름답구나 여수항 경치. 아~ 아름답구나 여수항 경치.

고소대의 푸른 솔은 님의 넋이요, 진남관의 용마루는 큰칼 같고나. 종포 선창 갯가에선 뱃노래 높아, 비단물결 반짝이는 좌수영 바다. 아~ 아름답구나 여수항 경치. 아~ 아름답구나 여수항 경치.

동쪽에는 수평선에 물새 날고요. 서쪽에는 구봉산이 감싸 있구나. 저녁노을 곱게 들면 돌아오는 배. 한산사의 종소리가 은은하도다. 아~ 아름답구나 여수항 경치. 아~ 아름답구나 여수항 경치.

이 노래는 내가 고향에서 잔뼈가 굵어지는 동안 많이 듣고 불렀던 내 고향 찬가인데 얼마 전 미국으로 이민 가서 살고 있는 고향 죽마고우가 15년 만에 잠깐 귀국을 해서 몇몇 고향 친구들이 모여 '위하여'를 하는 자리에서 이 노래를 참으로 오랜만에 내가 소리를 뽑아 불러보았다.

고향을 생각하면, 중학생 시절 종고산 동쪽 어귀에 자리 잡고 있는 지금은 아니지만 일제 시 일본군 병영으로 사용했던 창고 같은 목조교실 창 너머로 동남쪽을 향해 내려다보면 경상남도 남해섬과 애기 섬 그리고 저 멀리 수평선과 그 위에 아스라이 떠 있는 욕지도를 배경으로 한 오동도, 미술시간 때는 물론이고 나에게 그림 그리는 데 소질이 있다고 인정(?)을 한 김상중 미술선생님의 특별지도로 하도 많이 켄트지에 그림을 그려 나의 망막에 박혀버린 오동도, 천진난만한 아이였을 때나 철이 들면서 얼굴에 여드름꽃이 피어났을 때나, 까까머리에서 밤송이처럼 솟구친 머리털을 뒤로 젖혀 눕히려고 안간힘을 쓸 때나 어른이 되어 제짝을 지어 고향을 떠나오기까지는 수도 없이 또한 계절에 구애됨도 없이 군락을 이룬 동백나무와 시누대나무들 사이사이로 낭만을 심으며, 숨기며 뛰놀고 거닐었던 오동도, 동남쪽 수평선에서 불어오는 바람에 밀려온 파도가 부서지는 기암괴석 절벽 위에 서서 그 바람을 가슴에 퍼마시며 꿈을 키웠던 오동도, 그 오동도가 눈에 선해지면서 가슴이 아리도록 그리워진다.

문득 향수에 젖을 때면 함께 커왔던 그 시절 그 벗들을 바로 어제의 일처럼 회상하면서 오늘을 생각해 본다. 사람이나 동물이니 이 세상에 태어났을 때는 어미의 품에서 벗어나지 못하고 그 속에서 젖을 빨며, 혹은 물어다 넣어준 벌레를 받아 삼키며 새끼들은 자란다. 자라면서 한 둥우리의 새끼들은, 형제들은 오순도순 티격태격 놀면서 싸우면서 그 자리에서 여물어 간다.

그런데 어깨동무로 함께 커왔던 형제들, 벗들이 다 커서 제짝을 지워 제 살길을 찾아 태어난 곳 부모 곁을, 고향을 떠나 버리면 자기들이 커 나온 둥우리를 망각하기 일쑤다. 그것은 아마도 현재 처해 있는 곳에서 자기 일에 얽매어 삶을 영위하다 보면 자기가 커 나온 곳, 그 자취를 뒤돌아볼 여유가 없는 탓인지도 모른다. 뿌리가 없는 나무가 없는 것처럼 자기가 태어난 곳이 없는 사람은 없다. 사람에게도 귀소본능이 있는 것인지 사람들은 고향을 그리워하고 고향노래를 부른다.

고향에 가 보면, 지금 고향은 자랑스럽게 변모해 있다. 일제시대에는 대공포대가 있던 곳인데 지금은 이충무공 동상이 남해바다를 굽어보고 서있는 자산공원에 올라 사방을 둘러보면 세계 어느 나라 미항 못지않은 항구도시의 아름다움이 펼쳐져 보인다. 북쪽에는 시골 초등학교 교무실 앞에 매달린 종처럼 생긴 종고산 밑을 돌려가며 자리 잡은 집들 복판에 떡 버티고 있는 우리나라에서 현재 목조건물로서는 그 규모가 제일 큰 전라좌수영 본영이었던 진남관(鎭南舘)이 해방 이후 두 번씩이나 불난리를 겪었던 시가지를 지켜 내려다보고 있는 웅자가 한눈에 들어오고, 남쪽에는 이순신 장군이 임진왜란 때 왜군을 물리치기 위한 전술책으로 대나무를 태워 대포소리를 내게 해서 그들을 도망치게 했던 장군도 위로 내가 어릴 때, 막연하게나마 돌산섬 우두리까지 미국에 있는 금문교처럼 다리를 하나 놓았으면 좋겠다고 그려 보았던 돌산대교가 몇 년 전에 세워져 주황색을 띠우며 가로놓여 고향의 아름다움을 한층 더하고 있다. (1989)

절약정신

나는 내 명의로 된 연립주택에 살았을 때나 이사를 해서 살고 있는 아파트에나 목욕탕이 있지만 목욕은 꼭 동네 대중목욕탕에 가서 한다. 그런데 목욕탕에 갈 때마다 나는 속이 상한다. 그것은 목욕하는 사람 중에는 어른이나 아이나 샤워 꼭지 등을 틀어놓은 채 그냥 물을 흘려버리면서 자기 몸을 씻고 있는 꼴이 눈에 뜨이기 때문이다. 그럴 때마다 나는 그 수도꼭지를 꼭꼭 잠가 준다.

그들 눈에는 벽에 붙어 있는 '물을 아껴서 씁시다'라고 쓰여 있는 팻말이 보이지도 않는 것인지, 자기들 집에 있는 수돗물이 아니어서 그런지, 목욕 값을 냈으니까 그냥 마음대로 아니면 무감각적으로 펑펑 쓰는 것인지 도대체 그들의 심사를 이해할 수가 없다. 나의 물을 아껴 쓰는 극성이 집식구들에게까지 영향을 끼쳐 지금까지 수도요금을 기본료 이상을 내어 본 적이 없다.

그런데 나의 이런 극성스러운 마음 때문에 낯 뜨거운 꼴을 당한 일도 있다. 본원에 근무할 때 마침 소변기를 청소부가 청소를 하고 있어 양변기에다 소변을 보고 쏟아버린 물이 아까워 습관대로 그냥 나왔을 때 청소하는 아주머니로부터 그냥 나간다고 야단을 맞았다.

나의 소비절약 정신은 아마도 내가 우리 법원에 들어오기 전 쓰리고 서글펐던 오랜 무직생활에서 빚어져 몸에 찌든 버릇인지도 모르겠지만 처음 직장생활을 시작한 지 얼마 안 되어 직장상사로부터 그의 검소한 생활철학과 절약정신에 감명을 받은 탓인지도 모르겠다. 그는 가끔 누군가의 호의로 택시를 탈 기회가 있으면 택시를 안 타고 버스를 타고 남는 돈으로는 집에서 자기를 기다리고 있는 식구들이 먹을 과일 등을 사 가지고 들어간다고 했다. 그가 버스에서 조금만 시달리면 집식구들에게 먹을 것이 생긴다는 말을 덧붙였다. 나는 항상 그때 그분의 말씀을 잊을 수가 없다.

내가 연립주택에 살고 있을 때 같은 동에 가내 양재업을 하는 아주머니가 살고 있었는데 그에게 단골로 옷을 맞추고 수선을 해 가는 우리나라 주재 네덜란드 대사부인이 있었다. 그 부인이 수선을 맡겨 온 그의 남편인 대사가 입는 속옷을 보면 도대체 얼마나 기워서 입었는지 본바탕의 옷감은 보이지 않고 옛날 얘기에 나오는 홍부 자식들이 걸치고 있던 조각조각 기워 입은 옷은 차라리 고급에 속한다 할 정도로 낡아빠진 모자이크화 된 속옷인데 그것을 또 기워달라고 왔다면서 투덜대는 그 아주머니의 말을 내 아내로부터 전해들은 바 있다.

1인당 국민소득이 1만 불이 넘는(1989년 기준) 유럽의 부유한 나라의 대사가 경제적인 여유가 없어서 내의를 새로 사서 입지 않고 기운 것을 또 기우고 또 기워서 입는 것은 아닐 것이다. 그들의 몸에 밴 절약정신, 물건을 아끼는 마음, 바로 그것 때문일 것이다.

우리나라도 이제 확실히 옛날보다는 월등히 잘사는 나라가 되어 모든 것이 풍요스러워졌다(모든 국민이 잘산다고는 할 수 없지만). 그래서 그런지 요사이 아이들에게는 우리가 어릴 적 몽당연필을 시누대나무에 꽂아 쓰던 어려웠던 시절의 얘기는 먹혀들어 가지 않는다.

물건을 싫증난다고 버리고, 잃어버린 물건을 성가시다고 찾을 생각조차 않고 새 물건만을 사려고 하는 요즘 일부 아이들의 잘못된 부자스러운 마음가짐은 TV상품 광고 영향만은 아닐 것이다. '소비는 미덕이다'라는 말을 소비학 책에서 본 듯하지만 소비는 허비와는 다르고 낭비와도 다르다. 생활이 풍족할수록 절제된 생활, 절약하는 마음가짐으로 살아가고 가르쳐 나가는 것이 그 풍요가 지속되는 것이고 또한 더욱 풍요스러워질 것이다. (1989, 용인에서)

물

— 초등학교부터 물 절약정신 키워 줘야

나는 병적이리만큼 물을 아끼는 습벽을 갖고 있다. 공중화장실 등을 이용할 때 어느 수도꼭지에서 물이 새고 있으면 꼭 그 수도꼭지를 잠가야 마음이 편하니 말이다. 언젠가 내가 재직시절에 화장실 좌변기에다 소변을 보고 나올 때 물을 쏟아버리기 아까워 그냥 나와 버린 일이 있었는데 그때 마침 화장실 청소하는 아줌마가 그 좌변기를 보더니 더럽게 물을 쏟지 않고 그냥 나간다고 투덜대는 소리를 듣고 내 얼굴이 화끈거렸던 일이 있었다.

물은 생명의 원천이요, 생명 존재의 요소이다. 그런데 요즘 사람들은 그 불멸의 원리를 망각하고 있는 것 같다.

과거 내가 어렸을 때를 돌이켜 보면 개인이 물을 쓰는 일은 음식 하는 것, 아침에 세수하는 것, 빨래하는 것, 가끔 목욕탕에 가는 것 외에는 별로 물을 쓰는 일이 없었다. 화장실은 거의가 밖에 별도로 있는 재래식 변소라 청소할 때 외에는 물을 쓰는 일이 없었다.

그런데 요즘의 실태를 살펴보자. 아침에 눈을 뜨면 물을 쓰는 일로 시작해서 물을 쓰는 일로 끝나 잠자리에 든다. 옛날에는 물을 쓰는 일도 드물었지만 물을 쓰는 사람 수도 적었다. 가족제도를 보더라도 집 구조를 보더라도, 대가족을 이루고 있는 집이 태반이라 할아버지와 할머니, 아버지와 어머니, 아들과 며느리, 손자와 손녀 등 4대가 한집에 살면서 한방에 여러 식구가 한꺼번에 기거하는 일이 많았고 재래식 변소도 한 곳뿐인 것이 보통이었고, 마당 한가운데 또는 한 귀퉁이에 수도가 있고 그 옆에 물통이 있어 물을 쓰려면 물통에 받아 놓은 물을 바가지로 퍼서 세수 또는 설거지를 했었다. 집에 목욕탕 있는 집은 드물었고 기껏해야 더운 날에는 수돗가에나 우물가에서 등물을 끼얹을 정도였으니….

지금처럼 아들, 딸들이 시집 장가가면 핵가족이다 뭐다 해서 집들을 한 채씩 마련하기 때문에 지금까지 얼마나 많은 집, 아파트가 늘어났는가. 온통 산야가 아파트로 꽉꽉 들어차고 있으니 다른 문제는 차치하고 물 문제만 보더라도 물 사용량이 몇 십 배나 늘어나게 된 것은 뻔한 일이다.

이제야 물에 대하여 관심을 가지고 물 절약 정책을 세우느라고 법석을 떠는 것 같다. 인구가 늘어나고 주택이 늘어났으니 생활용수량이 늘어나게 된 것은 그렇다 하더라도 문화생활 향상의 여파 때문인지 몰라도 물을 쓰는 사람의 의식 또한 공기 속에 살고 있어 무심코 숨을 쉬듯 물을 그렇게 쓰는 버릇이 몸에 배어 있으니 그것이 더 큰 문제이다.

이런 상태로 물 낭비가 계속된다면 언젠가는 물이 부족해서 먹을 물도 없어서 쩔쩔 매는 상황이 벌어지지 않을까?

소변 한 번 보고 버튼 한 번 눌러 그 많은 양의 물을 흘려보내고, 대변 한 번 보고 쏴 하고 흘려보내고, 목욕탕에서 샤워기의 물을 틀어 놓고 이빨 닦고 면도하고, 수도꼭지를 틀어 놓고 설거지하고, 세면대의 수도꼭지를 틀어 놓고 세수하고 있으니 말이다.

이제 우리들은 물에 대한 의식변화를 해야 할 때이다. 물을 아끼는 마음을 갖게 하기 위하여 유치원과 초등학교 교육에서부터 물 절약정신을 키워 주어야 하고, 밖으로는 급수시설을 상수도와 하수도만을 고집할 것이 아니라 중수도 시설을 하여 화장실용 물 등 허드렛물은 중수도를 쓰도록 해야 하지 않을까. 더 나아가서는 비행기 화장실처럼 압축공기를 사용하는 방법도 연구해야 할 때가 온 것 같다.

하나뿐인 지구에 자연 자원은 한정되어 있다. 그 한정된 자원에 인구는 계속 늘어나고 문화수준은 높아만 가고 있어 물 쓰는 일은 더 많아지고 있으니 더 늦기 전에 물 정책을 크게 세워야겠다. 어쨌거나 우리들 한 사람 한 사람이 '돈을 물 쓰듯 한다'라는 낭비의 비유어였던 '물'을 이제는 '물을 돈 쓰듯 한다'라는 '절약'의 비유어로 바꾸는 절수정신의 함양, 그 이상의 더 좋은 방책이 있겠는가.

— 먹을 물을 구하러 몇 십 리를 걸어야 하는 아프리카 일부 지역의
주민들을 생각하면서…

장인정신(Artisanship)

나와 더불어 우리 집 식구들이 1년 안팎 간격으로 서울의 동서남북 여러 곳의 전세방과 집을 전전할 당시 아는 친지가 새로 지은 20평짜리 아파트를 분양받아 놓고 마침 외국에 나가 그곳 우리나라 대사관에서 한 3년 근무하게 되었으므로 나보고 그 아파트에 들어 살라는 권유가 있었다. 싼 전셋값에 장기간 이사할 필요도 없을 것 같아서 고마운 마음으로 그 새 아파트로 이사를 해서 내부 각종 설비를 점검해 보니 연탄보일러에서 나와야 할 온수가 나오지 않아 관리사무소에 하자신고를 해서 시멘트 바닥에 붙어 있는 온수관을 뜯어보니 온수 파이프가 시멘트와 모래로 막혀 있어서 새로운 파이프로 교체 설치한 일이 있었다.

그 당시에는 각종 시설공사를 날림으로 하는 예가 많아서 시빗거리가 자주 발생하였지만 나의 위 경우는 선의로 생각해서 건축업자의 날림공사라기보다는 난방설비공의 성의 문제라고 여겼다. 설비공이 일부러 관 속에 시멘트와 모래를 집어넣은 채 연결해 묻었다고는 보지 않고 수천 세대의 아파트 설비공사를 하다 보니 어느 칸에는 약간의 실수가 있어 결과적으로 부실공사가 된 것으로 보았다. 문제는 그 약간의 실수, 그 무성의가 그 아파트에 입주한 입주자에게 큰 불편을 주었고 건축업자가 욕을 먹게 되었다는 사실이다.

나는 매년 가족을 데리고 국전(國展)을 관람하고 때때로 틈이 나면 여러 화랑에 전시하는 미술품을 감상하기도 한다. 전시장에서 각종 미술품을 감상하면서 구상과 비구상을 불문하고 동양화(한국화)이든 서양화이든 화폭에 붓끝으로 터치된 화가의 정성과 정열을, 철물로 빚은 조각품이나 돌을 갈고 닦아 만든 조각품이나 나무를 깎아 다듬은 조각품이나 조각가의 손끝으로 여물어진 정성과 정열을, 정교하게 조작된 공예품에 담겨진 공예가의 섬세한 손길과 마음씨를 눈으로 읽으며 피부로 느낀다.

우리는 커서 때가 되면 일을 한다. 우리들이 하는 일의 종류는 수만 가지, 그 수를 헤아릴 수는 없지만 자기가 하고자 하는 일, 자기에게 주어진 일, 자기가 하는 일, 그 어떠한 일을 하든 간에 남에게 해로운 일이 아닌 한 예술가가 자기 작품에 쏟는 정성과 정열에는 다 따르지 못하더라도 자기가 쏟아 부을 수 있는 정력은 아끼지 말아야 할 것이다.

그런데 우리는 우리들이 하는 일을 얼마만큼이나 정성들여 하고 있는가? 자기에게 맡겨진 일을 남에게 떠넘기는 일은 없는가.

"내가 이 자리를 떠나 버리면 그만인데…" 하는 안일한 사고방식을 갖고 있지는 않은가. "나를 위하는 일이 아닌데 적당히 해치워 버리자"라고 순수한 이기주의적 근무 태도를 보이고 있지는 않은지?

우선 부끄러운 마음으로 내 주위부터 살펴보자.

출근하자마자 들려오는 전화벨 소리, 그것은 어김없는 등기부 등본 발급을 신청하는 전화민원, 등기소 업무는 그 전화벨 소리를 신호로 개시된다. 하루면 수십 번 들려오는 민원 전화벨 소리와 그에 응답하는 담당직원의 쉰 목소리, 그 많은 응답 중 단 한번만이라도 불친절하고 무성의한 목소리가 나간다면 상대방(민원인)은 전부를 매도한다. 아무리 백 번을 잘해도 단 한 번만이라도 상대방의 기분을 언짢게 했다면 그 백 번 모두가 언짢아진다.

민원창구에서 민원을 접수하는 창구직원 또한 마찬가지이다. 하루면 수백 명을 상대하는 그들, 전기 스위치만 누르면 변함없이 일정하게 작동하는 기계가 아닌 바에야 시간의 흐름에 따라 상대방의 태도에 따라 감정의 변화가 없을 수 없는 우리 직원들, 그래도 아직까지도 등기소를 등기우편물을 취급하는 우체국으로 알고 등기우편을 부치러 오는 사람, 민주의식이 투철해서 공무원을 글자 그대로 국민의 공복으로 알고 부려먹으려는 민주적 민원인(?) 등 갖가지 성격을 가지고 밀려드는 여러 민원인에 대하여 한 사람 한 사람에게, 똑같이 그들 민원인 입장에서 친절하고 정성스럽게 대하여 주어야 하는 것이 우리들의 의무요, 책임이다.

나 역시 하루면 수백 또는 수천 번 인인(認印)을 날인하지만 기계적으로 찍어가는 도장 하나하나가 얼마나 신중을 기해야 하고 중요한지는 다언불요(多言不要). 그러나 나도 기계가 아닌 이상 어쩌다 헛 찍는 일이 생길 수 있으리라. 하지만 '생길 수 있는 일'이 없도록 하나하나에 정성을 쏟아야 한다고 생각하고 오늘도 나의 일을 하면서 내 머리와 몸에는 '장인정신'이 얼마나 배어 있는지 반성해 본다.

안전운전

내가 자동차운전면허를 취득한 지 한 3년 남짓 되었을 때, 이른 봄 연휴를 이용하여 승용차로 가족들을 데리고 강원도 고성군 휴전선 통일전망대를 다녀온 일이 있다. 그때는 비포장길인 진부령을 넘어오는데 이른 봄이라서 그런지 꼬부랑 고갯길 응달진 곳은 겨우내 쌓였던 눈이 아직까지도 녹지 않아 길이 몹시 미끄러웠다.

바짝 긴장을 하고 조심조심 운전을 하여 그 준령을 잘 넘어와 원통을 거쳐 인제로 들어서는 길목에서 현리 쪽으로 빠져 영동고속도로로 들어서는 길이 드라이브 코스로는 그 경관이 참 좋다는 말을 들은 바 있어 그 길로 들어섰는데, 아닌 게 아니라 계곡을 옆으로 끼고 도는 꾸불꾸불한 포장도로가 이른 봄 따스한 햇살만큼이나 상쾌했다.

그 맛으로 한참 액셀을 밟아 속도계가 제한속도를 넘어서는지도 모른 채 한적한 길을 달리는데, 트럭 한 대가 앞서가고 있었다. 달리는 기분으로 그 트럭을 추월했다. 아마도 그때 속도는 시속

80km를 넘었을 것이다. 그 트럭을 추월한 순간 내 눈앞에는 아까 진부령에서 보았던 것과 같은 눈이 얼어붙은 채로인 길이 뻗어 있었다. 찰라 브레이크를 밟으면 안 된다는 생각이 번뜩 뇌리를 스쳤지만 자동차가 눈길 위로 들어서자마자 지그재그로 요동을 하는가 싶더니 왼쪽으로 180도 돌아 도로변 콘크리트 측구(側溝, 길도랑)에 빠지면서 부딪쳐 눈이 쌓인 언덕 위로 떨어졌다.

눈 깜짝할 사이였다. 오른쪽은 낭떠러지 계곡이었다. 다행히 우리 식구들은 다 안전벨트를 매고 있었기 때문에 크게 다치지는 아니했지만 놀라서 마음을 크게 다쳤다.

추월을 당해 뒤따라오게 된 트럭에 타고 있던 사람들과 앞에서 오던 차에 타고 있던 사람들의 도움으로 넘어진 차를 바로 세웠다. 흔들거리며 겨우겨우 서울 집까지 왔지만 어떻게 무슨 정신으로 그 먼 길을 찌부러진 차를 몰고 왔는지 기억이 없고 그 후로 놀란 가슴을 달래기 위해서 며칠 동안 안정제를 먹어야만 했다.

흔히들 하는 말로 자동차운전을 시작한 후 1년째와 3년째를 조심해야 한다고 한다. 미상불(未嘗不), 나도 예외는 아니었는지 운전을 시작한 지 꼭 3년 3개월 되었을 때 운전사고를 내서 하마터면 우리 네 식구가 나의 아무 의미 없는 건방기 서린 운전 솜씨 때문에 계곡으로 굴러 영원히 갈 뻔했다.

'과속은 위험, 과속은 사고의 원인'이라고 커다란 글씨로 쓴 표지판을 도로변 곳곳에 괜히 세워놓은 것이 아니라는 것을 '스피드'를 좋아하다가 사고를 내고 살아남은 사람들이 아니면 그 진의를 아마 잘 실감치 못할 것이다.

운전은 경험을 많이 쌓아야 한다고 한다. 그러나 절대로 사람을 죽게 하거나 죽는 사고의 경험은 직접 하지 말아야 한다. 그렇지만 이러한 철칙을 다 잘 알고 있으면서도 운전대를 잡는 순간부터는 평소의 다짐은 까맣게 잊어버리고 무슨 상 받을 일이 있다고 그렇게들 쌩쌩 달리는지.

앞만 트였다 하면 액셀을 힘껏 밟아 결국에는 달리는 자기 자동차를 자기 마음대로 어쩌지 못하는 지경으로 이르게 해서 물리적 자연법칙에 따라 미끄러져 도로 중앙선을 넘어가든지 가드레일을 치고 넘어가든지, 어떻든 영원히 가는 길로 가 버리는 일이 하루면 수없이, 명절 연휴 때는 수백, 수천 건씩 일어나는 현실을 보게 된다.

나는 처음에는 자동차 운전이 참 재미있고 신기해서 그저 운전하는 맛으로 어느 곳이나 가족을 데리고 겁 없이 마구 돌아다녔었다. 지금 돌이켜 보면 참으로 무모했고 엉뚱했다는 생각이 든다. 그때는 운전을 하기 위해서 그곳에 갔으나 지금은 그곳에 가기 위해서 운전을 하고 있지만 어떻든 나는 언제나 초보자의 마음으로 운전석에 앉는다.

'끼어들기 운전'은 범죄행위

1980년대 초부터 이른바 '마이카 시대'가 열렸다. 불과 20여 년 사이에 자동차가 기하급수적으로 늘었고 차량을 여러 대 소유하는 가구도 많아졌다. 대부분의 도로가 자동차로 가득 차게 되면서 교통 상황을 알리는 교통방송은 '도로마다 차량소통이 잘 안 되고 있다'는 비슷한 말을 연일 전하고 있다.

그러나 각종 자동차 대수는 늘어났지만 우리 교통문화는 그에 따르지 못하고 있는 것 같다. 공중도덕, 질서의식, 타인에 대한 배려는 자동차 수가 증가한 만큼 성숙하지 않았기 때문이다.

넓은 도로에서 좁은 도로로 빠져나갈 때나 차로가 많은 도로가 공사 등의 이유로 차로가 줄어들 경우, 차량 행렬은 어김없이 부챗살 모양으로 변한다. 끼어들기를 좋아하는 조급증 환자들로 인해 차량 소통이 어려워지는 것이다. 이러한 얌체 운전자들의 끼어들기 행위는 질서를 지키는 다른 선량한 운전자들의 시간을 훔치는 '무형의 범죄행위'라 할 수 있다.

버스전용차로 통행금지, 갓길 통행금지, 끼어들기 금지 등 차량의 원활한 소통을 위해 마련된 교통법규가 엄연히 존재함에도 불구하고 이러한 규정을 무시하는 것이 다반사다. 지체된 차량행렬 옆으로 다른 운전자가 보고 있는 가운데 갓길을 유유히 달리는 차, 한 줄로 서 있는 차량행렬 앞에서 염치없이 끼어들기를 하는 차…. 이들의 극단적인 이기심을 어떻게 고운 눈으로 볼 수 있겠는가.

어떻게 하면 우리 사회 전반의 교통문화 수준을 향상시키고 교통질서를 잘 지키게 할 수 있을까. 무엇보다 우리 각자의 의식수준이 높아져야 한다는 것은 더 말할 필요가 없는 일이다.

다만 이를 위해 먼저 질서를 잘 지키도록 하는 강제적 처방을 마련하는 것이 어떨까. 현재 우리나라에서 시행하고 있는 질서위반에 대한 범칙금 등 제재 조치는 외국에 비해 너무 미미한 것이 아닌가 싶다.

교통질서를 위반하면 엄청난 불이익이 돌아가도록 법제도를 강화해 자칫 작은 위반으로도 큰 손해를 볼 수 있다는 경각심을 갖게 함으로써 얌체족 운전자들이 질서를 위반하고 싶은 마음이 아예 생기지 않도록 하는 것도 좋은 방법일 것이다.

노견(路肩)

요사이는 너나 할 것 없이 자가용 승용차를 가지고 있어 몇 명만 모여 얘기를 나누노라면 으레 자동차운전에 관한 경험담을 늘어놓기 일쑤다. 운전을 갓 배운 초보자나 십수 년 이상 운전을 해 온 노련한 운전자나 운전 중 각기 겪었던 아찔한 순간과 그에 대처했던 일들을 서로 자랑삼아 털어놓다 보면 자기가 직접 경험치 못했던 상황에 대해서 응급 대처할 수 있는 운전 요령을 습득하게 된다.

나도 여느 사람들처럼 직장 동료들과 대화를 나누는 가운데 예의 자동차 운전에 관한 얘기를 하는 일이 잦다. 언젠가도 역시 같은 얘기를 하던 무슨 말 끝에 노견이라는 말이 나왔는데 그때 자동차를 가지고 있지 않은 한 분이 '노견(路肩)'을 '노견(路犬)'으로 잘못 알았는지 대뜸 한다는 말이 "고속도로에 개가 뛰어들면 그대로 밀고나가야지 그걸 피하려고 했다가는 큰 사고가 나겠습디다."

차량통행이 많은 고속도로를 운행하다 보면 길섶에 세워진 '노견주행금지'라는 표지판을 보게 된다. 그것을 볼 때마다 왜 저런

흔치 않은 어려운 한자음으로 표기해 놓았는지 모르겠다고 여겨 왔는데 어느새 보니 '길 어깨(노견) 주행금지'라고 뜻을 새겨 놓은 것을 보았다. 그렇지만 어쩐지 어색하게만 느껴졌다.

그래서 노견의 뜻을 정확히 알기 위해서 '우리말 큰사전'을 펼쳐보니 '노견'은 '길귀'와 같은 뜻이고, "길을 보호하거나 고장 난 차를 세우거나 하기 위하여 길바닥 양쪽에 여유로 둔 부분"이란 도로교통법에서 말하는 '길가장자리구역'과 똑같은 말에 지나지 않는다. 그러므로 '노견주행금지'라고 표기할 것이 아니라 말이 좀 길기는 하지만 '길 가장자리로는 다니지 맙시다'라고 표기하는 것이 알기 쉽고 설득력 있는 표시가 되지 않을까 생각하고 있다.

요즈음같이 차량의 홍수로 몸살을 앓고 있는 도로, 특히 고속도로는 무슨 연휴 때나 일요일 같은 때는 운행하는 차량이 너무도 많아 교통체증이 빈발하는 것은 물론 평상시에도 차량의 흐름에 조금만 이상이 생겨도 정체가 되어 운전자들을 짜증스럽게 한다. 이러한 정체 현상이 자주 발생하는 근본적인 이유는 차량이 도로에 비해 너무 많다는 것, 부수적으로는 일부 운전자들의 질서의식 결여에도 그 원인이 있다.

그런데 차량과다 등으로 인한 교통체증으로 길이 막혀 차가 움직이지 못하거나 거북이걸음을 하고 있을 때 이른바 '노견'으로 다른 차들보다 빨리 가겠다고 서슴없이 달리는 차들이 있다. 그런 차를 볼 때면 울화가 치밀고 얄미운 마음이 생긴다. 남의 눈을 무시하고, 질서를 무시하고, 남의 시간을 훔치는 사람들, 그들의 양심은 어떻게 채색되었길래 만인이 보는 앞에서 얌체 짓을 버젓이

하는 걸까. 긴급을 요하고 사고 수습 등을 위한 차량들만 다니도록 만들어 놓은 '노견'을 자기 편의만을 위해 '노견(路犬)' 같은 짓을 하는 사람들 때문에 각종 안내 표지판 외에 꼭 장애물을 이중 삼중으로 설치하여 교통통제를 하게 되는 것인지도 모르겠다.

창조적 인간

나는 이따금씩 가족들과 함께 서울 삼성동에 있는 무역전시장에서 무슨 발명품 전시를 한다고 하면 그곳에 자주 가곤 한다.

내가 국민(초등)학교에 다닐 때 선생님으로부터 '발명왕 에디슨'에 관한 얘기를 듣기도 하고 그의 전기를 읽기도 하여 깊은 감명을 받았다. 나도 그의 흉내를 내어 벽장 속에서 촛불을 켜놓고 무엇을 발명해 보겠다고 연구에 골몰했던 천진스럽고 우매한 어린 시절을 상기시키면서 우리 일상생활의 편의를 위하여 우리들의 물질문명의 발전현상인 각종 발명품을 주의 깊게 살펴보면서 그것들을 발명해 낸 발명가에게 존경하는 마음을 쏟곤 한다.

인간의 능력은 천차만별이지만 그것을 대별해 보면 창의력과 예지력이 특출한 사람, 기억력과 암기력이 뛰어난 사람, 이해력과 판단력이 풍부한 사람으로 구분 지을 수 있을 것이다. 사람이 이 세 가지 능력은 한꺼번에 다 가지고 있는 경우가 혹 있을 수 있는지 몰라도 만약 그렇다면 그러한 사람은 '전지전능'한 인물이라고 할 수 있을 것이다. 그러나 사람은 결코 전지전능할 수는 없다. 사람의 능력에는 한계가 있다.

어떻든 간에 사람이 가지고 있는 어떠한 능력이든 그것을 누구를 위해 어떻게 발휘할 것인가. 자기 개인만을 위한 것이면 인류 전체에게는 혹 해독과 악이 될 수 있을 것이요, 우리들 전체를 위한 것이면 복지요 선일 것이다.

'창조적 인간', 인류 사회의 모든 분야는 그들에 의해서 발전되어 왔고 또 되어 가고 있다. 과학문명이 그렇고, 문화창달이 또한 그렇다.

나는 서양의 고전음악 듣기를 좋아해서 늘상 듣고 있지만 18~19세기 때 수많은 작곡가들이 작곡해서 오늘에 이르고 또 영원한 명곡들의 그 오묘한 멜로디와 화음에 도취되면서 그들의 영세불멸의 뛰어난 창의력에 감탄하고, 또한 그것을 자신의 뇌리에 박아 현세에 옮겨 우리들의 귀와 마음을 즐겁게, 풍성하게 하는 연주가의 암기력과 그 기교에 감탄하기도 한다.

어디 음악 예술뿐이랴. 문학도 그렇고 미술도 또한 마찬가지, '문화'라고 하는 범주에 속하는 모든 분야는 인간의 창조·창작활동으로 우리들의 정서를 순화시키면서 오늘에 이르게 하였다. 새로운 그 무엇을 창출해 내려는 인간의 욕구, 그에 따른 창조력과 부단한 노력의 경주, 그것에 의해서 물질문명은 어제와 오늘이 다르게 변해가고 있다.

다만 역사적으로 인류에게 '두려운' '창조적 인간'이 있었음을 우리는 기억하고 있다. 우리들 세상에 태어나서는 안 되었던 정치적 창작품을 그들은 창출해 내어 인류역사를 소용돌이 속으로 휘몰아쳤던 사실을 우리는 알고 있다.

문화적, 과학적 창조의 성공은 전 인류에게 이익과 번영으로 돌아가고 그것의 실패는 그 개인만의 좌절과 불이익으로 끝나버리는 것이 예사이다.

그렇지만 정치적 창조 즉, 새로운 제도의 창출, 새로운 주의 · 이념의 창출은 참으로 극히 '신중'해야 하는 작품활동이다. 지배욕에 눈이 어두운 어느 개인의 무모한 정치적 창조력 발휘로 그간 얼마나 많은 사람이 무참하게 죽어갔으며 또 현재도 가슴 아리며 울고 있는가. 세계 제2차대전 때 독일 '히틀러'가 저질렀던 유태민족 말살정책이 빚은 천인공노할 만행이 그렇고, 과거 일본국의 어느 팽창주의의 망상에 눈이 어두웠던 창조적 인간이 대륙에로의 진출을 위한 침략전쟁을 창안해 낸 창조력 때문에 우리 민족이 겪었던 고초는 얼마나 컸으며, 또 그들 중 누군가 창안해 낸 태평양전쟁과 그 결과 때문에 우리 민족이 받은 상처는 어떠했으며 얼마나 많은 사람이 지금도 아파 울고 있는가.

'창조적 인간!' 그들은 인류를 위해 많은 업적을 남겼다. 그러나 '정치적 창조' 이것만은 '함부로' 작출하지 말아야 하는 것이 아닐는지…. 요사이 TV화면에 비친 사할린동포의 귀국(모국방문) 장면과 어느 나이 많은 남매의 40여 년 만의 눈물어린 상봉 장면을 보면서 내 나름대로의 느낀바 있어 감히 주제 넘는 염려를 해 본다.

말투

나는 쓸모 있고 재미있는 말을 잘하는 사람을 좋아하고 존경한다. 나는 말을 능수능란하게 구사하지 못하는 대신 남의 말을 듣기를 좋아하고 또 열심히 듣는다. 그러나 나는 싫은 소리를 듣는 것은 싫어한다. 그래서 나도 남에게 싫은 소리를 하지 않는다.

나는 말을 하기에 앞서 내 말을 들을 상대방의 입장과 기분을 먼저 생각해 본다. 나는 다른 사람으로부터 싫은 소리를 들을 짓을 않으려고 애를 쓰면서 산다. 내가 싫은 소리를 하면 그 소리를 듣는 사람은 나를 싫어할 것이다. 나 역시 나에게 싫은 소리를 하는 사람을 싫어한다.

우리는 가정에서, 직장에서, 일반 사회에서 생활을 하면서 가족들 사이에서, 상하직급 또는 동료 직원들 사이에서, 그 밖에 접하는 모든 사람들 사이에서 일상 많은 말들을 한다. 여러 가지 상황 속에서 오가는 말들, 그 말투들에는 우월감 속에서 나오는 말, 신경질적인 말, 사무적인 말, 달콤한 말, 다정스러운 말, 가시 돋친

말, 쌀쌀한 말, 따스한 말, 모욕적인 말, 겸손한 말, 선동적인 말, 감격스러운 말, 자기 기분에 도취되어 있는 말, 상대방의 기분을 무시하는 말, 긍정적인 말, 부정적인 말, 비꼬는 말, 빈정거리는 말, 마음을 터놓는 말, 마음이 감추어진 말, 아부하는 말, 아양 떠는 말, 속삭이는 말, 속상한 말, 억지 쓰는 말, 오기가 가득 찬 말, 자연스러운 말, 작위적인 말, 기죽이는 말, 풀이 죽은 말, 자조적인 말 등등이 있음을 생각할 수 있다.

말솜씨야 타고난 것이라고 여겨지지만 그래도 그 사람이 얼마나 수양을 쌓았느냐, 어느 환경에서 어떠한 교육을 받아 인격이 형성되었느냐에 따라 내뱉는 말투의 질이 다르다. 말투는 지식의 질량과는 반드시 반비례하는 것은 아니다. 사람의 품격은 그 사람의 외모와 행동으로도 나타나지만 무심코 내뱉는 말투에서도 나타난다. 사람은 유머가 있어야 한다. 그러나 유머를 유머로 받아주는 경우에만 유머스러운 것이다. 유모나 위트를 모르는 이에게는 조크도 통하지 않는다. 그와의 사이에는 경색된 분위기만 있을 뿐이다. 흔히들 같은 말이라도 어 다르고 아 다르다고 한다. 내용과 의미가 같은 말을 상대방의 기분을 언짢게 하면서 자기의 뜻을 전하는 사람도 있고, 반대로 상대방의 마음을 상하게 하지 않을 뿐만 아니라 오히려 감격케 하면서 자기 의사를 충분히 주입시키는 사람도 있다.

이 세상을 자기 기분대로 사는 사람은 전자에 속할 것이요, 타인을 의식하고 사는 사람은 후자에 속할 것이다. 사회공동생활의 인화적 차원에서 어느 부류의 인품의 말투가 바람직할까?

이혼

내가 초등학교 다닐 때 장난꾸러기 친구의 돌팔매질에 왼쪽 눈이 다쳐 그것이 원인이 되어 시력이 점점 약해지더니 결국에는 눈동자가 혼탁해지는 외인성 백내장이라는 눈병에 걸려 안과의원에서 수술을 세 번이나 받은 일이 있었다. 그때 안과의원에 출입하면서 느낀 일이지만 왜 그리도 눈병 환자가 많은지 그곳에서 왼쪽 또는 오른쪽에 안대를 걸친 몰골의 수많은 환자들을 보니 세상 사람들이 모두 눈병에 걸려 있는 것 같은 착각에 빠졌었다.

얼마 전 나의 근무처가 옮겨져 새로운 일상에 접하게 되었는데 그러는 동안 계속 걸려오는 전화를 미처 손이 부족하여 내가 직접 받아보면 거의 전부가 '이혼' 절차를 묻는 여자의 목소리뿐이다. 직원이 받는 전화응답 소리를 들어 보아도 마찬가지다.

전화로뿐만 아니고 사람이 직접 민원창구에 와서 담당직원에게 묻는 말과 나에게 직접 상담한다는 말을 들어보아도 이혼에 관한 것뿐이다. 또한 문서접수 창구에 접수되는 서류를 보아도 태반이 이혼하고자 하는 소송서류들 뿐이다. 매일 나의 귀에 들리는 소리가 이혼이요, 눈에 보이는 것이 이혼하고자 하는 사람들뿐이라 이 세상 모든 남녀가 이혼하기 위해서 결혼을 했던 것이 아닌가 하는 착각에 빠진다.

하기야, 이런 착각에 빠지게 하는 것이 어디 이곳뿐이겠는가. 결혼예식장에 가 보면 모든 청춘남녀가 매일 결혼만 하는 것 같고, 병원에 가 보면 사람들이 전부 병들어 있는 것 같은 착각에 빠지는 것 등이다. 어떻든, 사람과 사람 사이에 맺어지는 인연 중에서 남녀가 사랑으로 맺어져 한 가정을 이루는 인연이 이 세상 인간사의 근본이요 축일 것이다. 그런데 서로가 만날 때는 무슨 마음으로 만나 맺어지고 이토록 헤어지고자 함은 또 무슨 마음이 내켜서일까.

'부부싸움은 칼로 물 베기'라는 말이 괜히 있는 말이 아니다. 부부싸움은 부부간에 다툼으로 끝나야지 그것이 가정의 뿌리를 흔들어 뽑아버리는 무모로 발전해서는 안 된다. 부부간이란 등 돌려 누우면 남이라고 하지만 그 등과 등 사이에는 둘 사이를 연결하는 어느 한쪽도 떨쳐버릴 수 없는 자식들이 놓여 있다.

자식들이 있는 사람들이 이혼하는 것을 보면 그들은 자기 자식들의 입장과 처지를 조금치도 염두에 두지 않는 극히 이기적이고 매몰찬 인격의 소유자가 아닌가 하는 의심을 품게 한다. 이혼이라는 가정파탄이 자식들의 인격 형성에 어떠한 악영향을 끼치며 그들이 받는 정신적 고통, 심적 타격이 얼마나 큰 것인지를 조금치라도 안다면, 이렇듯 비정하고 극단적인 가정파괴 행위는 하지 않을 것이다.

그래서 나는 천수를 다하지 못하고 세상을 떠난 나의 어머니가 젊었을 때 아버지로부터 배반을 당해 우리네 옛 여인들이 흔히 앓았던 가슴앓이 병으로 혼절을 하면서도 우리 가정을 지켜 왔던 어린 시절의 기억을 더듬으며 새삼 나의 어머니의 무식한 희생정신을 높이 사고, 그 은공에 보답해 드리지 못한 불효 때문에 지금껏 괴로워하고 있다.

어느 노부부의 이혼

사람과 사람 사이에서 맺고 또 맺어지는 인연 중에서 인간관계의 기본이요 핵심이 되는 인연은 남과 여가 사랑으로 맺는 연분이 아닌가 싶다. 그 연분으로 결합되는 것은 그들 의사에 의하는 것이지만 거기에서 파생되는 혈연은 본인의 의사와는 무관하게 맺어지는 인연이다. 자기의사로 맺는 인연은 또 자기의사로 절연시킬 수도 있지만 거기에서 파생된 인연(혈연)은 끊어지는 것이 아니다. 다만 결손가정이라는 비정상의 가족관계가 형성될 수 있을 따름이다.

나는 사무실에 일찍 출근해서 접수창구 앞에서 서성이는 여러 사람들을 본다. 그들의 얼굴과 행동을 유심히 살핀다. 이곳에 오는 사람들은 천차만별이다. 이제 갓 결혼한 듯한 젊은 남녀, 인생을 익혀 놓은 중년부부, 때로는 사별을 앞둔 노부부, 어떤 때는 승복을 입은 속세를 떠나 있을 승려, 어린애를 등에 업은 처량한 모습의 아낙네, 딸 결혼시키느라 고생한 어머니를 앞세우고 온 젊은 딸, 아이들과 같이 온 어머니, 친구를 대동하고 온 여인 등등

용감(?)하게 혼자 찾아온 남자나 여자들뿐만 아니라 앞에 말한 사람들을 보면 우선은 벽에 게시해 놓은 안내문을 눈여겨본다. 또 다른 안내문을 들여다본다. 그리하여도 이해가 안 되는 듯 민원창구 이곳저곳을 살핀다. 그러다가 결심이 선 듯 민원안내 담당직원에게 묻는다.

결국은 이혼절차에 관한 문의와 덧붙여 그들 부부간의 갈등에 관한 하소연이다. 그러면 민원창구 직원은 친절하게 그들의 말을 다 들어 주고 협의이혼 절차와 재판상 이혼 절차를 안내하여 준다. 이러한 일들이 매일 반복되기 때문에 이제는 사무적인 감각으로 그들을 보면서 일상으로 넘긴다.

그런데 어느 날 80세가 훨씬 넘은 듯한 노부부가 다정스럽게(겉으로는 그렇게 보였다) 서로 손을 잡고 민원창구를 찾아왔다. 어찌 오셨냐고 물으니 협의 이혼하러 왔다는 것이다. 이 말을 들은 민원안내 직원의 입이 딱 벌어져 다물어질 줄 모르는 것 같았다. 멍하니 그 백발이 성성한 두 노인을 쳐다보다가 서류준비는 되었느냐 물으니 다 준비해 왔다고 했다. 그러면 4층 481호 협의이혼 의사확인서 접수실로 올라가라 하니 그 노부부는 역시 다정하게 손을 맞잡고 계단을 따라 올라가고 있었다.

나는 그 노부부가 다정스럽게 서로를 부축하며 계단을 따라 오르는 그들 뒷모습이 그로부터 상당한 시일이 지났는데도 지금껏 뇌리에서 지워지지 않고 있는 이유를 모르고 있다. 세상을 다 산 듯한 노부부가 이제사 이혼이라는 것을 하는 이유가 무엇일까. 거기에는 내가 이해할 수 없는 깊은 사연이 있겠지만 아무래도 의문, 또 의문이다. 이 세상 인간사에서 가장 슬픈 일은 사별이다. 아마도 그들은 그 가슴 아픈 슬픔을 겪지 않고 미리 생이별을 하는 것일까? (1992)

LA골프장에서

— 겸손하고 교양 있고 예의바른 세계인이 되는 길

며칠 전 미국 LA에 살고 있는 딸을 만나러 갔다. 모처럼 만난 사위 등과 골프를 치게 되어 LA근교의 몇몇 골프장에 갔었다. 그곳의 대중 골프장 주변에는 주택들이 들어서 있고, 골프장 곳곳에 자동차도로가 관통하고 있어 자동차들이 빈번하게 왕래하고 있었다.

그곳 골프장에서는 카트를 타고 이동하는데 자동차길 건너에 있는 곳으로 가기 위해서는 자동차 길을 건너야 했다. 그런데 건널목에 들어서면 우리보다 먼저 오고 있던 자동차들이 어김없이 정지하고 카트를 먼저 지나가게 한 후 운행했다.

나는 자동차 운전자들에게 미안한 마음이 들어 다음 자동차길이 나왔을 때는 운전자 보고 먼저 가라고 양보의 의사표시를 했다. 그럼에도 그들은 우리더러 먼저 건너가라고 손짓했다. 그곳 운전자들의 양보하는 운전습관을 목격하고 만약 우리나라에서도 그러한 상황이었다면 어떠했을까 생각해 보았다.

우리도 교통질서의 세계화를 이루기 위해서는 개개인의 의식구조 및 교통문화의 선진화가 먼저 이루어져야 한다고 본다. 내가 겪었던 것처럼 사람들이 여유로운 마음을 가진다면 앞으로 치를 월드컵에서도 결코 부끄럽지 않은 한국이 되지 않을까 싶다. (2001)

골프의 묘미(妙味)

골프는 막역한 친구들끼리 해야 더 재미가 있다. 서로 농담도 하고 서로 부아를 돋우고 그러면 용심을 내고 그러다가도 파안대소하고….

내가 트리플 보기를 해버려 속이 몹시 상해 있는데 "자네 파 했는가?" 하면서 약을 올리면 얼굴이 굳어지면서 용심을 내기도 하고, 드라이버로 티샷을 해 그 친구들보다 4~50m 더 멀리 보내 놓고 친구들 보란 듯이 의기양양하게 공이 있는 곳에 걸어가서 워터해저드 너머로 보이는 그린까지 8번 아이언으로 세컨샷을 하면 무난히 온 그린 할 것 같아서 마음속으로 '옳다 됐다! 투 온을 해서 버디나 최소한 파를 해서 친구들에게 약을 올려줘야지' 하는 욕심으로 공을 친 것이 내 욕심이 클럽헤드까지 뻗쳐 있었는지 그만 뒤땅을 치고 말아 공은 보기 좋게 물에 풍덩 빠지고 말았다.

내 마음이 몹시 언짢아 있는데 또 거기다 대고 "주님의 뜻이네!"라고 약을 올린다. 그러면 나는 "허허!" 웃고 말지만 어디 두고 보자 벼르다가 나한테 약을 올리던 친구가 벙커에 빠진 공을 밖으로 쳐내기 위하여 몇 번을 터덕거리고 있으면 그 옆에 가서 "자네, 지금 뭐 하고 있는가? 공은 안 치고 모래 속에 뭐 파먹을 것 있다고 모래를 파고 있는가!" 하고 약을 올리면 그 친구는 입이 쭉 나오고 얼굴 색깔이 변한다. 그 모습을 보고 있던 다른 친구들은 포복절도한다.

내가 십여 년 전 골프를 나이 들어 늦게 배워 왕초보 시절 미국 LA에 살고 있는 죽마고우 아들과 혼인한 딸에게 다니러 갔을 때 사돈이 된 그 친구를 따라 그곳 골프장에 가서 내 친구의 그곳 친구들과 같이 골프를 쳤다. 그 당시 나는 골프 룰(rule)은 물론 골프 매너에 대해서도 거의 무지한 상태였다.

미국에 가기 전 초보자(beginner)로 서울 근교 골프장에 몇 번 나가 라운딩한 게 고작인 내가 그곳에서 싱글(76~7타)을 치는 생면부지의 사람과 어울려 골프를 치면서 여기에서 친구들과 스스럼없이 골프를 치던 버릇대로 그 깐깐한 동반자가 퍼팅을 하고 있는데 그린 주위에서 피칭연습을 하고 있으면 퍼팅을 하지 않고 멈추어서 있다. 그러면 내 친구가 손짓으로 내 행동을 제지하여 내가 피칭연습을 멈추면 퍼팅을 하고, 그 사람이 퍼팅을 하려는 순간 내가 그 사람 앞이나 뒤에서 퍼팅하는 모습을 보고 있으면 또 아무 말도 하지 않고 가만히 서 있다. 내가 그린에 공을 올린 후 그냥 나오면 마크를 하고 나오라고 퉁명스럽게 지시(?)를 해 몹시 무안했었다.

우리나라에서는 캐디가 있어 캐디가 마크도 해 주고 퍼팅방향으로 공도 놓아 주는 서비스를 받아온 터라 그 습관 때문에 그곳에서 그 같은 무례한 행동을 해 내 사돈친구 입장을 곤란하게 한 일이 있었다.

골프는 나이와 상관관계가 있는 것 같다. 비거리는 나이에 반비례하고 타수(스코어)는 정비례한다. 이는 우리 또래의 경우뿐만이 아니고 TV로 중계되는 미국 유명한 시니어 골프경기대회를 시청해 보더라도 그 경기장에서 경기를 하고 있는 프로골퍼들은 과거 젊었을 때는 펄펄 날아 거의 전부가 기준타(Par) 이하로 치고 더 낮은 타수로 우승한 베테랑 선수경력의 소유자들인데 이제는 기준타 이하를 치는 선수는 없고 전부 기준타 이상(오버파) 치고 있다. 그들도 나이에는 어쩔 수 없는 듯했다. 하물며 우리같이 재미로 골프를 치는 사람에 있어서야 당연한 이치가 아니겠는가. 그래서 골프를 나보다 오래전에 시작한 친구들은 옛날에는 팔십대 초반을 쳤는데 왜 이리 안 되는지 모르겠다고 한탄을 한다. 지금 치는 것을 보면 그 말이 참말인지 잘 모르겠지만….

골프는 당연히 소질도 있어야 하지만 학습량의 빈도에 따라 숙련도가 좌우된다. 특히 그린 주위에서 벌이고 있는 샷, 즉 어프로치와 피칭은 현장학습을 얼마나 많이 했느냐, 다시 말하면 골프장에 얼마나 많은 자금을 투여했느냐에 따라 타수가 달라진다. 나같이 한 달에 한 번 정도 필드에 나갈까 말까 하는 사람은 대개는 그린 주위에서 숏게임에 취약하여 그린에 가까운 거리에서 그린에 공을 올리기가 어려워 이른바 냉탕온탕을 하기가 일쑤라 드라이버로 티샷을 잘한 값을 허물어트려 허탈한 심정으로 쓴웃음을 짓고 홀 아웃하고 만다.

골프는 흔히 멘탈 게임(mental game)이라고 한다. 골프를 잘 치고 싶은 욕망은 그 운동을 하는 모든 사람은 누구나 다 가지고 있다. 그러나 그 욕망이 지나쳐 욕심이 되어 그 욕심이 골프채를 휘두르는 손목과 그립에 전달돼 클럽헤드에 미치면 공을 정확하게 맞히지 못하여 뒤땅을 치거나 생크(shank)가 나 버려 자기 의지와는 관계없이 엉뚱한 곳으로 공이 날아가 버리거나 풀밭을 기어 굴러가 버린다. 정신이 혼란스러워도 마찬가지다. 특히 그린 위에서의 정신통일은 필수적이다.

골프는 거리와 방향이 일치되어야 멋진 샷이 된다. 그런데 그것이 어렵다. 나같이 만년 하급자는 홀을 향하여 샷을 하면 어느 때는 거리는 딱 맞는데 방향이 좌우로 어긋나 있고, 방향이 잘 맞으면 거리가 짧거나 길다. 그런 때는 친구 들으라고 혼자 소리로 "거리는 딱 맞는데!"라고 한다. 또 방향은 좋은데 거리가 안 맞을 때는 "거참, 방향은 좋았는데!"라고 투덜거리며 자위를 한다.

티샷을 아무리 잘하고 세컨샷을 잘해 그린에 운 좋게 투 온을 해도 그린 위에서 쓰리 퍼터를 해 버리면 기분을 완전히 잡친다. 타수는 길게 친 것이거나 1m나 2m를 치는 것이거나 똑같이 한 타로 치는 것이니까 그린 위에서 진짜로 퍼딩을 잘해야 한다. 그린 위에서는 그린 바닥의 레벨에 따라 퍼팅의 난이도가 정해진다. 홀 주변에 숨겨져 있는 블랙을 잘 읽을 줄 알아야 하는데 나 같은 하급자는 그것이 눈에 보이지 않는다. 퍼팅은 관성의 법칙과 중력의 법칙을 잘 활용해야 한다.

내가 실제 게임을 할 때도 경험을 했지만 TV골프 채널에서 일급 프로선수들이 퍼팅하는 것을 보아도 공이 지름 108mm의 홀을 향하여 정확하게 굴러오다가도 10 내지 20cm 앞에서 그린의 미세하게 기울어진 방향으로 흘러 홀의 좌 또는 우측 가장자리를 스치고 지나가는 장면을 여러 번 보았다. 그럴 때면 그 공을 친 당사자와 마찬가지로 그 장면을 보고 있는 나도 바닥을 치면서 안타까워한다.

관성의 힘이 조금만 더 강했더라면 중력의 법칙을 이기고 그대로 밀고 나가 홀인이 될 텐데…. 그 반대로 관성의 힘이 더 세면 홀의 테두리를 반 바퀴 이상 돌아 밖으로 나와 버리는 경우도 있다. 한편 내리막 퍼팅라이(putting lie)에서는 중력의 법칙을 잘 이용해야 한다. 그렇게 하려면 퍼터헤드로 그 거리에 맞는 힘을 공에 얼마만큼 가해야 하는지는 역시 학습에 달려 있다.

나는 골프의 실력을 운일기구(運一技九)라고 생각하고 있다. 기구(技九)라는 것도 그냥 되는 것이 아니고 아홉에서 타고난 소질이 3이라면 학습이 6이라고 본다. 그리고 골프는 기량도 기량이지만 운도 좀 따라야 한다고 본다. 여기서 운이라고 하는 것은 우연현상(偶然現象)이다. 최근 동반자끼리 1점에 몇 십만 원씩 걸고 하는 내기골프에 대하여 "골프도 당사자 사이에 결과를 확실하게 예견하거나 자유로이 지배할 수 없는 성질을 갖는 우연성이 개재되므로 도박죄에 해당한다"는 대법원 판례를 보더라도 골프는 100%의 기량만으로 결판나는 운동이 아니다.

홀인원을 했다든지 이글을 했다는 것도 역시 운이 따라야 한다고 본다. 결국 10%의 우연성이 작용한 행운이 따른 것이라고 본다. 티샷을 한 공이 카트도로에 떨어졌는데 공이 지면에 닿는 순간의 지면 상태에 따라 공이 페어웨이 쪽으로 튕겨지는 행운도 있고 반대로 OB(Out of Bounds)지역으로 튕겨져 나가 낭패를 보는 경우도 있다. 애초에 티샷을 잘못 해 방향이 어긋나 카트도로에 공이 떨어졌지만 그날의 우연성이 타수에 영향을 준다.

마찬가지로 페어웨이 가장자리에 서 있는 나무줄기에 공을 맞추고 싶어서 일부러 맞추는 골퍼는 없다. 두 번째 샷이든 세 번째로 치는 공이든 그린을 향하여 친 공이 잘못 쳐 그 공이 나무줄기를 맞추었는데 우연히 공이 나무줄기 오른쪽에 맞아 그 공이 페어웨이 쪽으로 떨어져 곤란을 면하면 행운이고 불운이면 공이 나무 왼쪽 편에 맞아 숲속이나 OB지역으로 튕겨져 나가 버리면 그 홀에서의 타수는 불어나게 마련이다.

나이 들어 재미도 있고 건강유지에도 좋은 운동은 역시 골프인 것 같은데 비용이 많이 든다는 게 흠이다. 그래서 나는 마음에 맞는 친구들끼리 대중골프장을 찾는다. 특히 지방에 있는 대중골프장은 모든 시설이 일반 회원제 골프장에 못지않으면서도 그 비용은 반값 이하로 들기 때문이다. 지방에 있는 대중골프장에 가려면 교통비가 좀 들지만 여행을 겸해서 간다고 여기면 그렇게 큰 부담이 안 되고 교통비가 좀 들어도 회원제 골프장에서의 비회원이 들여야 하는 비용보다 더 저렴하게 먹힌다.

건강유지를 위하여 골프장을 찾아 운동을 하면서 점수에 연연하면 스트레스를 받는다. 그날 공을 어쩌다 잘 쳐서 타수가 낮아지면 기분이 더 좋겠지만 나이 들어 기량이 떨어진 몸 상태에서뿐만 아니라 원래 소질도 없고 전혀 연습도 하지 않은 상태에서 순전히 10%의 운으로만 공을 치니 어디 타수를 더 낮출 수 있겠는가.

골프라는 운동은 역시 어렵지만 재미는 있는데 그 재미를 배가하려면 연습을 자주 해야 한다. 자전거를 한참동안 안 타다가 오랜만에 타도 실수 없이 잘 탈 수 있고 자동차운전 역시 그러한데 골프만큼은 클럽을 한참동안 잡지 않다가 오랜만에 필드에 나가 공을 쳐 보면 이건 완전히 새 잽이다. 학습으로 몸의 관절이나 근육에 입력되어 있던 정보가 다 사그라진 뒤라 연습으로 재충전을 하고 필드에 나가야 하는데 그렇지 않고 모처럼 기회가 주어지면 막무가내로 그냥 나가 클럽을 잡으니 뒤땅치기가 일쑤요 생크 나기가 다반사다. 그래도 필드에 나가면 막혔던 마음의 눈이 확 트이니 그 맛으로 푸른 초원에서 골프채를 휘두르며 걷는 운동을 한다는 마음가짐으로 임한다.

측간(厠間) 문화

기차나 여객선 그리고 항공기 등으로 장거리를 여행할 때에는 그 교통수단에 화장실이 마련되어 있어 생리적 현상으로 일어난 볼일을 불편 없이 볼 수 있는데 버스를 타고 장거리 여행을 할 때에는 버스는 그러한 시설이 설치되어 있지 않은 경우가 태반이어서 보통은 승객들의 편의를 위하여 대게 2시간 간격으로 도로변에 마련되어 있는 화장실이 있는 휴게소에 정차하여 승객들로 하여금 볼일도 보게 하고 휴식도 취하도록 하고 있다. 우리나라 고속도로 휴게소에 마련되어 있는 화장실은 이제는 얼마나 깨끗하게 관리가 잘 되어 있는지, 옛날에 시각과 후각을 혼란스럽게 했던 공중변소의 이미지는 이제 싹 가셔버리고 음악이 나오는 스피커까지 곁들어진 화장실로 변신되어 있다.

몇 해 전에 중국에 관광여행을 다녀온 일이 있는데 비행기가 내리는 곳에서 관광지까지 가려면 버스를 타고 5시간 이상 이동을 해야 하는데 역시 승객들의 생리현상을 해결하게 하기 위하여 화장실(측간)이 있는 휴게소에 잠시 정차를 했다. 이름이 기억나지 않는 그 도로 어느 휴게소에서 내려 참았던 생리현상을 처리하기 위하여 승객들과 같이 남녀로 구분되어 있는 측간으로 황급히 뛰어들어 갔는데 그곳에서 생소하고 약간 당황스럽기까지 한 장면을 보고 놀랐다.

우리나라에서 사용하고 있는 화장실 구조하고는 완전히 달랐다. 보통은 대변을 보는 곳은 혼자만의 밀폐된 공간이어야 하는데 그곳은 거의 개방형이었다. 소변보는 곳은 완전 개방형이고 대변보는 곳은 문은 물론 없고 칸막이도 일을 보느라 쭈그리고 앉아 있는 사람의 키 정도로 앞뒤로 가려 있을 뿐이었다. 소변을 보려면 그 앞을 지나가야 하는데 참으로 민망하였다. 여럿이 줄줄이 쭈그리고 앉아 담배를 피우며 용을 쓰고 있는 꼴들이 참으로 웃겼다. 그러나 우리들 눈에는 생소하고 좀 웃겨보였지만 그 나라 그곳 사람들은 아무렇지 않은 듯 너무나 태연한 모습이었다. 그 나라 그곳의 측간문화이기 때문이리라.

우리나라에도 그곳과 비슷한 측간이 있는 곳이 있긴 하다. 큰 산사(山寺)에 가서 볼일을 보려면 해우소(解憂所)라고 이름 붙여진 측간을 가게 되는데 그곳에 처음 들리면 약간 당황함을 느낀다. 해우소도 반개방형으로 되어 있기 때문이다. 지금도 있는지 잘 모르겠지만 제주도에는 돼지우리 위에 뒷간을 만들어 놓아 우리 위에 걸쳐놓은 판자에 앉아 뒷일을 보면 변이 돼지우리로 떨어지는데 돼지들이 그 변을 먹고 산다. 돼지들도 길들여져 사람이 볼일을 보려고 쪼그리고 앉으면 바로 그 밑으로 와 입을 벌리고 있기도 한단다. 사람이 묽은 변이라도 쏟아 내려서 그 변이 돼지의 머리나 몸에 묻으면 돼지가 사정없이 몸을 흔들어 털어내면 그 변이 튕겨 올라와 사람의 엉덩이 등에 묻기도 한단다.

요사이는 우리나라도 모든 면에서 문화가 발달되고 특히 서양문화가 급속도로 그리고 광범위하게 유입된 탓으로 우리의 생활이 이제는 거의 서양화되어 있다. 그 중에서도 화장실에 대하여 살펴본다. 지금도 살림 형편이 어려운 집에서는 재래식변소를 사용하고 있지만 4, 50년 전만 하더라도 극히 일부 부유층 집에서나 수세식 화장실에서 볼일을 보았을 뿐 대개는 소위 푸세식(재래식) 변소에서 쭈그리고 앉아 밑에서 솔솔 올라오는 냄새를 맡으며 볼일을 보았다.

옛날 내가 어렸을 때 내가 태어난 시골 큰집에 갔었을 때 뒤가 급하여 볼일을 보려면 그렇게 난감할 수 없었다. 그곳의 측간은 시설이 더욱 열악하여 여간 급한 상황이 아니면 측간에 가지 않고 그냥 참아야 했던 일이 많았다. 고향 큰집 측간은 소 외양간 안 구석에 커다란 옹기 독 위에 사람이 한 발씩 딛고 앉을 수 있게 판자를 걸쳐 놓고, 볼일을 보려면 그 독 밑에 놓아둔 섬돌을 밟고 올라가 양 발을 독 위에 걸쳐놓은 판자 위에 딛고 앉아 볼일을 보았는데 웃기는 일은 큰 것이 밑으로 떨어지면 '풍덩' 하고 소리를 내면서 그 독에 벙벙하게 담겨진 오줌물이 튕겨져 올라와 내 엉덩이를 적시었다. 그래서 다음 차례로 큰 것을 떨어트릴 때에는 그 즉시 엉덩이를 들어 올리곤 하였다.

측간의 변천사를 잠깐 살펴보면 애초에는 물을 쓰지 않은 푸세식(재래식) 측간이 태반이었고 그곳에서 볼일을 보고 있노라면 밑에서 올라오는 냄새는 자기 것만이 아닌 여러 사람의 합작품이라 후각을 괴롭혀 그것을 중화시키기 위하여 나는 담배를 피우게 됐다. 그 후 조금 발전이 되어 수세식 변기가 자기만의 작품에서 풍겨오는 냄새를 맡으면서 일을 보고 물을 쏟아 부어 정화조로 흘려보냈다. 그러다가 요사이는 조금 더 발전이 되어 좌변기에서 일을 보면 작품은 좌변기에 고여 있는 물속으로 떨어져 잠기기 때문에 이젠 자기 것의 냄새도 잘 맡을 수 없게 되었다.

얼마 전 어느 TV방송 연예프로를 시청하다가 측간문화의 충돌이 일어났던 얘기를 듣고 웃음을 자아냈던 일이 있었다. 서양에서는 대게 앉아서 볼일을 보는 좌변기를 사용하고 있어 그 생활이 몸에 밴 그곳 출신의 출연자인 아리따운 여인들이 하는 말인즉, 그녀들이 한국에 와서 처음 겪었던 쑥스럽고 어려웠던 일은 이곳의 재래식화장실에서 쭈그리고 앉아 일을 보는 것이었다고 한다. 쭈그리고 앉으려다 둔부가 무거워 그 무게의 힘을 이기지 못하고 뒤로 벌러덩 주저앉고 말았다고 한다. 그 다음부터는 일을 보려면 문고리를 잡든가 아니면 물이 내려오는 호스를 잡고 버텨 엉거주춤 의자에 앉는 자세로 일을 보았다는 것이다.

옛날에야 처갓집하고 측간은 멀리 떨어져 있을수록 좋다고들 했지만 오늘날에야 어디 그러한가. 시대가 변해서 둘 다 가까운 것이 더 좋고 특히 주거환경이 아파트 등으로 급속하게 변하면서 화장실은 침실과 붙어있는 게 상례가 되어 편한 생활을 누리고 있다. 그래서 그 반사적 폐해가 생긴 것이 물의 낭비다. 물이 없으면 지금과 같은 측간문화생활을 누리고 살 수가 없기 때문이다. 위생적으로 좋은 것이 자원낭비를 부르고 있다.

측간 얘기를 하다가 엉뚱한 생각을 해 본다. 우리에게 측간, 요새 말로 화장실이 꼭 필요한 것은 사람은 살기 위해서 먹어야 하는데 항상 먹고만 살 수는 없는 법, 그 먹은 것의 찌꺼기는 몸 밖으로 배설을 해야 한다. 그 배설하는 곳이 바로 측간이다. 아주 중요한 시설이다. 먹는 것도 필요하고 중요하지만 배설도 먹는 것만큼 필수적이고 중요하다. 먹기만 하고 밖으로 내보내지 못한 고통은 당해 보지 못한 사람은 모른다.

그런데 사람들은 음식물을 입을 통해 몸에 넣는 섭취행위(攝取行爲)는 가족들, 친지들, 연인들이 다 함께 서로 마주보며 같이 하는 걸 즐기면서 왜 그 먹은 것을 몸 밖으로 내보내는 배설행위(排泄行爲)는 다 함께 하지 않을까?

일체유심조(一切唯心造)

나는 몇 개월 전 직장동료 몇 사람과 함께 직장상사였던 분을 모시고 지리산 삼신봉에 오른 일이 있었다. 나이에 걸맞지 않게 등산에 베테랑인 그분의 뒤를 따라 한참 숨을 헐떡이며 기를 쓰면서 오르고 있는데 독실한 불교신자인 그가 느닷없이 “인생에 있어서 행복이란 도대체 뭐꼬?”라고 나에게 질문을 던졌다.

그때 나는 서슴없이 “그거야 마음 편히 사는 것 아니겠서라우.”

“그라몬 어떻키 하몬 마음이 편하는 거고?”

“고것이야 사람이 마음먹기에 달린 것 아니것어라우.”

“맞는 얘기구마는.”

국민학교 때인지 중학교 때인지는 기억이 희미하지만 국사시간에 선생님으로부터 들은 신라시대의 명승 원효에 관한 얘기가 생각난다. 한국의 불교사상 가장 위대한 고승의 한 사람으로 추앙받는 그가 서기 661년 의상과 유학차 당나라에 가던 길에 어느 곳인지는 모르겠지만 날이 어두워 몹시 지친 몸을 이끌고 어느 오두막

집에 들어가 쓰러져 잠을 잤다. 자다가 갈증이 심해 물을 찾으니 마침 머리맡에 있는 물그릇에 물이 가득하여 정신없이 마시니 그 맛이 꿀맛이라 갈증을 면하고 잠을 다시 청했다. 날이 밝아 잠을 깨어보니 잠을 잔 곳은 파헤쳐진 무덤 속이었고 마신 물은 해골바가지에 담겨진 썩은 물이라 그는 순간 오장이 뒤틀려 구역질을 하다가 깊은 상념에 빠졌다. 어째서 이 썩은 물이 밤에는 그토록 맛이 좋았을까. 그는 순간 크게 깨달았다.

'그렇다! 모든 것은 마음에 달린 것이로다.'

조선 21대 임금이었던 영조는 우연히도 갑술년·갑술월일시에 출생하였기 때문에 인군이 되었다는 말을 듣고 그렇다면 백성 중에는 필시 자기와 똑같은 해·월·일·시에 태어난 사람이 있을 것인즉 그 백성을 찾으라 분부하였다. 강원도 강릉 땅에 그러한 사람이 있어 왕이 그를 대하여 보니 산골에서 아무렇게 살아 늙어버린 순박한 백성인지라 왕이 웃으면서 그 촌로에게 물었다.

"너의 타고난 사주가 나와 같은데 어찌 나는 왕이 되었고 너는 필부에 지나지 않는고? 알 수 없는 일이로구나."

"아니옵니다. 적고 큰 차이는 있을지언정 소신도 전하에 못지않은 복록이 있사옵니다. 소신에게는 아들이 팔형제가 있사오니 전하께서 통치하옵신 8도에 비할 만하옵고, 씨 벌(蜂)을 삼백여 통 갖고 있사오니 전하께서 지배하옵는 3백60주에 비할 만하오며, 그 통 속에 있는 벌의 수효가 또한 무수하오니 전하께서 거느리시옵는 팔도 각 읍의 백성에 비할 만하옵니다. 그러하와 소신은 호의호식으로 지내오니 걱정 없고 행복하기는 전하보다 나을지언정 못하지는 않은 줄로 아옵니다."

왕은 매우 흡족하게 여겨 그 백성에게 후한 상을 내렸다는 얘기를 학생 때 '이조오백년야사'라는 책에서 감명 깊게 읽었던 기억이 난다.

사람은 행복을 추구하면서 산다. 그런데 어떻게 사는 것이 행복한 삶일까. 물질의 풍요일까. 권력의 장악일까. 명예욕의 충족일까. 애정의 결정일까. 말초적인 쾌락일까?

그러나 이런 것들은 일시적인 욕구충족에 불과한 것이고 영원하고 진정한 행복은 아마도 '마음의 평안'을 얻는 것 이외에는 아무것도 아닐 것이다. 그러나 이것을 얻는다는 것은 결코 용이한 일은 아니다. 사람의 마음속에는 두 개의 마음이 있다. 그래서 갈등이 생긴다. 마음과 마음의 싸움, 이 싸움에서 어느 쪽이 이기느냐. 그래서 평정을 얻었느냐에 따라서 행·불행이 결정된다. 사람은 사람이기 때문에 자기 마음을 어쩌지 못하는 경우도 있다.

그러나 또한 사람이므로 자기 마음을 제어할 수 있다. 세상살이가 괴롭더라도, 슬프더라도, 불만스럽더라도, 원망스럽더라도 사람이 마음먹기에 따라서는 괴로움, 슬픔, 불만, 원망스러움을 잊어버리고 항상 기분 좋은 일만 생각할 수 있는 것이다. 그래서 나는 낙천적인 성격을 가진 사람을 좋아하는지도 모른다.

내가 행복하다고 느낄 때

나는 땀을 흘리며 등산을 하고 난 후나 걷기운동을 한 후 대중목욕탕에 가서 따뜻한 물이 가득한 탕에 들어가 몸을 푹 담글 때 그 순간만큼은 세상 부러울 것 없는 아주 편안한 행복감을 느낀다. 전철을 타려고 승강장에 갔을 때 때맞추어 전철이 플랫폼에 들어오고 있고 더욱이 노약자석이 비어 있어 차에 타자마자 바로 앉았을 때 다행스러운 행복감을 갖는다. 길을 건너기 위해 횡단보도에 이르자마자 신호등이 파란색으로 바뀌어져 기다리지 않고 바로 길을 건널 수 있게 됐을 때 기분 좋은 행복감에 젖는다. 힘겹게 산에 오를 때 숨을 헐떡이다가 중간 중간 잠시 쉬면서 물 한 모금 마실 때 그리고 정상에 올라 앉아 내가 올라온 길을 되돌아보며 저 산 아래를 내려다보고 땀을 식힐 때 성취감이 가득한 행복감을 갖는다.

겨울 산사에서 무위(無爲)로 끝나버린 시험공부를 하고 있을 때 내가 머무르고 있던 요사(寮舍)채 방문 앞 따뜻하게 내려 쪼이는 햇볕을 받은 툇마루 위에 옆으로 비스듬히 누워 있을 때 따뜻하고 편안한 행복감에 빠지기도 했다. 대학교 졸업 후 10년간 무직(수험)생활을 하다가 법원 말단공무원으로 임용이 되어 직장에 내 자리가 마련되었을 때 이 넓은 천지에 내가 앉아 일을 할 수 있는 자리가 있다는 사실에 감사한 행복감을 느꼈다.

무직인 채로 첫애를 낳은 지 한 달 만에 집사람이 시집올 때 장만해 온 알루미늄 함 두 개와 이부자리 봇짐 그리고 식기 몇 점만을 덜렁 가지고 고향을 떠나 서울에 올라왔다. 한 칸짜리 월세방에 수년간 같은 동네를 돌면서 살다가 애가 하나 더 생기고 커지니까 주인집 애들과 다툼도 있고 해서 한 칸짜리 셋방에서는 더 살기가 어려워졌다. 아버지의 도움으로 고향집을 은행에 저당 잡혀 독채 전세를 얻을 수 있는 자금을 대출받아 그 돈으로 전셋집을 얻어 역시 집사람이 해 온 장롱 등 세간을 옮겨와 우리 식구들만의 보금자리를 마련했을 때 흐뭇한 행복감을 가졌다.

여름휴가 때 생전 처음으로 자가용을 몰고 식구들과 같이 동해안 해변도로를 따라 남쪽으로 내려가면서 적당한 개울가를 만나면 그곳에 내려 코펠 등으로 된장국을 끓이며 밥을 해 먹을 때 행복감을 느꼈다. 다 길러 놓아 시집갈 나이가 된 하나뿐인 딸이 허리가 아프고 다리에 마비증세가 보여 집 가까운 종합병원 정형외과에 가서 진찰을 받았는데 담당의사가 MRI사진을 보면서 척추암(癌)이라고 진단을 내리는 청천벽력 같은 말을 듣는 순간 세상이 무너지는 절망감이 내 가슴을 엄습해 집에 와서 혼자 통곡을 했는데 일주일 후 조직검사 결과 암이 아니라는 의사의 말을 들었을 때 의사의 오진을 원망하기에 앞서 다행스러운 행복감에 빠져 안도의 숨을 쉬었다.

딸이 제짝을 만나 결혼을 할 때 식을 올리기 위하여 딸의 손을 잡고 결혼식장인 성당 안 제대(祭臺) 앞 주례를 맡은 신부(神父)에게 서서히 걸어 들어갈 때 나는 행복했다. 하나뿐인 아들이 늦게 군대를 갔다 온 후 어렵사리 몇 년 만에 박사학위를 따 학위 수여식에 참가할 때 뿌듯한 행복감에 빠졌다. 또 그 아들이 취직을 해서 돈을 번다고 내 생일 때나 어버이 날이나 명절 때 주는 용돈을 받을 때 대견스러운 행복감에 빠진다.

내 나이 칠십에 관상동맥협착증(협심증)이 생겨 확장시술을 받기 위하여 병원에 입원해 있는 동안 아내로부터 헌신적인 보살핌을 받을 때 나는 행복하다고 느꼈다. 요사이는 이 나이가 돼서도 아침에 사무실에 출근하기 위하여 집을 나서 나무가 우거진 반포천 둑길을 걷고 있는 현실에 다행스러운 행복감을 느낀다. 남에게 빚진 일 없어 갚아야 할 돈 없고 또 남에게 돈 빌려 준 일 없어 받을 돈 없으니 마음 편한 행복을 느낀다. 때로는 방송국 음악공연회 티켓 신청에 당첨되어 공짜로 연주회장 좌석에 앉아 좋아하는 고전음악을 감상할 때 뿌듯한 행복감에 젖는다.

행복이란 결코 손이 닿지 않는 먼 곳에 있는 꿈이 아니다. 행복은 내 마음속에 있다. 내 마음이 행복하다고 느끼면 그것이 곧 행복이다.

선한 사마리아인

나이 들어 노인복지법의 혜택으로 돈 안 들이고 지하철을 이용하여 나들이를 하는데 다행히 노약자석이 비어 있으면 이제는 의당 그 빈자리에 앉는다. 그 전에는 노인행세 하는 것이 싫어 그 자리가 비어 있어도 앉지를 않았었다. 승객이 많아 앉을 자리가 없어 앉아 있는 사람들 앞에 손잡이를 잡고 서 있으면 내 바로 앞에 앉아 있는 젊은 사람이 자기 자리를 양보하면서 그 자리에 앉기를 권한다. 그 전에는 누가 자리를 양보해 주면 고마운 마음이 들기 전에 아니 벌써 내가 그렇게 늙어 보인단 말인가 하며 서글픈 마음이 더 들었다.

그런데 요사이는 혹시 누가 자리를 양보해 주지 않나 하는 바람을 갖는 뻔뻔함이 생겼다. 내 앞에 앉아 있는 젊은 사람이 다 자리를 양보하는 것은 아니다. 아니 거의가 양보하지 않는다. 하지만 때로는 자기 자리를 양보하며 그 자리에 앉기를 권하는 젊은이도 있다.

지하철을 타고 있노라면 앞을 보지 못하는 시각장애인이 남의 동정을 구하고자 하모니카를 부는 등 음악소리를 내면서 도움 받을 그릇을 들고 앉아 있는 승객들 앞을 지나갈 때 나를 포함한 승객들은 거의가 무심히 앉아있다. 그런데 그 많은 사람들 중에서도 동전이나 지전을 그 그릇에 넣어 주는 사람이 있다.

지하도 입구 또는 그 아래 지하도를 걷다 보면 지하도 계단이나 지하도 가장자리에서 남의 도움을 바라는 그릇을 앞에 놓고 흡사 읍소(泣訴)를 하는 자태로 엎드려 있는 사람을 보게 된다. 그 앞을 왕래하는 사람들은 대게 눈길조차 주지 않고 그냥 지나치는데 가끔은 그 그릇에 동전 또는 지전을 놓고 가는 사람이 있다. 나도 그 엎드려 있는 사람 앞을 그냥 지나가기 일쑤인데 어떤 때는 깨끗한 옷차림으로 유난히 동정심을 유발하는 할머니가 애처로운 표정으로 지하도 입구 계단에 앉아 손을 벌리고 있는 모습이 내 마음을 잡아당겨 그대로 지나가지 못하게 한다. 그럴 때는 지전을 건네주기도 한다.

내 눈으로 직접 보지는 못했지만 TV 등 영상매체나 일간신문을 통해서 남을 위한 미담을 전해 들으면 크게 감동하고 감격한다. 지하철역 플랫폼에서 사람이 실수로 또는 취중에 발을 헛디뎌 그 아래 철로에 떨어져 위급한 상황에 봉착하였을 때 자기의 위험을 무릅쓰고 그 철로에 뛰어내려 금방 떨어진 사람을 구해 피신시키는 사람이 있다. 남의 물건을 탈취하여 달아나는 사람을 쫓아가 격투를 벌여 잡아 그 물건을 되찾아 주인에게 돌려주는 사람도 있다. 개울가에서 놀던 아이가 물에 빠져 허우적거리고 있을 때 그 아이를 구해내기 위해 서슴없이 물로 뛰어드는 사람이 있다.

또한 미혼모나 가정 형편상 자기가 낳은 아이를 기를 수가 없어 아동복지재단에 의뢰하여 외국 등으로 입양되게 하는데 입양되기 전 아이를 임시로 맡아 길러주는 위탁모(委託母)가 보살피고 있는 어느 아이가 마침 조그마한 충격에도 뼈가 쉽게 부러지는 선천성 골형성부전증을 앓고 있어 그런 아이를 누가 얼른 입양을 해주지 않아 위탁모가 13개월이나 보호하고 있었다. 그런데 이러한 딱한 사정을 전해들은 어느 미국 시민 내외가 선뜻 입양의 뜻을 밝혀 그 아이를 데리고 가 미국은 물론 캐나다로 돌아다니며 몇 번이고 부러진 다리뼈에 철심을 심어주는 등 정성껏 치료를 해 주어 건강하게 움직일 수 있게 돼 그 애가 다섯 살 되는 해에 그 애의 모국인 한국을 가족 전부가 방문하는 참으로 인정 많은 선량한 사람도 있다.

더욱이 이 세상에서 가장 아름답고 위대한 선물을 남겨주고 이 세상을 떠나는 사람들을 본다. 생명의 불꽃이 사그라져 가는 사람에게 신체의 장기(臟器)나 체내조직(體內組織)을 기증해 새 생명을 얻을 수 있게 해 주고 세상을 떠나는 사람들이야말로 가장 선한 사마리아인이 아닐까.

인간은 본래 선한 성질을 가지고 태어났나? 아니다. 그렇다면 인간은 원래 악한 성질을 가지고 태어났나? 그것도 아니다. 인간은 갓 태어난 아이가 엄마 젖꼭지를 열심히 빨아 대는 본능적인 이기심으로 충만되어진 채 태어났다. 그것이 인간의 동물적 본능이다. 모든 인간은 태어날 때 선하지도 악하지도 않게 태어난다. 생물체에는 돌연변이란 게 있다. 선하지도 악하지도 않게 그러나 본능적 이기심을 갖고 태어난 사람의 심성에 변이가 생긴다. 인간 본성에 시간이라는 양념이 뿌려지면 익어지는 상태에 따라 선한 맛으로 변하기도 하고 악한 맛으로 변하기도 한다.

인간의 역사를 돌이켜보면 인간의 이기심이 악으로 더 많이 변이되어 옴을 볼 수 있다. 그 수많은 개인 간의 싸움, 집단 간의 싸움, 종족 간의 싸움, 종교 간의 싸움, 나라 간의 싸움들의 근저에는 악으로 변이된 인간의 이기심이 내재되어 있다. 그래서 옛 성현들은 인간들에게 인류 공동체에 화평을 누리게 하고자 인간의 이기심에 기인한 악을 저해하라는 말씀을 내렸다.

기독교에서는 "네 이웃을 네 몸같이 사랑하여라(누가복음 10:27)", 불교에서는 "자비심을 가져라"라고 가르쳐 이타심(인인애(隣人愛)) 을 가지라고 주창하였다. 그 선행을 담보하기 위하여 사후세계를 설정하여 선을 행하면 천당 또는 극락세계로의 진입은 보장된다 하고, 악을 행하면 지옥 또는 화옥(火獄)으로 떨어진다 하였다. 이렇듯 서양종교에서나 동양종교에서 선행을 권유하는 원유는 개인 간의 화목은 물론 전 인류의 화목을 도모코자 함에 있다. 그런데 지금 세상에서 벌어지고 있는 불화와 반목은 그칠 줄 모르고 극에 달하고 있으니 인간의 무한한 이기심은 결국 다스려지지 않는 저편의 환난이란 말인가.

나의 언변

나는 참으로 말솜씨가 없는 사람이었다. 나는 어린 시절부터 어느 정도 나이가 들 때까지 사람들 앞에서는 말을 더듬었다. 성격이 암띤 탓이었을까. 수줍음이 많은 탓이었을까. 하여튼 말을 더듬거렸다. 내가 지금까지 보관하고 있는 초등학교 2학년 통신표의 가정통신란에 담임선생이 "학업성적은 우수하나 성격이 활발하지 못함"이라고 쓴 통신문을 보더라도 그렇고, 더 어린 시절 어머니가 나를 유치원에 데려가면 애들과 어울려 놀지 않고 교실 한쪽 구석지에서 우두커니 서 있기만 해 어머니가 속이 상해서 유치원에도 보내지 않았다는 말을 들어 보아도 나는 어지간히 숙기가 없고 극히 내성적인 성격의 소유자였던 모양이다.

중학교에 다니던 시절에는 담임선생님이 나의 이런 암띤 성격을 고쳐 주시겠다고 학급반장도 시켜 주었고 주번장을 맡게 했다. 주번장은 해당 주일 월요일 아침 교정에서 교장 이하 전 교직원과 전교생이 모여 조회를 할 때에 연단에 올라가 학생들이 그 주일에 지켜야 하는 주의사항 등을 전달해야 했다.

나도 어느 월요일인가 조회 때 학교운동장 연단에 올라 선생님 모두와 전교생들 앞에서 연설을 해야만 했는데 어떻게 감히 내가 연단에 오를 수 있단 말인가. 걱정이 되고 또 되어 잠을 이루지 못했다. 학생들에게 전달해야 하는 주의사항 등을 글로 작성하여 외웠다. 그러나 그날은 나의 치욕의 날이었다.

나는 하고 싶은 말을 글로 쓰라면 얼마든지 능란한 솜씨를 발휘할 수 있는데 어찌 그 말은 잘 안 되는지 모르겠다. 나도 고교 시절에서부터 사모하던 여학생이 있었었다. 그런데 나는 말주변이 없어서 끝내 그녀와 서로 다정스러운 말 한번 해 보지 못하고 말았다. 나는 그녀에게 직접 "사랑한다, 사모하고 있다, 그리워하고 있다, 보고 싶다"는 내 마음을 한번도 말로 표현해 보지 못했다. 너무나 부끄럼을 탔다. 너무나 쑥스러워했다. 그래서 그녀를 놓치고 말았다.

내가 그녀와 자리를 같이 했을 때 유머스럽게 언변이 좋았더라면 그녀와의 관계가 어떻게 진전되었을는지 모른다. (어쩌면 다른 이유로라도 맺어질 수는 없었었을 테지만) 그녀도 내게 호감은 가지고 있었던 것 같았다. (그녀가 내 고향집에 수박을 사 들고 와 아버지에게 그 수박을 썰어서 잡수시게 한 것을 보더라도) 그런데 나는 자신감과 언변이 없었던 탓으로 그녀에게 실망감만 안겨주어 끝까지 그녀의 마음을 사로잡지 못했다. 그래서 나는 비감에 젖어야만 했다.

그녀는 내가 보낸 편지를 보면 만나주고 만나고 나면 안 만나주었다. 3시간을 기다려도 나와 주지 않았다. 그녀와 처음이자 마지

막으로 기차여행을 했을 때 차창에 기대어 앉아 하는 그 대화라는 것이 그녀에 대한 가족사항만을 물었으니 뭐 호구조사를 하는 것도 아니고 그렇게 할 말이 없었단 말인가. 그렇게도 그녀의 호감을 살 화제가 없었단 말인가. 왜 그녀에게 아름답다고 말을 해주지 못하였던가. 왜 그녀가 미인이어서 내 마음을 사로잡았노라고 말을 해주지 못했던가. 그때를 회상하면 참으로 나는 숙맥이었다는 자괴감에 빠지기도 하였다.

그런데 내 나이가 들만큼 들어서니 수줍음 같은 암띤 성격에도 변화가 생겼다. 여러분 앞에서 능수능란하게 말을 구사하지는 못할지라도 어린 시절 같은 말더듬도 없어지고 하고 싶은 말을 그런대로 할 수 있게 되었다.

내가 수도권에 있는 법원에 근무할 당시 산악회 총무를 맡아 보았는데 법원에서 체육행사의 일환으로 등산을 실시할 경우 대형버스로 지리산 등 장거리 산행을 갈 때 직원들 앞에 나서서 산행일정 등을 서툰 말솜씨로나마 설명을 하기도 했다. 서울법원에 근무할 때는 같은 실에 근무하는 직원의 혼례식 주례를 맡은 일도 있고, 또 내 딸을 미국에 살고 있는 내 친구 아들에게 시집보내어 그곳에서 피로연을 할 때 끝날 무렵 사회를 맡아보던 신랑의 친구가 느닷없이 "신부 부친께서 여러분에게 인사말씀을 드리겠습니다"라고 해 순간 당황하였으나 못한다고 거절할 수도 없는 상황이라 준비된 원고도 없이 즉흥적으로 말을 했는데 달변이라고까지는 할 수 없으나 하여튼 좌중을 웃기며 인사말을 그런대로 했었다.

과거를 회상하면 우리나라 자유당 정권이 무너지고 새로운 정권이 들어서려 할 때 참의원과 민의원선거를 실시하였는데 우리 고향에서 한 참의원 선거유세 현장에서 웅변을 잘하는 어느 유명 정치인의 연설을 듣고 나는 눈물을 흘리며 감탄을 한 일도 있었다. 그의 설득력 있고 호소력이 있는 연설은 듣는 이로 하여금 감동하지 않을 수 없게 하는 타고난 말솜씨 재능의 소유자였다.

그 정치인은 원래 자유당 소속이었기 때문에 연단에 오르자마자 청중은 그에게 야유를 보내고 연설 듣기를 거부했으나 그 정치인은 그 야유에도 불구하고 연설을 계속하였다. 시간이 흐르니 시끌벅적했던 청중은 쥐죽은 듯 고요해지더니 급기야는 한 마디 한 마디 중간에 말이 끝날 때마다 우레와 같은 박수가 터져 나오고 연설이 다 끝났을 때는 거의 모든 청중이 그 정치인을 에워싸고 밖으로 따라 나갔다. 말의 마력을 나는 그곳에서 보았다.

나이가 사람을 가르치고 길들게 하는 것인가. 이제는 무슨 회의 석상에 참석하더라도 내 의견을 서슴없이 개진한다. 발표력이 좋아졌다고까지는 할 수 없지만 그래도 옛날에 비하면 말솜씨가 나이에 비례하는 것만은 사실인 성싶다. 그러나 명부에 갈 날이 점점 더 가까워지는 이 시점에 와서야 언변이 좋아진들 무슨 소용이 있단 말인가.

실언

내가 결혼을 하기 전의 일이니까 40년 전의 일이다. 나보다 일찍 결혼한 친구의 처가댁에 친구를 따라간 일이 있는데 그 친구 처제가 마침 대학교 졸업식을 마치고 그녀의 친구들을 데리고 귀가해 그 집 현관에서 그녀와 마주치게 되었다. 그녀는 날씬한 키에 얼굴도 미인이었다.

나는 그때 그녀에게 졸업을 축하한다고 하는 말을 대뜸 "결혼을 축하합니다"라고 했다. 나의 의지와 말이 일치하지 않았다. 내가 당황하며 멋쩍어하고 있는데 그녀는 재치 있게 "오늘은 결혼하는 것과 똑같이 기쁜 날이죠 뭐!" 하면서 웃어넘겼다. 미녀들 앞이라 내가 주눅이 들어 말이 헛나간 것이다. 나는 무안했지만 같이 웃고 만 일이 있었다.

내가 친구로부터 들은 얘기다. 어느 사람이 상을 당한 친지의 상가에 문상을 갔는데 정중하게 고인의 영정 앞에서 향을 피우고 재배를 하고 나서 상주와 맞절을 한 다음 그 문상객의 마음속으로는 고인이 어떻게 해서 세상을 떠나게 되셨느냐고 묻는다는 것이 그 자리가 자리인지라 바짝 긴장하고 어색한 탓에 그만 상주에게 한다는 말이 "어느 분이 돌아가셨습니까?"라고 했다.

상주는 마음속으로 아니 누가 죽은 줄도 모르면서 문상을 왔나? 의아하게 여기면서 상주의 누가 돌아가셨다고 대답을 하니 이번에는 그냥 있기가 서먹해서 그러면 오래 앓지 않고 바로 돌아가셨냐고 묻는다는 것이 "그러면 직접 돌아가셨습니까?"라고 했다. 상주는 또 이 사람이 지금 무슨 소리를 하고 있는 거야 하고 속으로 이상하게 여겼다.

그 문상객은 얼른 일어서서 돌아갔으면 더 말실수를 하지 않았을 터인데 그냥 일어서기 멋쩍어하고 있다가 그때 마침 그 집 마당가에 있는 감나무 꼭대기에 까치 한 마리가 앉아있는 것이 보였다. 그 문상객 왈 "저 까치는 이 집에서 기르는 까치입니까?"라고 했다. 상주는 그 문상객의 얼굴만 빤히 쳐다보고 있었다고 했다.

나이가 들어가면서 말이 자기 의사와는 다르게 빗나가는 경우가 더러 있음을 경험할 것이다. 큰아들 이름을 부른다는 것이 둘째, 셋째 이름을 다 부르고 나서야 큰아들 이름을 부른다든지 "세탁기에 세탁물을 넣어라" 한다는 것이 "냉장고에 넣어"라고 하는 것과 같은 경우이다.

우리는 흔히 이러한 실언을 듣는 사람이 친척이나 친구 또는 친지 한두 사람일 경우에는 웃고 넘기면 그만이겠지만 어느 지위에 있는 공인이 여러 사람 앞에서라든지 아니면 말의 상대방이 한 사람이라 하더라도 그 상대방이 신문기자 등일 경우 공적으로 하는 말은 물론 그 말이 사담이라 할지라도 그 말을 하는 사람이 자기

의사와는 다르게 말이 헛 나왔다고 할지라도, 그 말의 영향 때문에 많은 사람의 이해관계가 엉키게 될 경우 그 헛 나온 말 때문에 세상이 떠들썩하게 되는 경우를 보게 된다.

한번 뱉은 말은 다시 주워 담을 수 없다. 후일에 이르러 잘못 나온 말이 본인의 참뜻이 아니라고 아무리 변명을 해 보아도 그 말 때문에 상처를 입은 사람들의 마음을 그 말을 듣지 않았던 본래의 상태로 돌려놓기는 어렵다. 공인이 말을 하고자 할 때에는 순간적이나마 자기의 말이 그 말을 듣는 자기 밖의 사람들, 나아가 그 사회에 어떠한 영향을 끼치게 될까를 깊이 생각한 후에 말을 내뱉어야 할 것이다.

그런데 가끔은 의도된 실언, 실어를 가장한 숨겨진 진의의 말을 해 세상을 시끄럽게 하는 엉뚱한 사람도 있다. 망령된 언사를 함부로 내뱉는 어느 외국의 공인들, 우리가 어떻게 해야 그들의 입을 봉해 버릴 수 있을까?

암기력, 기억력

다 늦게 일본글을 익혀보겠다고 일본어 교본을 두어 권 사 놓은 지도 여러 해 지나갔다. 아무리 일본어 글자를 외워 보려 해도 도대체 외워지지가 않아 포기하고 책장에 꽂아두고만 있다가 아무래도 외래어 표기를 해 놓은 일본글자는 읽을 줄 알아야겠다는 필요성이 생겨 '히라가나'는 그만두고라도 '가타카나'만이라도 외우고 싶어 그 글자판을 복사하여 책상 앞에 붙여 놓고 틈틈이 눈에 익히려고 하고 있지만 밖에 나가 외래어 표기를 해 놓은 '가타카나'를 보면 생각이 전혀 나지를 않는다. 내가 이러한 암기 무능력의 소유자이니 첫째 암기력이 절실히 요구되는 영어 등 외국어 습득이 어려울 수밖에 없지 않겠는가. 나는 암기력 무능력자이다.

PC로 문서를 작성하기 위하여 워드를 치는 데 십수 년이 지나도록 열손가락을 사용치 못하고 두 중지(中指)로만 치는 이른바 독수리타법으로 그것도 자판만을 보면서 치고 있으니 A4용지 한 장 분량의 문서를 작성하는 데 걸리는 시간이 1시간 가까이 걸린다.

아무리 열손가락으로 자판을 보지 않고 모니터만 보면서 자판을 두들기는 연습을 해 보아도 한글자판이나 영문자판의 글자가 어디에 있는지 익숙해지지 않아 눈으로 자판을 일일이 확인해야 하니 참으로 답답한 일이로다. 이제는 아예 포기하고 그냥 독수리 타법으로 자판 한번 보고 모니터 한번 번갈아보면서 문서를 작성하고 있다. 역시 나는 암기력이 제로 상태다.

내 나이 칠십이 가까워질 때 아내의 권유로 천주교에 입문하기 위하여 영세를 받기 전에 교리공부를 하는데 외워야 하는 기도문이 어찌도 그리 많은지…. 제일 중요한 '주기도문'을 외우는 데 며칠이 걸렸다. 또 '사도신경'은 또 얼마나 걸렸는지 모른다. 지금도 혼자 암송하라면 자신이 없다. 그 외에도 갖가지 기도문이 있는데 미사 때 무슨 기도문을 다같이 암송하는 때에는 나는 눈만 멀뚱멀뚱 뜨고 얼른 그 시간이 지나가기만을 기도(?)하기가 일쑤였다.

이러한 내가 암기력이 절실히 요구되는 고시에 무모한 도전을 근 10년간 했으니 글자 그대로 내 자신을 몰라도 한참을 모르는 멍텅구리였다. 수험장 교실 칠판에 그날의 문제가 쓰인 두루마리 반절짜리 갱지가 밑으로 흘러 펴지며 1번과 2번의 시험 문제가 제시되면 교과서책을 수십 번 보았기 때문에 눈에 익은 문제이지만 그 답을 생각해서 문장을 만들려면 시간이 많이 걸려 번번이 1번 문제의 답을 다 쓰고 나면 주어진 1시간이 거의 지나가 버려 2번 문제는 시간에 쫓겨 죽을 쑤기 일쑤였다. 암기력이 충분했더라면 생각할 여지없이 문장을 새로 구성할 필요 없이 외워놓은 문장을 문제가 요구하는 요점을 탁탁 집어서 거기에 맞게 옮겨 쓰기만 하면 되는데 나는 그러한 능력이 없었다. 그러하니 십년공부 도로아미타불이 될 수밖에….

암기력은 이른바 입신출세와 직결된다고 여기고 있다. 사람이 입신출세를 하려면 여러 가지 관문을 통과해야 하는데 그 관문은 곧 시험이다. 시험에 통과하려면 사람이 지니고 있는 여러 가지 능력 가운데 첫째로 필요한 능력이 암기력이다. 그렇다고 100%의 암기력만 있으면 다 되는 것은 아니고 거기에 이해력과 판단력이 보태져야 하는 것은 당연한 것이지만 그 판단력도 역시 뛰어난 암기력의 소산일 것이다.

오래전의 얘기지만 이른바 일류대학교에 다니고 있는 내 고향 친구가 나와 같이 길을 걸으면서 고교 시절 국어시간에 배웠던 정철(鄭撤)의 관동별곡(關東別曲), 사미인곡(思美人曲)을 줄줄이 소리 내어 외우는 모습을 보고 그의 뛰어난 암기력에 감탄을 한 일이 있었다. 그 친구는 역시 뜻을 이루어 출세가도를 거침없이 질주해 꼭짓점에 도달했었다.

그런데 암기력이 부족하다는 것을 알고 있으면 암기력이 뛰어난 사람보다 몇 십 배의 노력을 해서 외우고 또 외우는 끈기가 있어야 하는데 몇 번 시도를 해 보다가 안 되면 암기력이 없다는 핑계로 포기를 해 버리니 그 나약함이 더 가증스러울 수밖에 없다.

그 반면 과거 내가 살아오면서 했던 일, 경험했던 사실들은 시시콜콜 다 기억을 하고 있다. 그러나 이제는 나이가 들어가면서 기억력도 쇠퇴되어 가는 모양이다. 내가 즐겨 들어오는 서양 고전 음악을 예전에는 무슨 곡이든 첫음절만 듣기 시작하면 작곡자와 곡명을 바로 알아 맞추었는데 요사이는 라디오 등에서 클래식음악을 들으면 많이 들었던 곡인데 곡명과 작곡자명이 얼른 떠오르지 않아 한참 더듬다가 곡이 다 끝나 해설자가 곡명과 작곡자명을 일러주면 "맞아!" 하기 일쑤다.

어떻든 세상을 살아가는 데 기억력이 좋은 것은 큰 도움이 못된다. 특히 사람의 심리상 좋았던 일은 희미한 기억으로 남지만 궂은일은 뚜렷한 기억으로 남아 있다. 좋았던 일은 기억을 간직해도 좋지만 궂은일은 기억에서 지워버려야 한다. 그러므로 잊어버릴 것은 빨리 잊어버려야지 지나간 과거사를 생각하면 현재에 하나도 도움이 안 되는 후회하는 마음만 있게 된다. 후회는 정신건강에 좋지 않다. 물론 과거의 잘못을 거울삼아 그 잘못이 거듭되는 일이 없게 하는 데는 도움이 되겠지만 사람이 살아가는 데는 앞으로 나아가는 길을 찾는 일, 앞으로 해야 할 일을 생각하는 것이 더 중요하다.

기억력이 좋기 때문에 일상생활상 조금은 편리할 때가 있다. 나는 한 번 경험했던 일은 좀처럼 잊어버리지 않기 때문에 한 번 가본 길, 가본 곳을 다시 찾을 일이 있으면 거침없이 찾아간다. 친구들은 나보고 길눈이 아주 밝다고 한다. 그런데 나의 좋은 기억력은 입신에 아무 소용이 없었으니….

착각

언젠가 라디오방송에서 들었는지 일간신문 칼럼을 읽었는지 너무 오래되어서 기억은 확실치 않으나 주인공이 강원도에 경치가 좋은 '소금강'이 있다 해서 물놀이를 해볼까 싶어 물어물어 그곳을 찾아 여행을 떠났는데 막상 가서 보니 물이 흐르는 강(江)이 아니고 그곳의 기암괴석(奇岩怪石)들이 북한 쪽 강원도에 있는 금강산(金剛山)처럼 경치가 수려하나 그 규모가 작다 해서 이름 붙여 놓은 산과 계곡이었음을 알고는 어리둥절했던 일이 있었다고 술회했다.

최근 내가 한 착각이 위의 경우와 비슷할는지는 모르겠으나 하여튼 '파주시 법원'에 서류를 낼 일이 있어서 파주로 가는 시외버스를 타기 위하여 구파발 전철역 근방에 있는 버스정류장에서 그곳으로 가는 시외버스를 아무리 기다려도 오지 않아 혹시 그곳으로 가는 버스가 정류하는 곳이 아닌가 싶어 지나가는 사람에게 물어봐도 아는 사람이 없었다. 그때 마침 '파주 법원'이라고 행선지 표시를 앞 유리창에 달고 오는 버스를 발견하고 '옳다, 파주시 법원으로 가는 버스구나!' 하고 반가운 마음에 쫓아가서 운전기사에게 '파주법원'으로 가는 버스냐고 물으니 그렇다고 해서 그 버스에 올라타고 안도의 한숨을 쉬었다.

근 30년 만에 가는 길이라 너무도 많이 변해 버린 국도 1번 도로 주변 환경이 낯설어 내가 타고 있는 버스가 지금 어디를 지나가고 있는지 도통 분간을 할 수가 없었다. 버스에 장착된 스피커에서 나오는 정류소 안내 소리를 들으면서 버스 좌석 옆에 붙여놓은 정류소 명칭을 훑어보아도 내가 가고자 하는 목적지 표시가 없었다. 이상하다 싶어 운전기사에게 이 버스가 파주시청이 있는 곳으로 가느냐고 물었더니 그곳으로 가지 않는다고 하면서 그곳으로 가려면 지금 이 정류소(조리)에서 내려서 파주시청 쪽으로 가는 버스를 바꿔 타야 한다고 했다. 새로 갈아탄 버스의 운전기사 안내로 '파주시 법원'을 찾아갈 수 있었는데 그곳은 파주읍이 아니고 '금촌'이라는 것을 나중에 알았다.

일을 마치고 돌아와 큰 지도를 살펴보고 나서 파주시청이 있는 금촌 시내와는 별도로 더 북쪽으로 파주읍이 있고 조금 더 동쪽으로 '법원'이라는 고을이 있음을 알았다. 그러니 내가 처음 탔던 버스는 파주 읍내를 거쳐 '법원'이라는 고을로 가는 버스였던 것이다. 그것도 모르고 버스행선지 표시가 '파주 법원'이라고 쓰여진 팻말만 보고 무작정 버스를 탔으니 법원이라는 선입견에 착각을 일으킨 것이다. 그런데 왜 그 고을 이름을 '법원'이라고 하는지 한자 표기도 '法院'이라고 쓰여 있는데 사법부인 법원하고 무슨 관련이라도 있는지 모르겠다.

또 얼마 전 미국에 살고 있는 딸집에 다니러 가서 현지투어를 할 때 입담 좋은 여행사가이드가 늘어놓은 말을 인용하면, 어느 날인가 오늘처럼 여행객 사십여 명을 모시고 가면서 여행객 각자에게 앞좌석부터 순서대로 앞에 나와 자기소개를 하면서 인사를 나누도록 했는데 혼자 여행을 왔다는 분이 순서가 되어 앞에 나와 마이크를 잡더니 자기는 귀가 잘 안 들려 여러분에게 불편한 점이 많을 것이니 이해를 구한다는 인사말을 더듬거리며 한 나이 들어 보이는 사람이 있었다고 한다.

호텔에 들어가 호실을 정할 때 역시 어느 나이 들어 보이는 혼자 여행 온 분이 가이드에게 다가와 룸메이트를 정할 때 아까 차에서 귀가 잘 안 들린다고 말한 분과 같이 잘 수 있도록 해 달라고 해서 그 이유를 물으니, 자기는 잠 잘 때 코를 너무 골아 같이 자는 분에게 피해를 줄 것 같아 귀가 잘 안 들리는 사람하고 같이 자면 내가 코를 골아도 그 분은 귀가 안 들려 모르고 잠을 잘 것이니 덜 미안하기 때문이라고 했단다.

그래서 그 분의 뜻대로 같이 주무시도록 해 주었는데 다음날 아침 코를 곤다는 분이 다시 가이드에게 제발 귀먹은 사람하고 같은 방을 쓰지 않게 해 달라고 사정을 했다는 것이다. 그 이유를 물은 즉 "내 코 고는 소리가 대포소리라면 귀먹은 사람의 코 고는 소리는 원자폭탄 터지는 소리라 잠을 한숨도 자지 못했다"는 것이다. 그 코 고는 사람의 착각이 그 소리를 듣는 우리를 파안대소케 했다.

어차피 인간은 착각 속에 살아가는 동물인지도 모른다. 어릴 때 기차를 타고 차창을 내다보면 기차가 가고 있는 것이 아니라 산과

들이 차창을 지나가는 착각을 일으키는 경험을 한 일이 있다. 아침이면 동쪽에서 태양이 떠오르고 저녁이 돼 오면 해가 서쪽 하늘로 진다. 여름이면 해가 머리 위에 있고 겨울이면 해가 남쪽 하늘에 비스듬히 걸쳐 있다. 이러한 자연현상을 우리들은 당연하다고 믿고 살아오고 살아간다.

그러나 우리가 당연하다고 믿고 있는 이러한 자연현상은 우리가 살고 있는 지구가 비스듬히 약간 기울어진 채로 도는 자전(自轉)과 공전(公轉)으로 인하여 일어난 자연현상인데 프톨레마이오스(Ptolemaeus, 천동설 주장자)식 착각에 빠져 해가 동쪽 하늘 밑 수평선 또는 지평선으로 솟아올라와 서쪽으로 이동해 서쪽 하늘 끝 수평선 또는 지평선 아래로 떨어지는 것같이 느끼고 있다. 이러한 착각 속에 사람들은 새해 첫날이면 해의 첫 오름을 보겠다고, 그 해를 보면서 소원을 빌겠다고 동해안 바닷가로 사람들이 몰려가고, 서쪽 하늘 끝 수평선으로 노을 색칠을 연출하면서 쑥 빠지는 붉은 해넘이를 보겠다고 서해안 바닷가로 간다.

머나먼 우주공간에서 지구를 보면 둥근 공으로 보일 터이며 그 위에서 살고 있는 생물체를 확대해서 보면 지구 아래쪽 남극 방향에 있는 물체는 모두 거꾸로 매달려 있는 것같이 보일 터인데 우리가 실제로 지구 어디를 가든 머리 위는 하늘 우주공간이요, 발 아래는 땅이요, 바다이다. 우리는 전연 우주에서 보는 것처럼 하늘이 머리 밑에 있다고 느끼지 못하고 있다. 지구의 중력(重力)이란 게 그렇게 한단다. 중력에 의하여 아래(下)가 있고 위(上)가 존재하고 전후좌우를 가리킬 수 있는 것이라면 우주공간은 무한대

(無限大)일뿐 무중력의 공간이므로 우주공간은 위아래 전후좌우가 없는 무 방향의 암흑의 공간이 아닐까.

우주선이 지구를 떠나 돌아올 때나 다른 행성으로 진입할 때 우주선 앞으로 다가오는 지구나 행성은 수평적 정면으로 보이는데 지구나 행성 가까이 접근할 때는 수평적 정면이 아닌 밑으로 떨어지는 상하수직적접근(上下垂直的接近)으로 바뀐다. 이것은 지구 또는 행성의 중력이라는 물리적 힘이 마술을 부리는 것이기 때문이리라. 과연 대자연은 우리를 진정 착각 속에서 살아가게 만들고 있다. 또한 그것이 자연법칙이고 진리이다.

선택

나는 지하철을 탈 때 승객이 많아서 앉을 자리가 없을 경우 앉아 있는 사람 중 어느 사람 앞에 서 있어야 좋을지 순간 망설인다. 그 서 있을 자리 선택 여하에 따라 금방 앉아 갈 수도 있고 운수 사납게도 목적지까지 쭉 서서 가기도 해야 하기 때문이다.

선택에는 능동적인 것과 수동적인 것이 있다. 내가 내 의지대로 골라잡는 것이 전자요, 내 의지와는 관계없이 골라 잡히는 것이 후자에 속한다. 내가 이 세상에 태어나게 된 것은 정녕 후자에 속한다 하겠다. 내 어머니의 난자에 내 아버지의 수억 개의 정자 중 단 하나의 정자만이 선택되어 결합돼 나의 생명을 창조해 나를 이 세상에 태어나게 했으니 말이다.

또 선택의 결과에는 우연히 결부된 것이 있고 필연이 결부된 것도 있다. 내가 어느 사람 앞에 서 있었더니 그 사람이 뜻밖에 빨리 내려 금방 앉아갈 수 있는 행운이 주어진 예, 또는 복권을 한 장 샀더니 당첨이 되어 횡재를 했다는 예가 전자요, 음식을 먹을 것인지 안 먹을 것인지 먹으면 배가 부르고 안 먹으면 배가 고프다는 사실은 후자에 속한다.

"사느냐 죽느냐 그것이 문제로다(To be or not to be, that is the question!)"라고 한 영국의 문호 셰익스피어의 희곡 중에 나오는 햄릿의 고뇌에 찬 독백처럼 우리도 누구나 이 세상을 살아가는 동안 어떤 삶의 기로에서 "이래야 좋을는지 저래야 좋을는지…" 흡사 깊은 산에서 길을 잃고 헤매일 때 이 방향으로 가야할지 저 방향으로 가야할지 "어느 방향을 택해야 올바른 길을 찾을 수 있을까" 망설이는 것처럼 한번쯤은 고민을 해 본 경험이 있을 것이다.

우리가 이 세상에 우연히 태어나서 삶을 이어가는 동안에 시간의 선택, 장소의 선택, 배우자의 선택, 직업의 선택 등 여러 가지 선택을 하면서 살아가고 있는데 그 선택의 호부(好否)에 따라 희로애락이 연출되고 있음을 본다.

우리는 순간의 선택이 그 사람의 평생을 좌우하는 결정적인 계기가 되는 사례를 여러 번 보아왔다. 몇 십만분의 일의 사고확률을 가지고 이륙하는 사고 비행기에 탑승한 승객들의 운명, 각종 교통사고 발생에 말려드는 사람들의 운명, 이러한 일들은 그 운명적 시간의 선택에 따름이다. 역술인들은 사람의 운명을 그 사람의 출생 연월일시, 이른바 사주를 가지고 판단한다고 한다. 나는 문외한이라 그 깊은 뜻은 모르지만 아마도 우주 삼라만상의 돌아가는 이치, 그 어느 시점에 인간의 생명이 주사위가 던져지듯 태어나 어떻게 조화를 이루느냐에 따라 그 사람의 운명이 결정되는 것이 아니냐라고 여겨지지만 어떻든 능동적이 되었든 수동적이 되었든 시간의 선택이 우리들의 미지의 앞날을 운명적으로 결정 지운다는 것은 틀림이 없을 것이라 여겨진다.

구태여 풍수지리설이나 그 도참설이 아니더라도 사람이 사는 곳, 사업의 장소, 서 있는 곳의 선택이 또한 우리들의 운명을 결정지우는 데 얼마나 중요한 동인이 되는지 다들 알고 있다. 양지 바른 곳, 이곳은 산 사람이나 죽은 사람이나 다 선호하는 곳이다. 죽은 사람이 묻힌 곳이 살아 있는 후손에게 어떠한 영향을 미치는지 그 기(氣)의 흐름은 입증된 바 없지만 일부의 사람은 그 장소(묘소)에 따라 후손의 길흉화복에 영향을 미친다고 맹신하고 있다.

인생의 반려자, 즉 배우자의 선택 또한 우리들의 일생을 행·불행으로 연결하는 중요한 고리이다. 한번 인연을 맺으면 검은 머리 파뿌리 될 때까지 행복하게 백년해로 하자고 언약을 하지만 경우에 따라서는 고름의 잘못으로 서로 세상에서 가장 미운 사람 사이로 변해 불행한 결별을 고할 때가 있다.

나는 요사이 매스컴을 통해 사람들이 자신의 잘못된 선택으로 인하여 곤욕을 치르는 사례를 자주 보고 있다.

가압류와 가등기

내가 오래전에 등기공무원으로 근무했을 때 겪었던 일이다. 관내 법원 직원이 부동산 가압류 등기촉탁서를 직접 가지고 와서(원칙적으로는 우편으로 송달되어야 하는데) 기입등기를 부탁하므로 관례대로 처리를 해 주어 그 직원이 가압류 등기필증을 가지고 사무실 출입문을 막 나서려는 순간 내 책상에 가접수되어 쌓여 있는 등기신청서류들 중에 혹시 같은 물건지에 다른 등기신청서류가 미리 제출되어 있는지를 급히 살펴보았다. 그런데 가등기신청서가 그 서류들 틈새에 있는 것이 발견됐다. 그래서 그 직원을 급히 불러 금방 처리했던 가압류등기필증을 회수하고 가슴을 쓸어내린 일이 있었다. 가접수 번호가 50번이나 빠른 가등기신청서를 살펴보았더니 매매예약금이 내가 살고 있던 연립주택 값의 두 배가 훨씬 넘는 금액이었다.

지금같이 디지털 방식으로 전산처리 되고 있는 등기사건 처리방식에서는 있을 수 없는 그때의 진공관식 등기사건 처리방식에서는 등기공무원의 각별한 주의가 요구되었다. 그 당시 등기공무원 사이에서는 '假' 자가 붙은 등기사건을 조심해야 한다는 담소가 오가고 했다.

민사법을 조금이라도 터득한 사람이라면 '가압류'가 채권자를 위한 법제, 즉 채권자의 채무자에 대한 채권집행보전절차 제도라는 것쯤은 다 안다. 가압류는 당사자 간의 합의에 의하여 이루어지는 '가등기'와는 다르게 채권자의 일방적인 신청에 의하여 법원의 결정으로 이루어진다. 그래서 그 요건으로 채권자에게 보전해야 할 강제집행이 가능한 채권이 있어야 하고(피보전권리의 존재), 채권자가 미리 보전절차를 밟아 놓지 않으면 장래 확정판결 후 집행에 어려움이 생길 우려가 있기 때문에 이를 방지하기 위한 필요성이 있어야 한다(보전의 필요성).

가압류는 그 성격상 밀행성과 함께 '긴급성'이 요구되는 절차다. 여기에는 채무자 등 이해관계가 상충되어 있어 공격을 받는다. 그 공격의 한 가지 수단이 가압류신청절차의 틈새를 노린 '가등기' 신청이다. 가등기는 매매예약 당사자가 합의만 하면 단 하루 만에 등기신청이 가능하다. 그래서 채무자는 채권자가 가압류신청을 한다는 낌새를 알아차리면 가압류를 피할 목적으로 대게는 잽싸게 가등기를 해 놓는다. 물론 채권자는 그러한 가등기에 대하여는 민법상의 사해행위취소소송(민법제406조)을 제기하여 보호를 받을 수는 있지만 그 소송을 수행하기가 그렇게 수월하지는 않으니 문제다.

유착(癒着)

'유착'이라는 말의 뜻을 국어사전에는 의학용어로 "생리적 상태에 있어서 서로 유리(遊離)하여 있어야 할 생물체의 조직 면이 섬유소의 조직으로 연결되어 융합(融合)하는 일, 가까이 있는 두 내장의 껍질이 염증 따위로 서로 엉기어 붙음"이라 하고, 일반적 용어로는 "사물이 깊은 관계가 있어 서로 떨어지지 않게 결합되어 있음"이라고 표기하고 있다.

얼마 전 서울의 한 큰 일간신문지상에 "등기소 문턱 높다"라는 제하(題下)에 부동산등기(보존, 이전, 근저당설정, 말소 등등)를 본인이 직접 등기소에 신청해서 처리할 수 있는데도 등기소에는 그 신청서가 잘 보이는 곳에 비치되어 있지 않고 그 신청서양식 또한 어렵게 되어 있을 뿐만 아니라 그 절차 또한 복잡하게 되어 있어 민원인들이 울며 겨자 먹기로 돈을 들여 각종 등기신청을 하고 있어 이 때문에 등기소들이 법무사의 '밥그릇'을 챙겨주고 있는 것이 아니냐는 얘기마저 나오고 있다고 했다. 부동산소유권이전등기신청서의 경우 등기업무와 무관한 국민주택채권매입금액과 등록세, 교육세 금액란이 있어 민원인이 직접 구청에 찾아가 확인한 뒤 적어 넣어야 하기 때문에 시간이 없는 민원인들은 법무사에게 등기신청을 맡길 수밖에 없다는 것이라고 기술하고, 어느 몰지각한(?) 법무사의 말을 인용하여 "법무사는 등기업무가 수입의 대부분을 차지하기 때문에 등기소와 유착해 일을 넘겨받는 사례도 있다"는 말을 털어놨다고 하고, 또한 어느 시민참여연대 간부의 말을 인용하여 "앞으로 등기업무를 전산화해 업무를 간소화하면 등기소와 법무사 간의 불필요한 유착 관행도 사라질 것"이라고 하는 말을 했다고 쓴 기사를 보았다.

그 기사를 보고 먼저 "등기소와 법무사가 유착되어 있다"는 악의적(?)인 표현에 심히 모욕감을 느끼며 거부감을 갖는다. 등기소와 법무사가 유착되어 있는 관계라면 법무사와 같은 전문서비스업종인 세무사와 세무서, 관세사와 관세청, 노무사와 노동청, 변리사와 특허청, 건축사와 구(시, 군)청의 관계도 유착관계란 말인가.

등기소는 법원조직법에 의한 국가기관이고 법무사는 법무사법에 의하여 자격을 취득한 자가 일정한 보수를 받고 등기신청대리를 하는 일을 비롯해서 일반 민원인(사건 당사자 등)이 법원과 검찰청에 제출하는 서류를 작성해 주고 아울러 제출도 해주는 일을 하는 일종의 서비스업을 하는 우리나라 법제도의 산물이라는 것은 주지(周知)의 사실이다.

법무사가 하는 일 중의 일부분인 등기신청대리를 함에 있어 등기소는 법무사가 작성하여 제출한 등기신청서류를 접수하여 그

적부(適否)를 심사하여 처리해 주는 기관이지 결코 등기소가 법무사와 유착되어 법무사가 하는 일을 넘겨주는 곳이 아니다.

민법상의 부동산물권변동(不動産物權變動)인 부동산소유권이전등기와 그 외에 담보물권설정등기 등 등기절차를 아무리 간편하게 간소화한다 해도 거기에는 한계가 있기 마련이다. 예를 들어 집을 팔고 사고 해서 그 소유권을 넘겨주는 절차를 밟는데 무슨 배추장사가 배추를 팔고 돈만 챙기는 식으로 할 수는 없는 것이고 거기에는 엄격한 법절차, 즉 민법, 부동산등기법, 지방세법 및 교육세법, 주택건설촉진법, 인지세법에 따라 일정한 요식행위를 거쳐야 등기가 완료되는 것이다. 복잡한 등기절차를 거치더라도 허술한 면을 이용해서 남의 재산을 탐내는 사람이 눈을 부릅뜨고 호시탐탐 노리고 있는데 등기 절차를 누구나 쉽게 할 수 있도록 간소화 한다는 것도 문제가 있는 것이다.

그 기사가 의도하는 바의 깊은 뜻은 잘 모르겠지만 (설마 그렇지 아니해도 불황에 허덕이고 있는 법무사 업계에 찬물을 끼얹기 위한 의도로 그러한 것은 아닐 것으로 믿지만) 그것은 아마도 등기소에서는 민원인(사건당사자인 권리자와 의무자 등)이 직접 등기를 신청할 수 있도록 필요한 신청서양식을 비치해야 하고 등기소 직원은 민원인에게 각종 등기신청절차를 안내 및 설명해 주어 "법무사를 통한 등기신청을 유도하는 일"이 없어야 한다는 것 같다. 그러나 업무의 성격상 거기에도 불가항력적인 한계가 있음을 이해해야 한다.

보통사람은 일반적으로 자신의 능력 부족으로 잘 모르고 또 힘이 드는 일을 하고자 할 때에는 그 힘이 드는 일을 전문적으로 하는 업자에게 의뢰하여 처리하는 것이 통상의 예이다. 법무사가 하는 일도 다른 전문 서비스업자들처럼 힘이 드는 일을 처리하고자 하는 사건 당사자의 의뢰를 받으면 그 일의 법규적 하자(瑕疵) 여부를 검토하고 의무자를 확인한 후 여러 가지 심부름을 다니면서 일을 마무리해 주는 것이지 그 기사내용과 같은 '유착' 관계의 산물이 아님을 깊이 이해해야 할 것이다.

오해

얼마 전 어느 일간신문과 TV방송에서 어느 아줌마가 자기가 분양받은 아파트를 법무사를 통하지 않고 직접 소유권이전 등기신청을 해서 그 필증을 받으니 20여 만원이 드는 법무사 비용을 단돈 900원에 그 등기를 끝낼 수 있었다고 하는 보도를 보고 몇 가지 느낀 점이 있어 이 글을 쓴다.

이 세상에는 수를 헤아릴 수 없는 직업이 있다. 그 종류에는 전문가적인 것도 있고 그렇지 않은 것도 있다. 그렇지 않은 것은 직업인이 아니더라도 누구나 그 일을 할 수는 있을 것이다. 그것은 마치 자기가 가고자 하는 곳을 직업적으로 실어다 주는 교통수단을 이용치 않고 직접 걸어서 갈 수도 있고, 들고 갈 물건이 무겁지만 직업적으로 그 물건을 등에 메고 옮겨다 주는 지게꾼을 이용치 않고 자기가 직접 들고 갈 수도 있는 것과 같은 이치이다. 그러나 자기가 직접 하면 돈은 안 들지만 힘이 든다.

보도 내용을 보면 그 아줌마가 그 등기를 하기 위하여 20여 차례나 각 관련공무소에 출입하였으며 처음으로 하는 일이라 어려움이 많아 결국은 혼자 힘으로는 못하고 법무사 사무소 직원의 도움으로 그 일을 끝마칠 수 있었다고 했다. 그 아줌마의 알뜰함은 존경스럽지만 그러한 일을 거창(?)하게 보도하는 뜻이 어디에 있는지 머리를 갸우뚱하게 한다.

그 보도의 뜻한 바는 아마도 그 아줌마의 알뜰함을 알리는 것에 비중이 있는 것이 아니고, 첫째는 등기절차의 까다로움, 둘째는 관련 공무원의 불친절, 셋째는 법무사 업무의 특혜 및 보수에 관한 문제를 더 부각시키고자 함에 있는 듯했다.

첫째 문제는 중요한 부동산 물권 변동에 관한 법과 제도가 그러하니 왈가왈부할 수 없는 것이겠고, 둘째 문제는 그 업무의 성질을 몰라서 하는 불평일 것이다. 법무사 업은 법에 규정된 자격을 가진 사람이 감독기관의 엄격한 감독을 받으면서 법에 정해진 보수만을 받고 하는 법무서비스업이라는 것은 관련이 있는 사람이면 누구나 잘 아는 사실이다.

법무사 업을 하자면 일정한 수준의 공부를 해서 채용시험에 합격하여 그 직종에 수년간 혹은 십수 년간 근무하다가 일정기간 교육을 받은 후 더 어려운 승진 시험에 합격한 후 퇴직할 때까지 각종 업무에 종사하면서 터득한 지식과 아니면 이와 같은 경력을 쌓지 않았지만 그와 똑같은 정도의 공부를 더 많이 해서 바로 법무사 자격시험에 합격한 지식이 필요하다. 그러한 지식이 없는 일반인이 하루아침에 그것을 다 알아 가지고 그 일을 처리하자니 큰 어려움이 있기 마련이다.

법무사는 물론 돈을 받고 일을 하지만 그 보수는 마음대로 받는 것이 아니고 일의 크고 작음, 많고 적음에 따라 더 받을 수도 덜 받을 수도 없게 법으로 규제되어 있다. 이를 어기면 감독기관으로부터 벌을 받게 되어 있다. 그런데 법무사는 돈만 받고 일을 하는 것이 아니고 돈을 안 받고 하는 일이 더 많다. 수많은 사람의 일상생활상의 법무 상담을 무료로 해 주고 있으며 이 때문에 돈 받고 하는 일에 지장을 주고 있는 실정이다.

그 아줌마는 20여만 원이 들 법무사 비용을 아끼고 단돈 900원에 등기를 할 수 있어서 그만큼 돈이 절약되었지만 20여 차례나 각 관련 공무소에 출입하느라 돈 대신 정신적으로나 육체적으로 더 많은 힘이 소모되었을 것이며 물질적으로도 많은 비용(교통비 등)이 들었을 것이다. 보통 사람은 불편하고 힘든 일은 돈으로 사 없애고 편한 것을 선호한다. 어느 쪽을 선택하는 것이 현명한 일인지 그것은 그 사람의 생활방식에 달린 것이다.

여측이심(如厠二心)

나는 옛날 서울 시내에 지하철이 있기 전 대중교통 수단으로는 오로지 시내버스만 다니고 있을 때 가끔 사람이 많이 붐비는 만원버스를 타고 있노라면 버스가 정류장에 정차해서 승객을 태울 때 서로 타려고 승강이를 해서 기어이 버스에 올라탄 사람이 버스운전기사를 보고 "사람을 짐짝 취급하는 거야 뭐야!" 소리 지르면서 사람을 그만 태우고 출발하라고 호통을 치는 사람을 가끔 보았다.

그 소리 지르는 사람은 조금 전까지만 해도 혹시나 만원버스라도 못 탈까봐 안달을 부리며 다른 사람을 제치고 겨우 올라타 놓고 자기가 이제 탔다고 다른 사람은 타든 말든 버스를 출발하라고 소리를 지르고 있으니 그야말로 뒷간에 갈 때 마음 다르고 나올 때 마음 다르다는 격이라고 생각했다.

이러한 모양새가 요사이 똑같이 벌어지고 있는 것을 매스컴을 통해서 보고 매우 안타깝게 여기고 있다. 각 업체 특히 대형 업체 근로자들이 매년 연중행사처럼 파업을 하여 그 업체를 이용하는 수많은 사람이 겪지 않아도 될 커다란 불편을 겪게 하는 행태를 본다. 어쩌면 매년 똑같은 파업을 하는 것을 보고 있노라면 파업하는 근로자들은 파업을 하기 위하여 그들의 직장에 들어가 근무하고 있는 것이 아닌가 하는 착각에 빠지게 한다.

그들은 자기가 파업을 하고 있는 그 직장에 들어가기 위하여 노심초사 얼마나 많은 애를 썼었는지 까맣게 잊어버리고 그야말로 여측이심(如厠二心)과 같은 행동을 하고 있는 것이 아닌가 의심스럽기도 하다.

지금 많은 젊은이들이 직장을 구하지 못해 거리를 방황하고 있는 실정을 그들도 잘 알고 있을 텐데 그들은 이제 직장을 구하여 안주하고 헌법상 보장된 노동 삼권을 손에 쥐었다고 무직자가 보기에는 좀 사치스러운 자기들의 요구를 관철하기 위하여 타협할 줄 모르고 때가 되면 파업을 하지 않으면 좀이 쑤시는 병을 가지고 있는 파업일꾼의 선동에 휩쓸려 다중의 힘으로 실력행사를 하여 국가 전체의 경제를 멍들게 하고 가까이는 그들의 업체를 이용하지 않을 수 없는 많은 시민들에게 큰 불편을 주고 있으니 걱정스럽기 그지없다.

근로자는 사용자로부터 부당한 대우를 받았을 때에는 당연히 그 시정을 요구할 수 있는 정당한 권리를 가지고 있다는 것은 누구나 다 잘 알고 있다. 그러나 근로자가 요구하는 권리는 그들 근로자뿐만 아니라 그들이 속해 있는 사회(시민), 더 나아가서 국가(국민)가 납득할 수 있는 정당하고 평형(衡平)에 맞는 요구이어야 한다고 생각한다.

파업을 하고 있는 근로자를 제외한 일반 시민이 그들이 파업을 하는 이유가 정당하지 않는 너무나 사치스럽고 이기적인 것이라고 여긴다면 그 파업은 문제가 있는 것이 아니겠는가?

종족보존의 본능

내가 살고 있는 아파트 12층 베란다에서 바로 보이는 앞 동 같은 층 다용도실 외벽 난간에 버드나무 같은 식물이 1m가량 자라나서 바람에 흔들거리고 있는 것이 눈에 띄었다. 그 나무의 씨가 바람에 날려 우연히 빗물 등으로 늘 물기가 배어 있는 그 다용도실 시멘트 슬래브 외벽 난간의 창틀 틈새에 떨어져 싹을 튼 것이 그렇게 자라고 있는 것으로 보였다.

매년 4월 하순부터 5월 초순에 걸쳐 공중에 휘날리고 있는 꽃가루와 눈송이 같은 나무 씨 때문에 사람들 특히 알레르기성 체질의 사람들이 많은 고통을 받고 있다. 길 위에 떨어져 바람에 뒹굴고 있는 그 눈송이같이 생긴 것을 하나 집어 사세히 살펴보면 그 솜같이 생긴 것 속에는 아주 작은 씨가 붙어 있다. 그 나무의 씨앗을 바람의 힘을 빌려 널리 퍼지게 하고자 바람에 잘 날리는 솜 같은 것을 만들어 그 씨를 붙여 놓았다.

바람의 힘을 빌려 자기 종자를 멀리(어떤 것은 150km이상) 퍼지게 하는 식물은 버드나무, 플라타너스, 민들레, 양귀비 등 그 수를 헤아릴 수 없다. 바람의 힘을 빌리지 못하는 다른 나무의 종족번식 및 보존의 방식은 씨앗 주위에 사람이나 동물이 즐겨먹을 수 있는 달콤한 먹을거리를 붙여 놓아 사람이나 동물이 어디든 이동하여 그 과일을 먹게 하고 먹고 남은 그 씨가 땅에 떨어져 싹을 트게 한다. 이렇듯 식물의 번식기관인 꽃, 포자, 자낭, 씨, 열매 등은 자연의 힘과 동물 또는 곤충의 힘을 빌려 자기 종족을 번식시킨다.

종족보존의 본능이 어찌 식물에서 뿐이랴. TV 등 영상매체를 통해 보면 공중을 나는 새들, 물속에서 사는 어족들, 광활한 들판에서 서식하는 각종 동물들이 가지고 있는 종족보존본능에 의한 종족번식의 방법은 그저 경이롭고 신비스럽기만 하다.

식물에서건 동물에서건 자기 종족보존을 위한 행위에는 일정한 시기가 있다. 식물들은 따뜻한 봄날에 씨를 바람에 날려 보내기도 하고 가을에 씨를 생산하기도 한다. 동물들도 아무 때나 생식행위를 하지 않는다. 그 시기는 동물들의 종류에 따라 다르지만 이른바 발정기와 번식기에 이르러야 교미를 하고 생식을 한다.

이제 만물의 영장이라고 일컫는 사람의 경우를 보자. 사람에게는 생리적으로 적령기에 이르면 동물같이 주기적으로 찾아오는 발정기와 번식기 같은 시기는 없다. 사람은 누가 가르쳐 주지 않더라도 이성 간에 사랑이 싹트면 그 싹의 힘으로 생긴 교접욕구에 따라 은밀하게 종족보존을 위한 행위를 한다. 거기에는 감성적 희열과 감각적 쾌감이 수반된다. 다만 거기에는 인간적인 윤리 도덕 속에 서로 합의되고 만인이 축복하는 법적 인증절차를 거쳐야만 정당화됨이 있을 따름이다. 그래서 정당하게 인증되지 않은 교접행위는 '간음'이라 하여 세인으로부터 수없이 지탄을 받는다.

자연계에서 발정기가 따로 없이 교미가 언제나 가능한 동물은 인간과 보노보(피그미침팬지)뿐이라고 한다. 그래서 사람이 꼭 종족 보존을 위한 교접행위만을 하지 않는다는 데 복잡한 문제가 있다. 조물주가 인간의 교접행위에 즐거움을 곁들여 준 것은 아마도 그 즐거움을 맛보게 함으로써 태초로부터 영원불멸하게 인류의 보존과 번식을 원활하게 하기 위함이었을 것이다.

그러나 사람은 그 깊은 뜻을 어기고 교접의 즐거움 그 자체만을 좇아 탐닉하는 데 그 원죄가 있다. 그래서 사람에 따라서는 인간의 순수한 본능을 거부하고 그들의 어떤 신념에 따라 교접욕구를 금기시하고 스스로 금욕의 쇠사슬을 심신에 옭아맨다(모든 사람이 교접의 즐거움을 죄악시하고 금욕을 한다면 인종은 멸종하고 말 것이다).

조물주가 사람에게도 다른 동물처럼 인류번식 및 보존을 위해서 발정기와 번식기에만 일정하게 교접을 하도록 그 시기를 설정해 놓았더라면 사회적 물의를 일으키는 이른바 성희롱이나 성추행이라는 불미스러운 작태도 없을 테고, 교접을 직업으로 삼는 일 때문에 사회적 문제를 일으키는 일도 없을 테고, 외도로 빚어지는 가정불화도 없을 테고, 성폭력 범죄도 생기지 않을 테고, 나아가서 '性'에 관한 문제를 매스미디어로 세상을 시끌벅적하게 떠드는 일도 없을 텐데….

오진(誤診)

인간은 전지전능할 수 없다. 그것은 진리이다. 그래서 인간만사에서는 자기만의 전문분야가 있고 자기의 일 외에는 무지무능함이 통상이다. 네가 잘 알고 잘 할 수 있는 일은 나는 모르니 너에게 묻고 의지하고 너 역시 그러하면서 서로 간에 신뢰하면서 살아가는 것이 우리들 세상이치이다. 하물며 국가로부터 특별한 자격과 능력을 인정받은 전문인에게 의지하는 범인(凡人)의 신뢰를 더 말해 무엇하랴.

얼마 전 나는 내 생애에 그렇게 나 홀로 목 놓아 크게 울어본 적은 없다. 나이 찬 내 딸아이가 반년 전부터 어깨와 등, 때로는 옆구리가 아프다 해서 가까운 개인병원 몇 곳을 다니면서 '디스크'라고 해서 치료를 받고, '근육통(담)'이라고 해서 치료를 받고, '신우염' 같다고 해서 치료를 받았고, 그렇게 해도 신통치 않아 한의원에서 침도 맞혀 보았으나 별무효과였다.

옆구리 통증은 여전하고 이제는 다리에 힘이 없어지고 일어서서 걸을 수 없게 되니 그때서야 나는 무지함에 겁이 나서 다니던

병원에 다시 가서 좀더 자세한 진찰을 의뢰했더니 전문용어를 몇 자 쓴 진료의뢰서를 주면서 종합병원에 가서 MRI 검사를 해보라는 것이 아닌가. 다니던 직장일 때문에 생긴 근육통 정도로 대수롭지 않게 여겼던 경솔함을 자책하면서 급히 종합병원 응급실로 갔다.

응급환자들로 만원을 이룬 응급실에서 서둘러 해당 진료과목의 절차에 따라 검사를 받게 한 후 검사결과에 대한 담당 의사 판정을 마음 졸이며 기다리고 있는데 담당의사가 환자의 부모를 보자고 한다는 전갈을 받고 불길한 예감 속에 그의 진찰실로 아내와 같이 갔다. 담당 의사는 그의 진찰실 벽 판독판에 인화된 사진 필름을 여러 장 걸어 놓고 사진상에 나타난 환부를 가리키면서 그리고 그의 노트에 그림을 그려 가면서 직업적으로 극히 사무적인 말투로 그의 소견을 술술 토로했다.

"환자의 척추 다섯째 마디가 함몰되어 신경을 누르고 있기 때문에 하반신 마비가 진행되고 있으며 뼈마디가 함몰된 원인은 종양(암)과 결핵 중 하나인데 사진 상으로는 종양 같아 보인다. 종양이면 오래 살지 못하고 결핵이라면 생명에는 지장이 없으나 하반신 마비 여부는 반반이다. 그러므로 하반신 마비를 방지하는 수술을 급히 해야 하고 종양이냐의 여부는 수술을 해봐야 한다. 하반신 마비는 지금 진행 중에 있으며 수술 중에도 완전 마비상태에 이를 수도 있다."

그의 말은 억장이 무너지는 소리였다. 아내와 나를 기절시키는 소리였다.

다음날 수술을 받았다. 환자운반용 수레에 실려 수술실로 들어가는 꼴을 보는 부모의 심정을 무슨 말로 표현할 수 있으랴. 다섯 시간 이상 걸린 수술은 끝났다. 다리부터 만져 보았다. 감각도 있고 움직이는 데 지장이 없다고 했다. 하느님에게 감사했다. 수술은 잘되었다고 했다. 그러나! 그러나! 결핵이 아니고 종양이라고 했다. 결핵이라면 고름이 있어야 하는데 그것이 없다고 했다. 마음 졸이며 빌었던 소망이 일순간에 무너져 내렸다. 다만 조직검사 결과를 기다려 보자고 했다. 악성이냐 양성이냐의 판가름이라는 것이다. 검사기간은 일주일.

그 결과를 기다리는 일주일 동안은 피를 말리는 기다림이었다. 울음이 나왔다. 떨리는 마음으로 담당 의사를 만나러 갔다. 그는 이제 사무적이 아닌 말투로 축하한다고 했다. 검사결과 종양(암)이 아니란다. 웃음이 나왔다. 눈물 섞인 웃음이 나왔다. 그의 '오판'으로 인해 소모된 마음에 안도의 한숨을 채워 넣으며 다시 한번 하느님에게 감사했다.

곡(哭)

남자는 이 세상에 태어나서 세 번 운다는 말이 있다. 한 번은 태어날 때 울고 두 번째는 부모가 세상을 떠났을 때이고 나머지는 나라가 망하였을 때라고 한다.

첫 번째 울음은 모태에서 나온 갓난아기가 이 세상 사람이 되어 숨통이 터졌다는 신호음이고 두 번째 울음은 세상에서 가장 가까웠던 부모와의 영원한 이별을 슬퍼하는 감정의 표출음이며, 나머지 울음은 현 시대에는 맞지 않은 비유이지만 이는 과거 우리나라 구한말 시대에 일본에게 나라를 빼앗겼을 때 온 나라 백성이 나라 잃은 슬픔을 이기지 못하여 한 통곡을 이르는 말일 것이다.

그러나 사람이 이 세상에 태어나 살아가면서 소리 내어 우는 일이 어찌 꼭 세 번뿐이겠는가. 몸이 아파 울 때도 있고 마음이 아파 울 때도 있고 소리 내어 울기도 하고 소리 내지 못하고 울기도 한다.

나는 이 세상에 태어나 지금까지 살아오면서 몇 번이나 소리 내어 울었을까. 태어나면서 숨길을 트느라 울었을 것이고 또 태어나

자 얼마 안 되어 태독(胎毒)으로 등에 고인 고름을 짜내느라 칼집을 냈을 때(내 등에는 그 흉터가 있다) 크게 울었을 것이다.

철이 들어 기억에 남는 울음은 내가 초등학교 2학년 땐가 아버지가 전남도청에 근무할 때 하숙집 여인과 부적절한 관계를 맺고 있다는 소식을 들은 어머니가 우리 삼 남매를 데리고 광주로 올라와 우리들을 도청 정문 앞에 두면서 아버지한테 찾아가라고 하고 어머니는 어디론가 사라져 버렸다.

동생들을 데리고 아버지가 근무하는 서무과에 갔더니 그날이 하필 토요일이라 사무실 문이 잠겨 있었다. 할 수 없이 어린 동생들과 얼마 전에 한번 와 봤던 아버지 하숙집을 찾아갔다.

아버지가 지금 안 계신다는 그 집 할머니의 말을 듣고 되돌아 나와 어디로 갈까 그 동네를 배회하고 있을 때 동네 개구쟁이들이 우리들에게 물총을 쏘면서 놀려댔다. 그렇잖아도 의기소침해 슬픔이 가득해 있는 우리들은 드디어 울음을 터트리고 말았다.

또 역시 초등학교 3학년 땐가 목포 부청(시청 전신) 후생과장으로 근무하고 계신(그 당시 아버지는 가족과 떨어져 혼자 하숙을 하고 있었음) 아버지에게 가기 위하여 여수에서 목포로 가는 기차가 보성터널공사 때문에 승객이 득량역에서 내려 트럭으로 갈아타고 보성까지 가서 다시 기차에 타야 하는 번거로움이 어린애에게는 위험하다 해서 그 기차를 타지 않고 이리역(지금의 익산)에서 목포로 가는 서울발 호남선 급행열차를 갈아타기로 하고 여수에서 서울행 급행열차를 탔다.

이리역 대합실 매표창구에서 목포행 급행열차표를 사려고 외투 오른쪽 주머니에 넣어둔 돈을 끄집어내려고 손을 넣으니 돈이 없어졌다. 소매치기를 당한 것이다. 돈이 없어 급행열차를 못 타고 다행히 외투 왼쪽 주머니에 조금 넣어둔 돈으로 밤에 떠나는 목포행 완행열차를 탈 수 있었다.

그런데 그 완행열차가 통행금지 시간에 걸려 송정리역에서 멈추어 서 버렸다. 승객은 다 내려야만 했다. 나는 송정리역 대합실 벽에 붙어 있는 긴 의자에 앉아 있어야만 했다. 갈 곳이 없었다. 수중에는 돈 한 푼이 없으니 여관 같은 곳에도 갈 수 없었다.

밤이 깊어 통행금지 시간이 임박하니 대합실에서 웅성거리던 사람들이 다 흩어져 나가 버리고 나 혼자만 그 넓은 대합실에 덩그러니 남아 있었다. 갑자기 무서움증이 생겼다. 울음이 터져 나왔다.

광주 서동에 살 때 그러니까 내가 대학 2학년 땐가 어느 날 밤에 서동 집 정원에서 누가 들을 새라 소리 죽여 슬피 울은 일이 있다. 그날도 아버지의 작은마누라 때문에 어머니와의 가정불화가 있었다. 나는 화목하지 못한 우리 가정을 비관해 왔다. 그냥 슬퍼서 울음이 나왔다.

가정적으로 불행한 삶을 산은 어머니가 65세 나이에 고혈압으로 세상을 떠나셨을 때 너무도 불쌍해서 통곡을 했고 아버지가 75세 때 협심증으로 돌아가셨을 때 울었다.

그러고 나서 내 하나뿐인 딸이 척추암이라는 담당 의사의 청천벽력 같은 진단(오진)을 받은 후 수술을 받기 위하여 딸을 병원에 입원시켜 놓고 혼자 집에 와서 다 키워 놓은 딸을 잃는가 싶어 대성통곡을 했다. 그러한 병인 줄도 모르고 운동부족으로 생긴 병이니 왕복 40분 거리에 있는 개인병원(정형외과)까지 걸어서 갔다 오게 한 나의 무지한 처사가 더욱 후회스럽고 자책하는 내 마음이 찢어질 듯해 더 크게 울음이 터져 나왔다.

이제 내 남은 삶의 세월 속에서 울 일이 없어야 할 텐데….

백내장에 관한 나의 경험담

내가 어렸을 때 그러니까 초등학교 6학년(1950년) 시절 지금은 철거되어 그 집터가 인근에 있는 교회 주차장으로 사용되고 있는 여수 고소동 집에서 살 때 우연히 물체가 둘로 보이는 현상을 느껴 거울로 왼쪽 눈을 살펴보니 까매야 할 눈동자가 초록색으로 보였다.

무슨 일인가 싶어 그 당시에는 마침 부모님이 집에 안 계셔 나 혼자 여수에 있는 유일한 안과의원이었던 'J 안과의원'을 찾아가 진찰을 받아보니 '백내장'이라고 하면서 지금 당장 수술을 받아야 한다고 하였다. 나는 겁이 덜컹 나 지금 부모님이 집에 안 계시니 나중에 부모님하고 같이 오겠나고 하고 집으로 돌아왔나.

그때는 아버지가 나주 군청에 근무하면서 가족과 떨어져 군수 관사에서 하숙을 하고 있을 때라 어머니가 아버지한테 다니러 갔다가 돌아왔을 때 내 눈 얘기를 하였더니 내가 혼자 갔었던 'J 안과의원' 원장은 아편쟁이라 그 원장한테 수술을 받으면 안 된다고 하였다. 그 당시는 광주에 있는 'H 안과의원'이 유명하고 치료도 잘한다고 해서 아버지와 같이 그 의원에 가서 진찰을 받았다.

'백내장'이라는 병은 수정체가 혼탁해지면서 시력이 점점 나빠지며 나중에는 전연 보이지 않게 된다고 했다. 발병 원인은 유전일 수도 있고 외상일 수도 있다고 했다. 우리 집안에는 그러한 병을 가졌던 사람이 없었으므로 유전은 아니고 내가 아주 어렸을 때(5세) 여수 동산동 골샘고랑이라는 동네에 살 때 우물가에서 일을 하고 있던 어머니가 마루에서 칭얼대는 나에게 조용히 하라고 던진 돌이 운 나쁘게 내 왼쪽 눈과 콧잔등 사이에 맞아 피를 흘린 적이 있고, 초등학교 몇 학년 땐지 기억은 없지만 학교에 가는 길에 같은 동네에 살았던 친구 동생이 나에게 돌을 던진 것이 왼쪽 눈에 맞아 피를 흘린 적이 있었는데 그때 받은 충격으로 내 눈동자가 점점 혼탁해진 것으로 짐작했다.

어느 안과 의사의 말을 빌리면 맑은 얼음에다가 돌을 던지면 그 충격으로 맑은 얼음이 하얗게 변하는 이치와 같다고 했다. 이 병에는 약으로 치료할 수는 없고 수술로 고칠 수밖에 없다고 했다. 수술하기 좋은 때는 수정체가 완전히 하얗게 변한 다음에 하는 것이 좋다고 했다. 왜냐하면 혼탁된 수정체를 한 번의 수술로 완벽하게 제거할 수 있기 때문이라고 했다. 하얗게 변색되지 않은 상태에서 수술을 하면 고장 난 수정체를 완전하게 긁어낼 수가 없어 나중에 다시 남겨진 수정체를 제거하는 수술을 또 해야 한다고 했다. 그래서 의사의 말대로 바로 수술을 하지 않고 눈동자가 완전히 하얗게 될 때까지 기다리기로 하였다.

내 왼쪽 눈이 백내장이라는 병에 걸렸다는 사실을 안 지 5년이 지난 그러니까 고교 2학년 시절 광주 동명동 도청 관사에 살 때 드디어 눈을 수술하기로 하였다. 보기가 흉할 정도로 눈동자가 하얗게 변하였고 눈이 시력을 잃으니 눈동자가 왼쪽 밖으로 틀어지는 사시(斜視)가 되어 갔다. 전남대학교 의과대학부속병원 안과과장한테서 수술을 받기로 하였는데 병원에서 수술을 받는 것이 아니고 동명동 집에서 가까운 곳에서 살고 있는 그 안과과장 집에서 수술을 받았다. 지금 생각하면 어처구니없는 일이지만 그 당시는 그 의사가 명망이 있는 전문의라 그 의사가 하자는 대로 하였다.

아침 일찍 그 의사 집에 가서 수술대에 반듯하게 누워 의사가 이르는 대로 꿈쩍 않고 눈을 부릅뜨고 있으니 수술을 시작했다. 조금 있으니 짙은 안개가 끼었던 내 왼쪽 눈앞이 안개가 걷히듯 밝아왔다. 혼탁된 수정체를 긁어내기 위해서 홍체 주위를 180도 반원을 칼로 절개한 자리를 실로 봉합하지 않고 자연적으로 접합되게 하기 위하여 24시간 동안 머리와 안구를 고정해야 한다고 했다. 그 바닥이 고르지 않은 수술대에서 24시간을 꿈쩍하지도 못하고 반듯하게 누워 있어야 하니 허리가 끊어지려는 고통을 겪었다. 24시간이 지난 후 누가 나를 들것에 실어 집으로 옮겼는지는 기억이 없지만 동명동 집 내 방으로 와 치료를 받게 되었다.

백내장수술도 잘되고 치료도 잘 되었으나 수술 받은 왼쪽 눈이 시력은 약하나 안 보이던 물체가 이제 보이게 되니까 모든 물체가 둘로 보여 혼란스러웠다. 5, 6년 동안 눈이 그 기능을 상실했던 탓으로 눈동자가 왼쪽으로 틀어진 사시현상이 생겼다. 눈이 시력을 잃은 탓으로 동공을 유지하고 있던 동안근(動眼筋)의 균형이 깨져 힘이 더 쎈 왼쪽으로 끌려 틀어지게 됐다고 했다. 그래서 사시를 바르게 하는 수술을 두 번이나 받았다.

이 수술은 큰 고통이 수반되었다. 그러나 양안(兩眼)의 초점이 맞지 않아 역시 물체가 둘로 보였다. 수술 받은 눈의 시력을 높이려면 콘택트렌즈를 착용해야 되는데 그렇게 되면 오른쪽 눈으로 보는 물체와 왼쪽 눈으로 보는 물체가 따로따로 보여 물체가 둘로 보였다. 그래서 콘택트렌즈를 착용하지 않고 오른쪽 눈만을 사용하였다.

거리 측정은 양안의 초점이 일치되어 일치된 초점과 양안 간의 각도에 따르는 것인데 나의 경우 한쪽 눈이 시력을 잃어 그 기능이 상실되어 버려 양안의 균형이 깨져 버렸으므로 사시 교정수술을 받았어도 양안의 초점을 일치시킬 수 없어 항상 물체가 겹쳐 보이고 둘로 보이고 거리측정도 잘 되지 않았다.

왼쪽 눈의 시력이 나쁠 뿐만 아니라 오른쪽 눈과 초점이 맞지 않기 때문에 물체의 정확한 거리가 측정이 안 되어 탁구나 테니스를 할 때면 처음에는 공이 라켓에 맞지 않고 헛방을 치기가 일쑤였다. 그러나 자꾸만 치다 보면 거리측정이 경험 측으로 되어 탁구도 할 수 있었고 테니스도 할 수 있었다.

가장 곤란을 겪었던 일은 옛날에는 책의 글자가 종서(縱書)로 쓰여 있어 공부할 때는 글줄이 두 줄로 겹쳐 보여 혼란스러웠다. 그래도 왼쪽 눈의 시력이 약하기 때문에 신경을 안 쓰면 습관이 되어 그런대로 책을 읽어가는 데는 큰 지장을 안 받고 공부를 해왔었다.

문제는 자동차운전면허 시험을 볼 때였다. 시력검사를 한 눈씩 하므로 왼쪽 눈의 시력이 콘택트렌즈를 안 끼면 0.1정도 나오니 신체검사에서 떨어질까 봐 시력검사 할 때만 쓰려고 콘택트렌즈를 맞추었다. 콘택트렌즈를 끼고 시력검사를 하였더니 0.7이 나와 신체검사를 통과해서 단번에 운전면허를 딸 수 있었다.

나이 들어 골프를 배워 필드에 나가 골프를 치는데 역시 한 눈으로는 정확한 거리 측정이 잘 안 되어 처음에는 공을 잘 맞추지 못하고 공의 머리를 때리거나(topping) 뒤땅을 치기 일쑤였다. 특히 공을 그린에 올리는 어프로치(approach)를 할 때나 공을 홀 가까이 붙이는 칩샷(chip shot)을 할 때에는 클럽헤드 날로 공이 지면 잔디에 닿아 있는 부분을 정확하게 쳐야 하는데 번번이 공 중앙을 바로 때리는 실수를 밥 먹듯 하니 공은 그린을 넘어가기 일쑤고 반대편 벙커에 빠지기 일쑤라 짜증나는 허탈한 웃음이 나오기 마련이고 그날의 동반자보다 항상 점수가 좋을 리 없었다. 그렇지만 이제 뭐 점수에 연연할 나이는 지났으니 푸른 잔디밭에 나가 걷는 운동을 한다는 데 더 큰 의미를 둘 수밖에 없기는 하지만 그래도 점수가 너무 높으면 속이 상하는 것은 역시 사람의 마음이라.

요사이 백내장 치료는 간단하게 수술하고 바로 퇴원하여 활동을 해도 된다고 한다. 사람이 나이가 들면 노인성 백내장이 잘 걸리는데 그동안 의료기술이 많이 발전되어 나같이 눈동자가 완전히 하얗게 될 때까지 기다릴 필요도 없이 백내장이라고 진단이 되면 바로 수술을 하는데 옛날 나의 경우처럼 홍채 주위를 반원으로 절개할 필요도 없이 '초음파유화흡입술'이라는 방법으로 혼탁되어

가는 수정체를 제거하고 그 자리에 인공수정체를 삽입하여 정상적인 시력을 찾게 한다고 한다. 한술 더 떠서 이제는 자동으로 보는 물체의 거리를 조정하는 기능이 있는 인공수정체를 삽입한다고 한다. 의술의 무한한 발전이 되기도 전에 일찍 어린 나이에 운나쁘게 백내장에 걸려 삶의 장애와 불편을 겪고 있으니 그것이 나의 어쩔 수 없는 운명이라고나 할까….

학생탑 앞에서의 언약

나에게 매년 배달되어 온 동창회보를 받으면 그 때마다 고교 시절을 회상한다. 그때를 떠올리면 먼저 1957년 3월 졸업식을 마치고 교문을 나서기 직전 지금은 그 친구들 이름은 다 잊어버렸지만 나를 포함한 졸업생 친구 몇이 광주학생운동 기념탑 앞에 모여 누군가 "여기 모인 우리들, 앞으로 10년 후 오늘 이 자리에서 다시 만나자!"고 제의를 하니 모두 그렇게 하자고 언약을 했던 기억이 새삼스럽게 난다.

나의 고교 시절의 3년은 예나 지금이나 가끔씩 꾸는 꿈속에서 기차역 플랫폼을 막 떠나가는 기차를 타려고 마구 뛰어갔으나 그 기차를 타지 못하고 놓쳐 버려 안타까워하는 심성, 시험장에 갔으나 시험을 치르는 교실을 찾지 못하고 이 교실 저 교실을 찾아 허둥지둥 헤매며 마음 졸이던 심정, 시험 답안지를 받고 답안을 아무리 쓰려 해도 만년필에서 잉크가 나오지를 않아 어찌해야 할 바를 몰라 쩔쩔맸던 심정 같은 세월이었다.

나의 고교 시절은 인생행로의 주춧돌을 차근차근 쌓는 일에 몰두해야 했던 시기를 너무나 소홀하게 지내 버린 무의미한 시절이었다. 지금에 이르러서야 아주 멀게 지나쳐 버린 그 시절을 후회한들 무슨 소용이 있을 것이며 후회하는 그 자체가 가소로운 일이겠지만 그래도 그때를 회상하면 그러할 때마다 왜 이리 회한의 한숨을 쉬게 되는지?

10년이라는 세월은 고교 3년에 비하면 그 3배보다 더 긴 강산이 변한다는 세월이라 10년 후에는 모두 무언가 자기가 나아갈 길을 정하고 뜻을 이룰 수 있을 것이라고 믿고 서로 견주어 보자는 뜻에서 다시 만나자고 언약을 했었던 것 같은데 그 10년이 지나는 그때 나는 고교 시절을 보람 없이 허비한 죄로 아직도 나의 뜻한 바 길에 들어서지 못해 실의에 빠져 허우적거리고 있던 때라 그 자리에 가는 언약 자체를 까맣게 잊고 있었다.

그런데 몇 십 년이 지나 내 인생의 남은 세월이 훨씬 더 짧아진 지금에 이르러서야 새삼스럽게 그때 그 언약이 생각나는 까닭은 무엇일까. 그것은 아마도 인생의 황혼기에 접어들어 왔다는 위기감에서 앞으로의 희망적인 설계를 할 수 없다는 절박감이 자꾸만 지나온 과거에로 되돌아가게 하여 그 행적을 더듬어 보게 되기 때문이 아닌가 싶다.

1954년 4월 고교에 입학하여 두 줄의 흰 선이 둘러진 교모(校帽)에 일고(一高) 모표를 꽂아 쓰고 오른쪽 옷깃에는 일고 배지(badge)를, 왼쪽 깃에는 1자를 달고 가슴 왼쪽에는 이름표를 붙인 감색 교복을 입고 고향집으로 내려가는 시외버스를 타고 있던 내 모습은 당당했고 스스로도 자랑스러웠다. 그러한 모습으로 충장로가 전부 나의 길인 양 보무당당하게 걸으며 등하교를 할 때 지나가는 모든 사람이 부러운 눈으로 나를 쳐다보는 듯한 착각에 빠지기도 하였다. 그런데 세월이 흐를수록 그 착각이 현실로 내게 다가와 지나가 버렸다.

우리 일고인(一高人)은 재학 때는 물론 졸업 후에도 이른바 프라이드를 가지고 그 긍지로 살아간다. 나는 사회적 저명인사 동정란을 볼 때마다 출신고교를 유심히 살피는 버릇이 있다. 일고인이 눈에 띄면 어찌나 그렇게 마음이 흡족하고 자랑스러운지 모른다. 일종의 보상심리라고나 할까.

너무나 늦었지만 가까운 시일에 반드시 모교에 있는 광주학생운동기념탑을 둘러보아야겠다. 그 탑 앞에 가면 그때 어떤 친구들과 언약을 했는지 기억이 날까?

통풍(痛風) 이야기

내가 법원 서기관으로 승진되면서 지방에 있는 신설 고등법원으로 보직발령을 받고 임지에 가서 첫날 개청행사 등 근무를 마치고 퇴근 후 그곳이 객지라 잠자리가 마땅찮아 어찌할까 하다가 그냥 내 집으로 가서 자고 다음날 새벽에 출근할 심산으로 상경길에 올랐다. 길을 걸으려 발바닥을 땅에 딛는데 갑자기 오른쪽 엄지발가락 관절 바깥쪽에 통증이 느껴졌다. 발가락을 접질린 일이 없는데 어찌 아플까 하면서 그냥 잠자리에 들면서 통증이 있는 부위에 파스를 붙이기만 했다.

그런데 잘 때 통증이 심해서 잠을 잘 수가 없었다. 쑥쑥 아린 부위가 이불에 살짝 스치기만 해도 너무 아팠다. 일어나 통증 부위를 살펴보니 벌겋게 부어 있고 부어 있는 부위가 흡사 붉은 고무풍선에 물을 넣어 둔 것처럼 말랑말랑거렸다. 시간이 지날수록 손을 댈 수 없을 정도로 아팠다. 그래도 새벽에 일어나 차로 내려가 출근을 한 후 동료 과장에게 내 발가락 관절 통증에 대해서 얘기를 했더니 정형외과 의원에 바로 가보라 했다. 소개받은 정형외과에 가서 진찰을 받아보니 통풍성 관절염이라고 했다. 그 의원에서 물리치료를 받고 약처방을 받았다. 3, 4일 계속 물리치료를 받고 약을 복용했더니 통증이 가라앉았다.

통풍은 일명 제왕병(帝王病)이라고 일컫는다. 이 병은 임금님처럼 매일 잘 먹고 살아 생겨난 병이란다. 영양이 넘쳐흘러 생긴 병이란다. 그런데 내가 무얼 얼마나 그렇게 잘 먹고 살아서 이런 병이 생겨났는지 어처구니가 없다는 생각이 들었다. 통풍에 잘 걸리는 음식은 소 내장탕, 곱창구이 같은 기름진 음식과 고등어, 참치, 청어 같은 등푸른 생선이나 시금치, 아스파라거스와 같은 채소와 맥주 같은 술이라고 한단다. 이러한 음식을 과다하게 오래 섭취하면 '퓨린이라는 단백질의 대사산물인 요산(尿酸)이 비정상적으로 많이 생겨나 신장(콩팥)에서 오줌으로 제대로 배설하지 못하여 혈액 속에 요산이 과도하게 증가되어 관절이나 다른 장기에 요산나트륨이 침전(沈澱)하여 염증을 발생시킨다'고 한다.

그러니까 나의 경우 과다하게 섭취한 단백질 등 영양분 때문에 혈액 내에 생성된 요산이라는 물질의 농도가 너무 짙어 오줌으로 다 배설하지 못하고 혈액 속에 남아 '바늘과 같은 뾰족한 요산결절들이 만들어져' 그 물질이 혈액을 타고 놀다가 신체의 제일 아랫부분인 엄지발가락 관절에 가라앉아 붙어서 염증을 일으켜 바람만 스쳐가도 통증을 느끼게 하고 발을 절뚝거리며 길을 걷게 하는 고통을 준다.

통풍은 한 번 걸려 발작을 일으키면 쉽게 근치되는 병이 아니다. 한 번 자리를 잡고 일으킨 발작은 일시적으로 약물과 주사의 힘으로 진정시켜 통증을 가라앉힐 수 있지만 부정기적으로 똑같은 부위에 길을 걸을 수 없을 정도로 발작을 일으켜 통증을 느끼게 한다. 그래서 통풍이라는 병은 고질병이다. 그 발작의 빈도는 내 경험상 1년에 두 번 정도 일으킨다.

통풍이 발작을 일으킨 부위는 그때마다 벌겋게 성이 나 손을 대지 못하게 부어올라 있고 치료를 받아 통증이 가라앉아도 부어올랐던 부위는 색깔만 약간 정상으로 돌아올 뿐 부은 곳은 가라앉지 않고 그대로 굳어버려 이제는 통풍이 발작을 일으킨 관절 바깥쪽으로는 밤톨만 한 혹이 툭 튀어 나와 있어 보기에도 흉하고 신발을 신을 때도 불편을 느낀다.

발작을 일으킬 때마다 단골 병원에 가서 물리치료를 받고 약 처방을 받는데 그때마다 담당의사는 나보고 어제 약주를 드셨냐고 묻는다. 나는 술을 좋아하지 않는다. 술은 내 몸에 맞지 않아 한두 잔만 마셔도 얼굴이 붉어지며 졸린다. 그러나 가끔은 입맛이 없을 때는 밥 먹을 때 반주로 과일주 등을 소주잔보다 작은 잔으로 한 잔씩 마실 때는 있다. 또 등산을 하고 내려와 목욕을 하고 난 후 갈증을 해소하기 위하여 딱 맥주 한잔을 마실 때도 있다. 그렇게 마시는 술이 통풍을 발작시키는 데 그렇게 영향을 끼치는 것일까. 그렇다면 애주가는 다 통풍에 걸리겠다는 생각이 든다.

그런데 그것이 그렇지가 않으니 그건 아마도 체질과 연관이 있는 것이 아닌가 싶다. 술을 좋아하지 않는 내가 통풍에 걸리는 원인은 술에 있는 것이 아니고 통풍에 걸리기 쉬운 음식을 평소에 나도 모르게 정상인보다 많이 섭취한 탓으로 내 몸속에 흐르고 있는 혈액이 맑지를 않아 콜레스테롤 수치도 평균치보다 훨씬 높고 더불어 요산수치도 높아 혈전이 쌓여 혈관이 좁혀지고 요산이 관절에 침적(沈積)하여 염증을 유발하여 나를 고통스럽게 하는 것이라고 여겨진다.

만년필 이야기

요사이는 주요 인사들이 협정서 등에 서명할 때 말고는 만년필을 가지고 글을 쓰는 이가 매우 드물어진 것 같다. 필기구 발달의 역사를 중세시대를 배경으로 하는 영화를 보면 알 수 있듯이 그 당시에는 새(주로 타조) 깃털 끝을 펜촉같이 깎아 물감을 찍어 글을 썼고 동양에서는 동물 털을 모아 묶어 붓을 만들어 먹물에 찍어 글씨를 써 왔다. 그 이전 원시시대에는 돌이나 막대로 그림 등 상형문자를 그렸을 것이다.

내가 커올 때는 주로 연필을 많이 사용해 왔으나 연필로 쓴 글씨는 지우개로 쉽게 지워지니까 오래 두어야 할 글씨는 지워지지 않는 잉크로 써야 하는데 펜촉으로 잉크를 묻혀 쓰다가 펜촉에 묻은 잉크가 다 닳아져 글씨가 안 써지면 또 잉크를 묻혀 쓰고 하는 번잡함이 있었으나 펜으로 잉크를 찍는 동안에 글 쓰는 내용에 대하여 생각하는 여유를 갖는 맛이 있었다.

펜으로 잉크를 찍어 쓰는 번거로움을 없애기 위하여 만년필이라는 편리한 필기구가 생겨났는데 나도 국민(초등)학교 5학년 땐가 아버지께서 만년필을 하나 사 주어 그 만년필을 보물처럼 간직하고 자랑스럽게 윗옷 왼쪽 바깥 윗주머니에 꼽고 학교에 다녔다.

그런데 어느 날 그 만년필이 없어져 버렸다. 양복 주머니에 꽂혀 있어야 할 그 예쁘게 생긴 꽃자주색 만년필이 없어져 버렸다. 상실감이 이만저만이 아니고 우선 아버지의 꾸지람이 겁났다. 만년필을 잃어버렸다는 사실을 감추기 위하여 중고 만년필을 파는 노점에 가서 내가 잃어버린 만년필과 비슷하게 생긴 꽃자주색 싸구려 중고 만년필을 사서 가지고 다녔다. 집에서는 내가 만년필을 잃어버렸다는 사실을 아무도 몰랐다.

아버지께서 내가 고등학생이 되었다는 기념으로 또 만년필을 사 주셨다. 그 만년필은 그 당시에는 아주 고가품으로 여겨지던 백통 파카 51이라는 만년필이었다. 그래서 그 만년필을 내 재산목록 1호로 간직하고 썼다. 그런데 그 귀중하게 간직하고 있던 만년필을 소매치기 당할 뻔한 일이 있었다.

서울 종로에서 시내버스에서 내리는 순간 무언가 내 앞을 스쳐 지나가는 것 같은 느낌에 양복 바깥 왼쪽 주머니를 만져보니 내 재산목록 1호인 그 만년필이 없어진 것을 알았다. 그때 바로 내 앞에서 내려간 사람을 보고 무작정 “내 만년필 내놔!” 하고 소리를 질렀더니 그 청년이 두 말 않고 말총에 끼어 있던 내 만년필을 빼내어 주고 쏜살같이 도망을 쳐 버렸다. 그 당시는 무슨 멋으로 꼭 만년필을 바깥주머니에 꼽고 다녔는지 모를 일이었다.

요사이는 만년필로 글을 쓰는 사람을 보기가 어렵다. 그것은 과히 필기구 혁명이라고까지 할 수 있는 볼펜이 등장하여 대부분의

학생 그리고 직장인들의 볼펜사용이 일반화되었고 그 외에도 플러스펜, 싸인펜, 붓펜 등이 만들어져 사용되고 있기 때문이다. 더군다나 이젠 편리한 PC가 생활의 필수품으로 널리 보급되어 키보드로 워드를 쳐 프린트를 바로 하므로 손으로 필기구를 이용하여 글을 쓸 일이 점점 더 없어지고 있다. 그래서 앞으로는 서예가 말고는 글씨 잘 쓰는 달필 또는 명필가는 없게 될 것 같다.

지나버린 옛날 나의 그 재산목록 1호였던 은제 파카 51 만년필은 그 당시 내가 연모했던 그녀에게 정표로 아낌없이 건네주어 버려서 그 뒤로 그 만년필의 행방을 모른다.

미술선생님

중학생 시절 어느 날 미술시간에 교실 밖에서 사생(寫生)을 하여 내라는 미술선생님의 지시에 따라 16절지 갱지에 연필로 소묘(素描)를 하지 않고 수채화물감만으로 바로 학교 옆 보리 이파리가 파릇파릇 솟아나고 있는 밭두렁 언덕을 대수롭지 않게 색칠을 해서 냈더니 다음날 미술선생님이 나를 별도로 불러 어제 내가 그려 내었던 그림을 내보이면서 색감이 아주 부드럽게 잘 표현되었다고 칭찬을 해 주셨다.

내가 썼던 물감은 국산이 아니고 미국에서 원조품으로 들어온 학용품을 아버지가 구해 주신 것이었다. 그래서 색감이 국산물감보다 월등히 좋았기 때문이라고 생각하고 있었다. 그 뒤로 나는 미술선생님에게 발탁되어 미술특별활동을 하였고 휴일에도 학교에 나가 미술선생님 지도 하에 교실 창 너머로 보이는 오동도와 그 뒤 바다 건너로 보이는 남해섬과 그 섬 동남쪽 끝자락에 아스라이 보이는 애기섬을 배경으로 한 풍경을 8절지 캔트지에 옮겨 그림을 그리곤 하였다.

그 미술선생님은 작품 활동을 활발하게 하시어 여수에서 개인전을 여러 번 열기도 하였다. 일제시대에 일본군 막사로 쓰던 낡은 목조건물을 약간 개조하여 사용하고 있는 중학교 교사(校舍) 뒤편에 위치한 같은 구조의 사택에 거주하시는 미술선생님 댁에 가서 보았던 그 선생님의 작품 중에서 지금도 내 눈에 선한 기억으로 남아 있는 작품은 밤의 신항(新港) 부두 앞에 불을 밝히고 떠 있는 외항선박을 그리신 4호짜리 유화 소품이다.

검은색 바다 위에 떠 있는 외항선의 희미한 윤곽에 그 선박에서 비추고 있는 여러 개의 전등불빛이 검은 바다물결에 출렁이는 모습을 진한 노랑색 선으로 표현한 기법이 인상적이었다. 그 선생님의 화풍은 선이 굵고 터치(touch)가 박력이 있었다. 색은 밝았고 깊었다.

나는 고등학교에 들어가서도 그림 그리는 데만 시간을 소비했다. 캔버스도 내가 직접 만들어 유화를 그렸다. 고등학교 시절에 중학교 미술선생님 같은 선생님을 만나 미술 지도를 제대로 받았더라면 나의 인생행로가 어떻게 바뀌었을지 모를 일이었다. 나의 고교 시절에는 순수한 화가인 미술선생님이 안 계셨다. 고교 시절의 미술선생님은 상업미술 전문가였다. 그래서 포스터를 잘 그렸다. 그런데 그 미술선생님은 미술만을 가르치지 않고 음악도 가르쳤다.

중학교 시절 나의 미술에 대한 소질을 인정해 주셨던 선생님은 내가 고등학교에 다닐 때에는 전남여고 미술선생님으로 재직하고 그 학교 앞 사택에서 사시면서 작품 활동을 계속하고 계셨다. 그래서 나는 그 선생님 댁을 가끔 방문하여 화구(畵具)와 테레빈(terebin)유 특유의 냄새가 가득한 방에서 그림 그리는 모습을 뵙기도 하였다.

그런데 그 선생님은 운수가 좋지 아니하여 그 당시 이승만 대통령 생일날에는 각 학교 학생들이 플래카드를 들고 생일축하 거리 행진을 하였는데 그 플래카드에 "李承晩 大統領 閣下 生辰을 祝賀…"라고 써야 할 것을 실수로 "李承晩 大領 閣下…"라고 '統' 자를 빠트리고 쓴 플래카드를 들게 하여 시가행진을 해 버린 사고가 발생했다. 그래서 그 미술선생님은 과실 책임을 지고 구례 쪽 어느 벽지 학교로 좌천발령을 받았다는 얘기를 들은 후로는 그 선생님의 소식을 듣지 못하였다.

겨우살이(mistletoe)

초겨울 지리산 피아골 산장에서 임걸령으로 오르다 보면 비탈진 곳에 이파리는 다 떨어지고 줄기와 가지만 앙상하게 남은 참나무 군락지를 지나게 된다. 힘겹게 오르는 길에 그 참나무들을 올려다보면 줄기에서 가지로 뻗어가는 사이에 주위의 메마른 나무 색깔과는 어울리지 않게 초록색을 띤 식물이 걸쳐 있는 것을 볼 수 있다. 이러한 식물을 기생식물 즉 '겨우살이'라고 한다.

기생하는 나무는 참나무뿐만 아니라 느티나무, 물오리나무, 동백나무, 뽕나무, 소나무에도 기생한다. 기생하는 나무에 따라 기생식물의 이름도 다르게 부른다. 이를테면 참나무에 기생하는 것을 '유기생, 과기생, 또는 곡기생'이라 부르고, 오리나무에 기생하는 것을 '오기생', 뽕나무에 기생하는 것을 '상기생', 소나무에 기생하는 것을 '여라 또는 송라'라고 부른다.

어느 시간대에 TV를 틀면 아프리카 대평원에서 펼쳐지는 동물들의 약육강식의 먹이사슬이 연출되는 장면을 보게 된다. 사자나

표범 등의 맹수가 '누(Gnu)'나 '톰슨가젤(Thomsongazelle)' 같은 초식 동물을 사냥해서 주린 배를 채우고 있을 때 하이에나나 독수리 등이 빈틈을 노려 달려들어 뺏어 한입 물고 도망가 먹어치우는 모습을 본다.

시가 15억 5,000만 원짜리 아파트를 매입한 사람으로부터 이전 등기신청 의뢰를 받아 그 등기에 관련된 거래세, 즉 등록세 및 취득세 등의 신고와 납부를 하면서 문득 '겨우살이' 기생식물과 TV에서 보았던 동물들의 사냥 장면이 뇌리에 떠올랐다.

2006년부터 부동산투기억제책의 일환으로 그 거래세를 무겁게 매긴다는 취지로 부동산을 매매할 때에는 실거래가 신고를 의무화하고 신고액을 과세기준으로 하였다. 그렇게 되면 매입자의 거래세 부담이 2004년도 부동산시가표준액과 2005년도 국세청기준시가를 적용할 때보다 월등히 높아진다. 그래서 그 부담을 조금이나마 덜어주기 위하여 지방세법 제273조의 2를 신설하여 개인 간 주택거래에 있어서는 등록세와 취득세를 일부 감면해 준다고 했다. 즉 '개인 간에 유상거래를 원인으로 취득 등기하는 주택에 대한 취득세는 제112조 제1항의 규정에 의한 세율(1000분의 20)을 적용하여 산출한 세액의 100분의 25를 경감하고, 등록세는 제131조 제1항 제3호 (2)목(1000분의 20)의 규정에 의한 세율을 적용하여 산출한 세액의 100분의 50을 경감한다'고 되어 있다.

위 경감규정을 얼른 보면 취득세는 그 전 세율 2%보다 0.5%가 감하게 되어 그 적용세율이 1.5%가 되고 등록세는 2%의 적용세율보다 1%를 감하게 되니 그 세율이 1%가 되는 듯 보인다. 등기

의뢰인 등도 등록세 취득세가 각 1%, 0.5% 내린 줄 알고 있다. 그러나 실제 등록세와 취득세를 신고하면 그 전에는 없던 농특세가 붙어 있어 생각보다 감면액이 적다. 실거래가액에 의한 등록세, 취득세의 산출액이 높아지니 이를 조금 깎아 준다고 하면서 그냥 깎아주기는 서운하니 깎아준 금액에 또 다른 명목의 세금을 붙여 징수하고 있다. 그 '겨우살이' 같은 법이 '농어촌특별세법'이다. 2005. 1. 5에 개정된 이 법 제3조 제1항 제1호에 납세의무자를 '취득세 또는 등록세의 감면을 받는 자'를 추가하였고, 같은 법 제5조에 그 적용세율을 감면세액의 100분의 20으로 한다고 하였다.

그래서 위 신고가액을 기준으로 하여 등록세, 취득세를 산출하여 보니 등록세가 기본 등록세 1,550만 원, 교육세 310만 원, 농특세 310만 원을 합하니 2,170만 원이 되고, 취득세는 기본취득세 2,325만 원, 그 전부터 붙어 있던 농특세 232만 5,000원, 감면농특세 155만 원을 합하니 2,712만 5,000원이 되었다. 두 세금의 합계금은 4,882만 5,000원이 되는데 이를 2005년도 국세청기준시가 8억 6,800만 원을 기준으로 하여 산출한 세액합계금 3,992만 8,000원과 비교하여 보니 그보다 889만 7,000원이 증가된 셈이다. 세금을 내려준다고 해놓고 다시 올리는 꼴이 되었다.

부동산 특히 아파트를 매입하여 이전등기를 하는 데는 하나의 사냥감을 너도나도 뜯어먹으려고 하는 육식동물들의 입처럼 손을 벌리고 있는 공과금의 입이 너무나 많다. 앞에 적은 등록세, 그 등록세에 붙어 있는 지방교육세, 농특세 그리고 취득세, 그 취득세에 붙어 있는 두 번의 농특세 또 인지세와 국민주택채권매입등록, 최종적으로 중지(등기수수료).

"돈이 많아 값비싼 큰집을 장만하는데 그만한 세금은 물어야지" 한다면 할 말이 없겠으나 집 없는 사람이 어렵사리 십수 년 돈을 모아 겨우 자기 소유의 집을 한 채 장만하는데 집값 채우는데도 자금이 빠듯한데 부수적으로 세금 등을 많이 부담해야 하니 이래저래 집 없는 사람이 집 장만하기란 점점 더 버거울 수밖에 없다. (2006)

자율신경실조증

나는 결혼하기 전 젊었을 때부터 위장병에 시달려 왔다. 아무리 부드러운 음식을 섭취해도 소화를 시키지 못하고 위가 거북스러워 고통을 받기 일쑤였다. 그런데 이상한 일은 밖에 나가 친구들과 같이 중국음식 등을 먹으면 소화도 잘 되고 위에 부담을 느끼지도 않았다. 그런데 집에서 책장을 넘기고 있다가 식사를 하고 나면 위가 쓰리고 때로는 심한 통증을 느껴 제산제 같은 위장약을 복용해야 했다. 어느 때는 위통이 너무 심해 위를 도려내고 싶은 충동까지 일어났다.

내 나이 20대 후반에 접어들어 위장병을 고치고자 지인의 소개로 서울에 있는 이름 있는 종합병원에서 내 위(胃)를 위주로 종합검진을 받았다. 위를 집중적으로 검사하고 몸 전체 각 기관에 대하여 각종 검사를 마친 다음 담당내과 과장이 내린 검진결과 판정은 내 위는 물론 다른 신체기관에도 아무 이상이 없다는 것이었다.

법원 말단 일반직으로 등기소에서 근무하고 있을 때 내 실수로 등기부에 기재할 사항을 누락시킨 사고가 발생하여 이를 바로 잡아주는 데 공동으로 배상을 해줘야 하는 일이 생겼다. 그 일을 잘 처리하고 난 후 내 몸에 이상이 생겼다. 갑자기 현기증이 생겨 길 걷기가 곤란했다. 집에서는 내 기력이 떨어지고 빈혈 때문에 생긴 증상이라고 하여 빈혈에는 소 지라를 생으로 먹으면 효과가 좋다고 해서 그 지라를 구해서 생으로 먹어 보았더니 먹기가 정말로 고약해서 구워서 먹어보기도 했으나 그것도 먹기가 역겨웠다. 그래도 몸에 좋다고 해서 계속 먹었다. 그러나 어지러움증은 얼른 가시지 않았다. 얼마간 시일이 지나고 나니까 저절로 어지러움증이 사그라졌다.

나는 법원 직원으로 근무하면서 초임부터 상당기간 동안 맡아 하는 일이 시설행정 기획예산 회계분야였다. 그 분야에서 잔뼈가 굵어 주특기로 인정받아 인사이동이 있을 때마다 그 테두리를 벗어나지 못하였다. 그러다가 법원 직원이면 당연히 맡아 해야 할 재판부 참여사무관 일을 맡게 됐다. 그런데 나는 그 일이 매우 싫었다. 내 적성에 맞지가 않았다. 그런데 어쩌랴. 나는 공무원이라 인사명령에 복종해야만 했다. 재판기일에 법정에 두 번 입회하고 난 후 또 내 몸에 이상이 생겼다. 재판조서를 쓰는데 갑자기 사무실 천정이 시계방향으로 빙빙 도는 어지럼증이 생겨났다. 눈을 감고 한참을 진정시킨 후 우선해진 것 같아 담당과장에게 승낙을 받고 조퇴를 했다.

다음날 아침 출근준비를 하는데 같은 증상이 나타나며 이번에는 귀가 울며 구토까지 동반되었다. 꼭 심한 배 멀미를 하는 것 같은 증상이었다. 할 수 없이 인근에 있는 종합병원 응급실을 거쳐 입원하여 각종 검사를 받았다. 원래 선병질(腺病質)적으로 생긴 내 체구의 몸무게는 그 당시 51kg이었다. 15일 동안이나 입원하면서 검사를 받았으나 결국 내 증세의 원인을 밝혀내지 못하고 몸에는 아무 이상이 없다는 판정을 받고 퇴원을 했다.

그래서 나는 생각했다. 나에게 일어난 증세는 유형적인 질병이 아니고 심리적 스트레스(stress)에 의한 무형적발작증세라고 여겼다. 몸에는 병리적으로 이상이 없는데 내 특정 부위의 신경이 그렇게 느끼게 한다. 이러한 증세에 관하여 인터넷으로 검색을 해보니 의학용어로 자율신경실조증(自律神經失調症)이라고 한단다.

자율신경이란 내 마음대로 어쩌지 못하는 위장, 심장, 혈관, 방광, 내분비샘, 땀샘, 침샘 등 내 몸속 각 기관의 작용을 스스로 조절하는 신경으로 여기에는 교감신경(交感神經)과 부교감신경(副交感神經)이 있다고 한다. 교감신경이란 '부교감신경과 함께 자율신경계를 이루는 개개의 원심성 말초신경으로 신진대사나 생식 등 생명유지와 종족보존에 관계가 있는 여러 기관 및 그것들을 구성하고 있는 각종 세포에 분포하여 그것들의 기능을 조절하는 신경'이라고 한다.

그런데 어느 기회에 분노, 울화, 좌절, 열등, 실망, 상심, 고민, 불안, 초조, 기우, 증오, 원망, 회환 등이 마음에 파고들면 나 같은 내향적 성격의 소유자는 즉시 표출하지 못하고 내심으로 삭히는 바람에 나도 모르게 쌓이어 응어리져 이럴 때는 '교감신경과 부교감신경의 밸런스가 깨져 자율신경의 기능에 이상이 생기게 돼 몸에 여러 가지 병적현상을 일으키는 것이란다. 그 병적현상이 나의 경우 위통 등 소화기장애요, 이명증이요, 현기증 등의 발작으로 나타나게 된 것이다.

그래서 요사이는 위가 거북하다든지 가슴이 답답하다든지 기분이 좋지 아니할 때는 의사의 처방을 받아 자율신경안정제를 복용한다. 신경안정제를 먹고 나면 신기하리만치 마음이 편해지고 몸속 불편한 증상이 싹 가신다. 그러나 신경안정제는 습관성이 있다해서 자주 먹지는 않는다.

인체는 참으로 신비롭고 복잡하고 난해한 유기체인 것 같다. 내 몸속을 내 맘대로 어쩌지 못하고 산다. 내 맘조차 내 마음대로 다스리지 못할 때가 많은데 하물며 어찌 내 몸속을 내 마음대로 제어할 수 있단 말인가. 다만 오로지 자율신경실조증을 유발하는 마음을 다독거리는 정신수양을 쌓는 것 같은 방책을 마련할 수밖에 없지 않을까 싶다.

강제추행죄

내가 법원집행관으로 근무하고 있을 때 겪었던 일이다. 정확한 날짜는 기억이 없지만 어느 날 관할 경찰서 조사계로부터 나를 상대로 고소장이 접수되었으니 출두해 조사를 받으라는 전화를 받았다. 내 평생 남에게 해가 되는 일을 한 일이 없는데 무슨 뚱딴지같은 소리야 하면서 정해진 날에 썩 좋은 기분이 아닌 떨떠름한 마음 상태로 담당경찰관에게 갔다.

고소내용을 들으니 황당하기 그지없었다. 내가 어느 소녀를 강제추행했기 때문에 그 아버지가 고소를 했다는 것이다. 참으로 어처구니가 없어 어안이 벙벙했다. 자세한 내용을 알아보니 얼마 전에 어느 집에 대하여 명도집행을 하였는데 그 집행과정에서 일어난 일임을 알았다. 그 집행에 불만을 품은 채무자(세입자)가 앙갚음을 하기 위하여 집행조서에 기재돼 있는 내 이름을 보고 말도 안 되는 사실을 들어 나를 피고소인으로 하여 고소장을 관할 경찰서에 접수한 것이다.

집행관이 하는 일은 법에 여러 가지로 규정되어 있지만 그 중에서도 건물명도 집행만큼은 채무자(세입자 등)로부터 가장 저항을 많이 받는 딱한 업무이다. 권리자의 위임을 받은 집행관은 권리자(채권자)를 위하여 그 권리내용에 따라 의무자(채무자)에 대하여 강제집행을 해야 할 의무와 권리가 있다.

내가 고소를 당한 사건도 가옥명도강제집행 사건에서 빚어진 경우이다. 법원으로부터 가옥명도확정판결 또는 인도명령을 받은 권리자로부터 건물명도집행 위임을 받으면 정해진 집행날짜와 시간에 권리자의 안내에 따라 현장에 출동(?)을 한다. 보통 집행시간은 새벽 6, 7시경으로 잡는다. 그것은 주간 근무시간에 집행을 하려면 목적건물에 채무자 등 가족이 아무도 없어 집행절차의 하나인 채무자 확인이 불능하기 때문이다.

그래서 이 사건도 주간에 집행을 시도하였으나 채무자 부재로 집행 불능하여 다시 집행날짜를 잡아 채무자가 밖으로 나가기 전에 집행을 실시하기 위하여 새벽에 집행하기로 하고 정한 새벽시간에 현장에 도착하여 내가 먼저 그 집으로 들어가 채무자를 확인한 후 동원한 집행요원(집행보조 등 노무자)에게 집행실시를 지시했다. 집행관은 직접 가재도구를 들어 밖으로 끌어내는 등 물리적 행위는 하지 않는 것이 상례이고 집행요원이 하는 집행행위를 지휘 감독한다.

그날도 채무자와 그 가족의 저항이 매우 심했다. 새벽이라 잠자리에서 아직 일어나지 않은 가족을 깨워 밖으로 나가게 하기가 참으로 어려웠다. 그래도 집행을 해야 하니 어쩔 수 없이 일어나지 않으려고 요(褥) 위에서 버티고 누워 있는 여자애를 집행요원들이 그 요 네 귀퉁이를 들어올려 밖으로 내보냈다. 그 후 그 집안에 있는 가재도구를 밖으로 끄집어냈다. 어떻든 여러 가지 실랑이를 이겨낸 후 집행종료를 하고 채권자에게 그 건물을 인도했다.

그 사건에서 채무자 본인이나 가족들의 태도는 과히 전투적이었다. 그러하니 앙갚음이 하고 싶었겠지. 그래서 보조자들이 요 위에 버티고 누워 있는 그 여자애를 요와 함께 들어내 가는 과정에서 약간의 신체적인 접촉이 일어난 일을 빌미삼아 강제추행을 했다고 고소를 한 것이다. 그 여자애의 아버지인 채무자가 실제로 요를 들어낸 보조자들의 이름을 모르니 집행조서에 기재되어 있는 집행관 이름을 피고소인으로 하여 듣기도 거북한 죄목으로 고소를 했다. 강제집행 과정에서 일어난 사건이니 나를 포함한 보조자들은 전부 무혐의 처분을 받고 그 황당한 사건은 종결되었다.

제2장

세월은 강물처럼

무릇 시간의 흐름에 대한 느낌은 상대적이다.
시간의 흐름을 아쉬워하는 사람은 빠르게 느끼고 그 흐름을 지겹게 여기는 사람은 더디게 느낀다.
이제, 지나가고 오는 세월에 신경 쓰지 말고 멈추어 서서 오늘에 감사하고 충실하게 살리라.

가는 세월

내가 이전에 가까이서 직장상사로 모셨던 분께서 모임이 있을 때마다 술을 한잔 드시면 그 구수하고 사람 좋은 목소리로 "가는 세월 그 누구가 잡을 수가 있나요, 흘러가는 시냇물을 막을 수가 있나요, 아가들이 자라나서 어른이 되듯이…" 하고 부르는 노랫소리가 아니더라도 세월은 덧없이 막힘이 없이 흘러 요사이 또다시 망년회, 연하장, 연말결산, 불우이웃돕기 등등의 말들이 내 귀에 들려온다.

세월은 흘러 '가는' 것인가 흘러 '오는' 것인가. 초록빛 인생은 '오는' 세월일 것이요 회색빛 인생은 '가는' 세월일 것이라. 인생을 살아왔던 세월보다 앞으로 남아있는 세월이 더 짧은 나 같은 인생은 세월이 아까워 세월이 그냥 막 흘러 지나가는 것만 같이 느낀다.

또 한 해가 저물어 가고 있다. 사무실 벽에 11개월 동안이나 앞장들에 가려 감추어진 채 걸려 있어 가장자리가 누렇게 퇴색된 금년의 마지막 남은 달력 한 장이 우리가 살고 있는 지구가 일억사천구백육만km나 떨어져 있는 우리들의 태양을 우주자연법칙에 따라 또다시 어김이 없이 구억사천육백만km나 되는 궤도를 초속 30km의 속도로 약 45억 번째 공전하고 있음을 가리키고 있다.

끝없이 생각밖에 할 수 없는 이 우주 안에서 인생 칠팔십 년, 그 찰나에 불과한 세월이 가는 것이면 어떻고 오는 것이면 어떻단 말인가. 가는 것이면 가는 대로 잊어 그냥 보내고, 오는 것은 오는 대로 새로운 마음으로 맞이하면 될 것을….

그렇지만 추워진 12월이 되면 문득문득 내가 자랐던 어린 시절, 학창 시절이 생각나고 못다 한 '힘씀'의 회환에 사로잡혀 가슴이 에이는 아픔을 느끼는 것은 나도 이제는 속빈 나이를 턱 없이 많이 먹었다는 징후가 아닌가 싶다. 우리 같은 동년배들이 한자리에 모여 담소를 나누면서 한탄조로 한다는 말씀들이 '오는' 세월이 초조하게만 느껴진다고 한다.

나도 예외는 아니다. 그것은 또 왜 그럴까. 10년 아니면 20년이나 갭이 생긴 채 어울려 살고 있는 탓일까. 아니면 삶의 끝이 가까워짐을 느끼기 때문일까. 막연한 초조감, 그것이 누적되면 불안을 느낀다. 그러나 초조해 할 것도 없고 불안해 할 것도 없다. 초조해 하는 것, 불안해 하는 것 그 자체가 정력낭비이다. 아무리 회색빛 나이를 먹었더라도 붉은빛 정열, 초록빛 청초를 가슴속에 불어넣고 새해에도 새로운 마음으로 새 달력, 1월의 달력을 내 집, 그리고 우리 사무실 벽에 걸고, 또 마음에 걸어야겠다.

송년유감

퇴근시간이 가까워질 무렵, 무심코 사무실 창 너머로 보이는 서쪽 하늘 끝 저 멀리 산등성이로 뉘엿거리는 빛을 다 발하고 사위어지는 붉은 색깔의 태양처럼 지금 또한 해가 저물어 가고 있다. 내가 또 나이를 한 살 더 먹으려고 하고 있다.

저기 저 산 너머 지는 해가 왜 그렇게 아쉽게만 보여지는 것일까. 나의 세월, 그 세월 따라 속은 채워지지 않은 채 빈 강정처럼 겉으로만 나이를 자꾸 먹어가고 있는 내 자신이 거기 보여지고 있기 때문일까. 이 한 해를 또 넘기면서 내가 그냥 흘려버린 나날들을 뒤돌아보면서 나를 반성해 본다.

첫째, 가정에서 모범적인 가장 노릇을 했다고 자부할 수 있는가. 아내로부터 사랑과 믿음을 받는 남편이라고 할 수 있는가. 자식들에게는 과연 훌륭하고 존경받는 아버지라고 할 수 있는가. 지난 여름철에 아버지가 돌아가셨을 때 내가 슬퍼서 눈물을 흘리며 울었던 것의 십분의 일만큼이라도 생전에 아버지께 효도를 하였던가. 형제간에는 우애 있게 형 노릇을, 오빠 노릇을 잘 해왔던가.

둘째, 직장에서는 내가 맡을 일을 얼마나 책임감 있고 성실하게 수행해 왔는가. 상사로부터 얼마만큼의 신임을 받고 있는가. 상사에 대한 불평불만과 서운한 마음을 잠깐만이라도 품은 일은 없었던가. 같이 근무하는 직원 간에는 미움 받을 짓을 한 적은 없는가. 동료 직원을 미워한 일은 없는가.

셋째, 사회 공동생활을 하면서 대중목욕탕의 수돗물을 틀어 놓은 채 면도질이나 칫솔질을 하는 사람을 보고 모른 체하면서 마음속으로만 욕을 한 일은 없는가. 자동차 운전을 하면서 변덕이 죽 끓듯 차선을 지그재그로 자주 변경을 하거나 서슴없이 끼어들기를 하거나 운행 중인 차창 밖으로 담뱃재를 톡톡 털어가면서 더러는 불이 붙은 담배꽁초를 탁 튕겨 버리는 무례한 운전 버릇을 갖고 있는 운전자에게 욕지거리를 한 일은 없는가. 나 혼자만의 어떠한 행동이 세상에 알려지면 떳떳치 못해 세상 사람들로부터 지탄받을 짓을 한 적은 없는가. 온통 의문투성이뿐이다.

내 딴에는 이 세상을 성실하고 정직하게 좋은 사람으로 모든 이에게 유익하게 살아보려는 것이 나의 평소 신조다. 그런데?

새해에는 의문투성이의 삶이 되지 않아야겠다고 스스로에게 다짐해 본다.

극구광음(隙駒光陰)

그간 소원했던 친구 · 친지를 만나볼 수 있는 기회를 가질 수 있는 곳으로 예식장을 들 수 있다. 친구 · 친지 자녀의 혼인을 축하하기 위해 결혼식장에 가면 평소에는 특별히 상봉약속을 하지 않으면 만나보지 못하는 친구 · 친지들을 오래간만에 만나 반가운 악수를 한다.

얼마 전 결혼식장에 갔는데 그곳에서 참으로 오래간만에 그전 재직 때 같은 방에서 근무했던, 현재도 지방에서 재직하고 있는 후배를 만나 반가운 인사를 나누었다.

반가운 말끝에 "이제 사무관으로 승진했지요?" 했더니 그 친구 왈 "서 곧 서기관 승진합니다"라고 했다.

나는 그 순간 속으로 '아차! 실언을 했구나' 하고 무안한 마음을 가짐과 동시에 '아니 세월이 언제 그렇게 많이 흘러갔단 말인가?' 하고 다시 한번 세월의 덧없음을 느꼈다.

나는 요즘 들어 세월이 더욱 빨리 흘러가고 있다고 느끼고 있다. 나이 들어 갈수록 그 느낌의 농도가 더 짙어지고 있다. 그 이유는 무엇일까? 그 의문을 풀어보고자 외국인이 써서 번역이 된 '나이 들수록 왜 시간은 빨리 흐르는가'라는 제목의 책을 사 보았는데 그 내용이 난해한 책이라 이해가 되지 않았다. 어느 수녀가 쓴 칼럼을 읽어보았는데 '시간의 흐름이 나이에 따라 다르게 느껴지는 것을 어떤 사람은 수치로 표현했다'고 했다. 즉 세월의 빠름은 '나이분의 1'로 느껴진다는 것이다. 예를 들어 일곱 살의 아이는 7분의 1로, 칠십 노인은 어린아이보다 무려 10배나 빠르게 느낀다는 말이다.

세월(光陰), 시간의 흐름은 우리가 살고 있는 지구가 일억 오천만km 떨어져 있는 태양과의 거리를 유지하면서 구억 사천이백만 km의 공전궤도를 추호도 변함없이 일정한 속도로 365번 자전하면서 돌고 있는 자연법칙에 따라 '무한'에서 와서 '무한'으로 가는 불변의 현상이다. 그 무한 속에 한 점, 찰나에 불과한 하나의 인생살이, 무엇이 더디고 빠르게 느낀단 말이냐.

하지만 칠십을 바라보는 나의 세월의 느낌이 극구광음이라. 왜 나이 들어 갈수록 시간과 시일의 지나감이 달려가는 말을 문틈으로 보는 듯 빠르게 느껴지는 걸까. 어째서 일주일이 번뜻 지나가고 또다시 일주일이 금방 찾아오는 듯 느껴질까. 그것은 아마도 내가 앞으로 살 날이 살아온 날보다 훨씬 더 짧음에 대한 초조감이 마음 밑바닥에 깔려 있기 때문이리라.

무릇 시간의 흐름에 대한 느낌은 상대적이다. 시간의 흐름을 아쉬워하는 사람은 빠르게 느끼고 그 흐름을 지겹게 여기는 사람은 더디게 느낀다. 예를 들면 시간에 쫓기면서 시험을 치르는 수험생은 전자일 것이고 자유형을 살고 있는 수형자는 후자에 속할 것이다.

이제, 지나가고 오는 세월에 신경 쓰지 말고 멈추어 서서 오늘에 감사하고 충실하게 살리라.

노인

내 나이가 50대에 막 접어들어 설 때 절친한 친구와 같이 매주 일요일에는 거의 북한산 쪽으로만 등산을 했다. 등산로를 따라 오르다 보면 산에서 내려오는 사람들과 마주쳐 스쳐지나간다. 그때 앞에서 내려오는 등산객이 나이가 많이 들어 보이는 늙은이인 경우 그 친구가 하는 말, "야! 저기 20년 후의 니가 내려온다"고 하면서 웃겼던 일이 있었다.

미상불, 이제 내 내이가 그 친구가 우스갯소리로 했던 말처럼 그때 그 산에서 내려오던 노인처럼 들어가고 있다. 세월은 덧없어 아무리 잡아매어 두려 해도 저절로 흐르고 있어 어느새 명부(冥府)에 갈 날이 가까워지는 노령의 길 위에 서 있다. 누구도 거역할 수 없는 지나가는 시간 속에 묻혀 사그라져 가고 있는 육신의 변화를 난들 어떻게 무슨 수로 막는단 말인가.

수정체는 엷아져 글씨가 안 보이고, 멜라닌(melanin)은 감소되어 머리털이 파뿌리로 변해 가고 척박해지는 두피에 모근이 탈피되니 사막화가 되고, 메말라 가는 얼굴 피부에 세월이 쏟아지니 큰

골 작은 골이 수없이 패이고, 힘은 삶아 놓은 가지 꼴이고, 늘어진 개불 형상이라.

나이 먹음에 쇠퇴되어 감이 어찌 육신에서 뿐이랴. 늙어감에 피폐되어 가는 정신적 증상을 보라. 그전 같으면 무심히 그냥 대범하게 넘겨 버릴 상대의 사소한 언행에도 쉽게 노여움을 타고 잘 토라진다. 어렸을 때 겪었던 일은 촘촘히 기억하면서 엊그제 한 일은 까맣게 잊어버린다. 그래서 약속 같은 것을 했을 때는 기억을 되살리기 위한 증표를 별도로 만들어 눈에 잘 띄는 곳에 두어야 한다.

▎마음은 청춘

시들어가는 육신 속에 감추어져 있는 마음은 시들지 않고 있다. 사유(思惟)는 변함이 없다. 그렇다고 늙은 몸으로 청춘의 생각대로 움직인다면 인간사의 궤를 벗어나는 일, 늙은이는 오로지 나이에 맞는 처신을 하면서 후세에 모범이 되어야만 한다. 잘못했다가는 젊은이로부터 "나잇값을 하라"는 핀잔을 듣는다.

▎지공파

노인복지법에 따라 지하철을 공짜로 타는 만65세 이상의 노인을 견유적(犬儒的, cynical)으로 일컫는 신조어이다. 그래서 그러는지는 몰라도 지하철을 탈 때마다 승객들을 살펴보면 노인들이 항상 많이 타고 있다. 어디를 그리 나들이를 하는지…. 들은 말로는 직장 등에서 정년퇴직을 하고 할 일 없이 집에서 그냥 놀고 있자니 마누라 눈치 며느리 눈치가 보여 집을 나서 차비가 들지 않는 전철을 타고 거리가 먼 종점까지 몇 번 왕래를 하면 하루가 그럭저럭 지난다고 한다.

그런데 요사이 들리는 말로는 지하철 승차권 매표 수입이 적으니 노인들의 무임승차제도를 없애고 그 대신 만60세 이상 생활보호대상이 되는 노인에 한하여 무임승차하게 한다고 한다. 혜택을 받아 오던 기득권(?)을 빼앗은 법개정에는 신중을 기해야 할 것이다. 할 일 없는 노인들의 원성을 무슨 말로 달랠 것인가. 그들이 지하철을 타지 않고 걸어 다니면 매표 수입이 오르지 않는 것은 마찬가지 아닐까.

▌수성노인(壽星老人)

순수한 인간의 생명의 길이는 생물학적으로는 120년이라고 한다. 그런데 실제 사람의 평균수명은 70~80세 정도인 것으로 알고 있다. 더러 사람에 따라서는 100세가 넘게 사는 사람도 있다. 사람이 이 세상에 태어나서 살아가면서 세파에 시달리고 섭생을 올바르게 하지 못한 탓으로 주어진 생명의 길이를 다 채우지 못하고 있다. 그러하면서도 사람은 장수를 누리기를 원한다. 하지만 오래만 산다고 무슨 의미가 있겠는가.

▌현대판 고려장

어느 노인의 얘기다. 80세가 넘은 노모가 미국에 살고 있는 막내딸 집에 여행 보내준다는 큰아들 내외의 말을 듣고 자식들 덕분에 생전 처음으로 외국나들이를 하게 됐다고 기뻐하며 아들이 태워준 비행기를 타고 미국에 가서 막내딸의 마중을 잘 받고 그 딸을 따라 안내되어 들어간 곳은 딸집이 아닌 어느 '시설'이었다. 그 노모는 무엇 하나 아는 것이 없어 어디에 하소연도 하지 못하고, 연락도 두절된 채로 그냥 숨만 쉬고 살 수밖에 없었다. 이 얘기는 그곳에 면회 갔다가 그 사정을 알게 되었다는 어느 재미교포의 전언이다.

▍선화(仙化)

사람은 늙어서 죽음 복을 타고 나야 한다고 한다. 무병장수하고 갈 때는 말없이 죽음의 공포를 느끼지 않은 채 조용히 사라지는 복을 가지기를 원한다. 하지만 어디 세상만사가 사람의 뜻대로 이루어지는가. 보통은 병들어 본인뿐만 아니라 자식들에게까지 정신적 고통과 물질적 부담을 주면서 수선을 떨다가 간다. 부모가 죽으면 자식들이 '진심으로 슬퍼할 때' 생을 마감하는 것이 가장 행복한 죽음이 아닐까.

무임승차권

"승차권 한 장 부탁합니다."

내가 지하철을 탈 때마다 지하철 승차권 매표창구 역무원에게 하는 말이다.

노인복지법(제26조)에 따라 경노우대를 받을 권리(?)가 있어 찻삯을 안 내고 지하철을 타고는 있지만 승차권을 달라고 할 때마다 어찌 마음이 개운치 않고 찝찝해지는 것은 무슨 이유에서일까.

더구나 역무원이 표를 주는 태도가 흡사 길거리에서 구걸을 하는 거지에게 동전 한 닢을 툭 던져주는 것 같은 불손(?)함을 볼 때에는 늙어감에 대한 비애를 느끼기도 한다. 차라리 떳떳하게 교통카드를 쓰고 싶은 마음이 굴뚝같지만 미미하지만 나라에서 우리 노인에게 주는 혜택을 마다할 수 없는 마음 약함에 그냥 무임승차를 하고 다닌다.

몇 년 전 미국 LA에 살고 있는 딸집에 다니러 간 김에 현지 패키지 투어를 했는데 같이 다니던 인원 중에 한국인 할머니 몇 분이 있었다. 그 할머니들은 3, 40여 년 전에 한국에서 미국으로 이민을 와서 고생을 하면서 자식들을 다 키워 독립을 시켜 내보내고 지금은 홀로된 할머니들이 국가에서 제공한 공동주택에서 역시 국가에서 지급해 주는 생활자금으로 여생을 편안하게 살고 있는데 그들의 말이 국가에서 주는 생활자금이 대개 월 7, 8백 불이나 되어 할머니들 혼자로서는 별로 돈 쓸 일이 없고 여유도 많아 평소 쇼핑으로 소일을 하고 틈만 있으면 이렇게 모여 여행을 다닌다고 했다.

외국 선진 복지국가의 국민들은 국가에 세금을 내는 것을 너무도 당연히 하고 저항 없이 잘 낸다고 한다. 왜냐하면 국민 개개인이 젊었을 때 열심히 일을 해서 자기가 벌어들인 소득에서 일정액을 세금으로 납부하면 국가의 살림은 튼튼하게 되고 그로 인해서 노후에 자기가 국가에 낸 세금만큼 국가로부터 각종 복지혜택을 받을 수 있기 때문이라고 한다.

그런데 우리의 주변은 어떠한가. 누가 어째서 왜 그러하는지는 모르지만 우리들은 될 수 있는 대로 세금을 적게 내려고 하고 더 나아가서 내지 않으려고 갖은 꾀를 부리고 있음을 각종 매스컴을 통하여 알 수 있다. 우리는 복지국가에서 살고 있는가. 글쎄, 고개를 가우뚱하게 한다. 서울 종로 탑골공원, 신림동 관악산 입구 공원에 가 보면 노인복지 실태를 조금은 실감하게 한다.

65세 이상 노인에게 지하철을 그냥 타게 하고 공원이나 고궁 등 공공시설을 무료로 또는 싼값으로 이용토록 함은 고마운 일이지만 생활능력이 없는 노인들에게 까다롭지 않은 절차로 실질적인 복지혜택을 더 받게 했으면 좋겠다. (2004)

어느 노인

나는 건강을 위하여 걷는 운동을 한다. 그 전에는 산이 좋아 높은 산이든 낮은 산이든 산에 오르기를 자주 했는데 나이 들어 심장혈관에 이상이 생겨 처치를 받은 후부터는 경사진 곳에 오르기를 삼가고 평지를 걷는다. 걷기운동을 가끔은 일부러 시간을 내어 집 동네 산책로를 따라 걷는 날도 있지만 보통은 사무실에 출퇴근을 할 때 집에서 지하철역까지 걸어가고 지하철역에서 사무실까지 걸어가고 집에 올 때는 그 반대로 걷는다. 걷는 시간을 늘리기 위하여 될 수 있는 대로 지름길로 질러가지 않고 먼 길을 돌아가는 길을 택한다.

매일 아침 집을 나서 육교를 건너 내가 살고 있는 동네 가까이에 있는 반포천 둑길을 걸어가노라면 나보다 한 20년가량은 더 나이 들어 보이는 노인이 둑길 가장자리에 남향으로 놓여 있는 아침 햇살이 비추이는 벤치에 쓸쓸히 앉아 쌀쌀한 날씨에 운동인 듯 손뼉을 치고 몸을 앞으로 구부렸다가 뒤로 젖히는 움직임을 반복하고 있는 모습을 본다. 한여름 날 둑길가 나무 잎새들이 푸를 때에는 그 노인 앞을 무심히 지나쳐 가곤 하였는데 날씨가 쌀쌀해지면서 그 나뭇잎들의 색깔이 늦가을 색으로 변하면서 한 잎 두 잎 떨어지고 있는 나무 밑에 여전히 그 모습으로 앉아 같은 행동을 하고 있는 그 노인에게 관심이 간다.

인생의 사양길 위에 있는 그 노인의 모습은 을씨년스럽게 변해 가는 그 노인이 앉아 있는 그 벤치의 주위환경과 같게 느껴진다. 그 노인은 부인이 아파 거동이 불편해서 혼자이거나 그 노인보다 먼저 세상을 떠 혼자가 돼 외롭게 나와 앉아 있는 것인가. 그 노인의 인생의 황혼 길이 너무나 쓸쓸하게 보여 나의 마음을 쏟게 한다.

나도 조금 더 세월이 흐르면 그 노인과 같은 모습으로 변해 가리라. 지금 나를 보니 어느새 예에 이르렀는가. 황혼의 세월은 빠르게 흐른다. 빠른 것처럼 느낀다. 인생의 사양길이 가파르면 세상을 일찍 하직하게 되고 그 길이 완만하면 더디게 뜬다. 나이 들어 갈수록 섭생을 잘하고 뇌 운동(사색)을 하고 좋아하는 서양 고전음악이든 국악이든 대중음악이든 감미로운 음악을 틈이 있을 때마다 들어 청각을 통해 뇌를 자극하여 주고 몸을 자주 움직여 마음이나 몸이 녹슬지 않게 하여야 사양길을 완만하게 할 수 있다. 무엇보다도 외로움을 느끼지 말아야 한다.

고독을 즐기는 사람도 있기는 하지만 태반은 고독감에 빠지면 고사에 이르기 쉽다. 함께 웃고 즐겼던 죽마고우들은 나이 들어가면서 왕래가 거의 없어진다. 끝까지 남는 사람은 부부뿐이다. 그런데 부부가 함께 살아오다 한쪽이 세상을 떠나 혼자만 남게 되면 외로움의 늪에 빠져 주어진 수명을 채우지 못한다. 어차피 부부는 어느 쪽이 먼저일지는 몰라도 사별을 하게 되어 있다. 같은 날 같은 시에 같이 떠나기로 기약이 되어 있지 않는 한 언젠가는 혼자 남게 되어 있다. 그래서 미리 혼자 사는 연습을 해 두어야 한다.

사람이 늙으면 왜 추해지는 걸까. 아름다웠던 꽃이 시들면 추해지듯 푸르렀던 나뭇잎파리가 찬바람을 맞고 서리를 맞으면 누렇게 고스러져 추해지듯 사람도 나이 들어 늙으면 외모는 메말라 퇴색하고 갈라지며 정신은 혼미하여진다. 세월이 스쳐 지나간 흔적을 감출 수가 없다. 인생을 살아오면서 누렸던 영화, 사회적 지위 따위는 흐르는 세월에 다 씻겨 떠나 버려 지워져 버리고 이제는 늙음만이 있어 허무 속에 시름하고 있을 따름이다.

유기(遺棄)

내가 지금 살고 있는 아파트로 이사 오기 전 같은 동네에 있는 연립주택에 살았을 때 있었던 일이다. 옆집에서 방 한 칸을 세를 놓았다. 어느 날 30대 후반의 부부가 그 방을 보러 왔다. 그 자리에서 전세 보증금 3분의 1을 내놓고 며칠 후에 이사를 오겠다고 하고 돌아갔다. 그 며칠이 훨씬 지나도록 아무 소식이 없었다.

그러던 어느 날 그들 부부로부터 전화가 걸려왔다. 우선 인편에 가구부터 옮겨 놓을 테니 양해하여 달라고 해서 그렇게 하라고 했더니 그 이튿날 전자제품 대리점에서 포장된 냉장고 한 대가 배달되었다. 그러고는 또 아무 소식이 없었다.

집주인은 이상하게 생각했다. 이삿짐을 보낸다더니 어찌 냉장고 한 대만 덜렁 보내놓고 감감 무소식인고. 3일이 지났을 때 무심코 냉장고를 넣어 둔 세 놓은 방문을 열어보았다. 방문을 열어본 주인아주머니는 질겁을 하며 놀랬다. 냉장고 박스가 움직이고 있었다.

그 아주머니는 밖으로 뛰어나갔다. 이웃집 사람들을 불러 모았다. 그들과 같이 다시 방문을 열어보았다. 역시 냉장고 박스가 꿈틀꿈틀 움직이고 있었다. 그들은 너무나 놀랬다. 그중 용감한 사람이 그 냉장고 박스를 풀어 뚜껑을 열어보았다.

아니, 이럴 수가! 그 박스 속에는 냉장고가 아닌 머리칼이 하얀 할머니 한 분이 쭈그리고 앉아 답답한 듯 몸을 꿈쩍이고 있었다. 이웃 사람들이 그 할머니를 그 박스 속에서 끄집어냈다. 그 할머니 품속에서 돈 한 뭉치가 떨어졌다. 그 사람들은 할머니에게 사연을 물어 보았다. 할머니는 말을 띄엄띄엄했다.

아들 내외가 느닷없이 저녁 밥상을 평소보다 걸게 차려 주면서 많이 잡수라 해서 많이 먹었다. 그러고는 잠이 들었다. 눈을 떠보니 사방이 깜깜하고 답답하였다. 그래서 몸부림을 쳤더니 사람들 소리가 났다고 했다.

그들은 할머니에게 또 물었다. 집이 어디냐, 아들 이름이 무어냐고. 그 할머니는 아무 말도 하지 않았다. 집주인은 할 수 없이 파출소에 신고하였다. 잠시 후 순경이 왔다. 순경이 할머니에게 집주소와 아들 이름을 몇 번이고 물었다. 할머니는 여전히 고개만 좌우로 흔들 뿐이었다. 그러면서 눈물만 흘렸다. 그 할머니는 끝내 아무 말도 하지 않았다. 다만 양로원으로만 보내 달라 하였다.

주인아주머니는 전세 보증금으로 받았던 돈을 그 할머니에게 돌려주었다. 그 할머니는 파출소 순경을 따라 나섰다. 이웃 사람들은 말문이 막혀 아무 말도 못하고 혀들을 차면서 어처구니없다는 표정으로 순경을 따라가는 할머니의 뒷모습만 망연히 바라볼

뿐이었다.

신문에서나 보고 말로만 듣던 이렇듯 비정한 사실이 내 이웃에도 있었다. 자식이 늙은 부모와 같이 살면서도 대화를 전혀 하지 않는 것과 같은 것이 아니고, 같은 집에 살면서 자식과 며느리가 집에 붙어있지 아니하고 맨날 밖으로만 나도는 것과 같은 것도 아니고, 부모를 다른 곳에 따로 살게 하면서 들여다보지도 않는 것과 같은 것은 더욱 아니고, 이처럼 아예 세상을 혼자서는 살아갈 수 없는 부모를 아무 곳에나 내다 버리는 자식이 어떻게 사람의 마음을 가지고 있다고 할 수 있단 말인가.

가끔이기는 하지만 이러한 있을 수 없는 그 매정하고 개 돼지보다 못한 짓이 왜 행해지는지 아무리 생각해도 그 사람이 밉다고 여겨질 뿐 뚜렷한 해답을 얻을 수가 없다. 잃어버린 자식 때문에 식음을 전폐하고 애를 태우며 찾아 헤매는 부모의 마음과 그 부모를 사정없이 내다 버리는 자식의 마음의 상관관계를 어떻게 풀어 이해해야 할지 전혀 감이 잡히지 않는다.

오늘날 가족 형태가 소위 핵가족화 시대로 변천되어 가고 더욱이 여성의 지위가 가정에서나 사회에서 높아져 옛날의 남존여비 사상에서 오히려 여존남비의 사상으로 뒤바뀜해 가는 세태에 이르니 상하 좌우의 혈연관계로 지속되어 온 대가족 제도는 어느덧 흐지부지 사라져 가고 있다.

그 여파로 극히 일부이긴 하지만 적극적이든 소극적이든 자기의 늙은 부모를 유기하는 반인륜적이요, 천인공노할 행위를 저지르는 사람이 생기고 있다.

그렇지만 이들도 결국은 늙은 부모가 된다는 것은 필연이며, 또한 자기 자식들로부터 유기를 당할 수도 있다는 개연성을 인식해야 할 것이다. 왜냐하면 세월은 멈추지 않고 꾸준히 흐르기 때문이다.

사그라지는 생명의 불꽃

얼마 전 나의 심장에 이상을 느껴 검사를 받기 위하여 집 가까이에 있는 종합병원 응급실에 입원하여 병상에 누워 있을 때 바로 앞 병상에 나이가 아주 많이 들어 보이는 할머니 한 분이 아들과 딸 그리고 손자 손녀 등으로 보이는 사람들이 끄는 이동식 침상에 실려 들어와 옮겨 뉘어졌다. 보아 하니 노환으로 운명 직전에 있는 할머니를 병원에서 돌아가게 하기 위하여 응급실로 들어온 듯하였다.

공교롭게도 그 할머니의 얼굴과 그 위 벽면에 설치되어 있는 심장운동계(electrocardiography)의 모니터가 내 앞에 바로 보여 신경을 안 쓰러 해도 자꾸 눈길이 그곳으로 가고 그 할머니가 무의식 상태에서 목에서 가래를 끓이며 내는 이상야릇한 신음소리를 듣고 있었다. 그 할머니의 딸인 듯한 중년의 여인이 할머니의 머리맡에서 그 할머니의 귀에다 입을 대고 "엄마, 그동안 내가 잘못한 것 용서해 주고 가…" 하면서 흐느끼는 소리도 들렸다. 그 할머니가 내는 신음소리는 생명의 불꽃이 차츰 꺼져가는 소리이리라.

너덧 시간이 흘렀을까, 그 할머니 머리 위 벽면에 설치되어 있는 심장운동계에서 "삐—" 하는 소리를 내며 맥박 등 심장운동을 나타내는 계측선이 일직선으로 그어지는 것이 보였다. 그 할머니의 심장이 멎은 것이다. 그때 의사가 와서 사망사실을 확인한 후 가족들이 모두 모여 커튼을 치고 옆 환자들을 의식한 듯 크게 소리 내어 곡을 못하지만 손녀인 듯한 젊은 여인만이 슬피 우는 모습을 보았다. 조금 후 그 할머니의 시신은 흰 천으로 덮혀 이동식 침상에 실려 응급실을 나갔다.

인간사에서 가장 큰 일은 '생(生)'이고 '사(死)'이다. 생은 기쁨이요, 사는 슬픔이다. 생은 만남이요, 사는 헤어짐이다. 이 세상에서 가장 슬픈 일은 사별이다. 혈연으로 맺어진 인연이든 인의(人意)로 맺어진 인연이든 그 인연을 영원하고 완전하게 끊어져 버리게 하여 다시는 만날 수 없게 하는 것이 죽음이다. 이러하니 아니 슬플 수가 있겠는가. 그러나 사람은 그 슬픔을 오래토록 안고 살지 않는다. 오직 살아있는 사람의 마음속에만 박혀 있는 근영(近影)일 뿐 사람에게는 망각이라는 편리하고 필요한 마음의 약이 있기 때문이다.

"인생은 나그네길"이라 했던가. "어디서 왔다가 어디로 가는가"라고 초로인생을 관념적으로 비유하지만 그러나 '생'은 우연이요, '사'는 필연이라 인생이 어디서 오고 가는 운동체가 아니라 다른 생물과 마찬가지로 본능의 소산으로 이 세상에 우연히 태어나 머물다 틀림없이 사라져 없어지는 존재일 뿐이다.

사람은 건강하면 죽음을 의식하지 못한다. 영원불멸인 것처럼 그 착각 속에 빠져 산다. 이 각박한 세상을 살아가면서 죽음까지 생각하면서 사는 마음의 여유를 가지는 사람은 드물 것이다. 그러다가 건강에 이상이 생기면 죽음이라는 종말을 생각하게 된다. 행복한 죽음은 무엇일까. 죽음을 의식하지 못한 죽음이 가장 행복한 죽음이다. 그러면 불행한 죽음은 무엇일까. 사람이 죽을 때가 아닌데 죽는 죽음이 불행한 죽음이다.

내가 보았던 그 할머니의 죽음은 행복한 죽음이다. 천수를 다한 죽음이요, 자기가 죽는다는 사실을 모르고 죽는 죽음이요, 자녀들이 슬피 울어 주는 죽음이기 때문이다.

제2별관의 추억

부동산등기규칙 제47조의 2의 규정과 상업등기 처리규칙 제42조의 2의 제한규정 때문에 등기신청서 접수처가 여기저기 달라 손이 딸려 내가 직접 상업등기신청서류를 가지고 일반 건물보다 층고가 높고 계단 경사도가 가파르며 계단 단 높이도 평균치보다 큰 층계를 힘겹게 올라 5층에 있는 접수창구에 접수를 하고 돌아 내려오면서 재직 시절에 이 계단을 하루에도 수없이 단숨에 오르내리던 때가 새삼스러이 떠올라 감회에 젖었다.

허황된 꿈에서 깨어나 다 늦어 뒤처진 시기에 초임에 임용되었다는 통지를 받고 흥분된 마음으로 이 건물 5층에 있었던 인사발령장 주는 곳으로 단숨에 뛰어올랐던 일, 부푼 가슴으로 출근시간에 늦을세라 광화문 네거리 버스정류장에서 빠른 걸음으로 덕수궁 후문 돌담길을 걸어와 이 건물 6층에 있었던 사무실로 단숨에 뛰어올라 왔던 일, 첫 출근하던 날 내 자리라고 일러준 상급자의 안내에 따라 자리에 앉자마자 다른 상급자가 자기의 캐비닛(Cabinet)

에서 무슨 서류를 찾아오라는 지시를 받고 눈치껏 찾아 주었던 일, 어느 더운 여름날이었던가, 공문발송할 일이 있어 이 건물 5층에 있던 서무담당관에게 가면서 신발을 신지 않고 내가 근무하고 있는 사무실에서 신고 있던 슬리퍼를 그대로 신은 채로 갔더니 남의 사무실에 오면서 슬리퍼를 질질 끌면서 왔다고 얼굴을 붉히며 호통을 치는 소리를 듣고 너무도 무안해서 내 시선을 어디다 두어야 할지 몰라 전전긍긍했던 일, 점심시간에는 모두가 박봉이라 같은 방에 근무하는 직원끼리 매일 사다리타기 내기로 점심값을 추렴하여 라면집에 가서 라면만을 서너 달 계속 먹고 나니 이제는 라면을 쳐다만 보아도 속에서 신물이 올라오는 느낌을 가졌던 일, 겨울이면 유난히도 추웠던 6층 사무실에서 사무를 보려면 손이 곱아 어려움이 많았었는데 내 직속상관인 담당관이 과장이 쓰고 있는 전기난로를 가져다 내 책상 밑에 넣어주어 춥지 않게 사무를 보게 했던 일, 속이 답답하면 이 건물 5층 옥상에 나가 덕수궁 석조전 앞 넓은 정원을 내려다보고 시야를 더 넓혀 시청 앞 광장과 그 주위 건물들을 조망했던 일 등등….

내가 재직 시 잔뼈가 굵어가면서 몸담았던 이 건물은 '제2별관'이라는 이름으로 법원 행정을 총괄하던 사령탑이었다. 그런데 오늘에 이르러서는 몸통은 다 떠나가 새로운 건물로 현대화 내지 디지털(Digital)화하고 이 건물만 진공관식 구식건물 그 형태로인 채 법원기능의 일부인 등기업무를 담당 처리하면서 그 명맥을 이어가고 있다.

이 건물은 변함없는 구조물 그대로인데 계단을 오르는 나는 나이 수에 반비례한 기력의 쇠잔함인가. 초임 때 이 계단을 단숨에 뛰어 오르내리던 그 힘은 다 어디 가고 지금은 한 계단 한 층 오르기가 이렇게 힘이 든단 말이냐. 겨우겨우 5층에 올라 신청서 접수창구에 가 "본직입니다" 하면서 때로는 법무사 신분증을 보이면서 신청서를 제출하고 돌아 내려오면서 더러 비감에 젖기도 하는 심정은 꼭 나이 탓만은 아니리라.

원망할 수도 없는 처지에 있는 나 자신이 완화되지 않은 위 규칙의 제한규정을 지켜야만 하는 것처럼 아무리 높고 가파른 계단이라도 올라갈 수밖에 없어 기어이 올라가 맡은 일을 처리하고는 있지만 그때마다 문득 문득 노약자를 배려해 기존 구조물을 개조하여 승강기를 설치해 놓은 지하철역이 생각났다.

어느새 예에 이르는가

어느 핸가 경상북도 영주시와 충청북도 단양군 접경에 있는 소백산 비로봉(1,439.5m)에 오르기 위하여 죽령에서부터 산행을 시작하여 제2 연화봉(1,357.3m)을 거쳐 희방사에서 올라오는 길과 만나는 삼거리 부근에 있는 천체관측소를 지날 때 그날의 목표지점인 비로봉이 제1 연화봉(1,384.4m) 너머 소백산 능선 끝자락에 아스라이 보였다.

소백산 능선은 세찬 바람이 늘 거세게 불어 나무가 자랄 수 없는 곳이어서 날씨만 좋으면 시야가 멀리까지 탁 트여 사방을 조망할 수 있어 가고자 하는 봉우리가 저 멀리 보여 남은 거리가 아직도 멀게만 느껴지곤 한다. 그러나 높은 능선 길에서 좌우 저 아래에 펼쳐진 산자락과 들녘을 조망하면서 걷는 동안 어느새 봉우리가 코앞에 이르러 있음을 본다. 멀리서 봉우리를 보는 눈에 속고 발걸음으로 실제를 느낀다.

문득 내 나이를 짚어 보니 이미 칠순을 넘겼다. 아니 어느새 지금에 이르러 상노인의 반열에 들어섰단 말인가. 칠십 년을 넘겨

지나온 세월이 주마등처럼 내 뇌리를 스쳐간다. 감회가 새롭다. 내 나이 어릴 때에는 능선 끝자락 저 멀리 가물가물하게 보이는 산봉우리처럼 칠십이라는 나이는 까마득하게 멀리 남아 있는 세월이라고 여겨 흐르는 세월에 무심했었다. 그때는 세월이 더디게 흐르는 것만 같았다. 세월 불감증 속에 하루 이틀, 한 달 두 달, 일 년 이 년 살아와 뒤를 돌아보니 어느새 예까지 와 버렸다.

산 정상이 가까워 저기 보이면 어서 오르고 싶어 힘이 들어 숨을 헐떡이고 땀이 솟아나도 그곳에 이르면 성취욕으로 충만되어 심호흡을 마음껏 들이고 내쉰다. 또한 그곳에 오르는 길은 돌아 내려와 다시 오를 수 있는 길이지만 인생역정의 세월의 길은 어디 그러한가. 인생역정의 정상은 그곳이 가까워질수록 불안감에 싸이고 한 번 올랐던 길은 되돌아 내려올 수 없는 반복이 허용되지 않는 절망의 길인 것을….

인생행로는 영화필름이나 비디오 텝처럼 되돌림(rewind)이 되지 않는 단 일회성으로 끝막음난다. 인생살이는 연극에서나 영화에서나 TV드라마에서처럼 연기자들이 극작가나 연출자의 뜻대로 연기를 하듯이 삶이 영위되는 것이 아니다. 그래서 인생의 삶은 무대공연에서처럼 리허설(rehearsal)이 있을 수 없고 연기자에게 NG가 났다고 해서 재연이 허용되지 않는다. 다만 거기에는 후회만이 있을 뿐이다. 어느 시인이 말했다던가. "인생열차는 왕복표가 없다고…."

내가 걸어온 길, 내가 살아온 세월을 기억으로만 되돌아볼 뿐 나의 세월은 보람보다는 후회가 더 많은 세월이었다. 내게 주어진 세월의 양을 보람되게 써보지 못하고 오늘에 이르고 말았다. 남은 세월에 값을 주려 해도 저기 정상이 보인다. 세월의 끝이 보이니 이제 어찌하랴. 무엇을 어찌하려 해도 엄두가 나지를 않는다. 기력이 쇠하여졌다. 무심한 세월만 탓하다가 이대로 주저앉고 말 것인가.

나는 이 세상에 태어나 살아오면서 어떤 흔적을 남겼는가. 나는 과연 얼마만큼 기억이 되는 인물일까. 내가 이 세상에서 사라지면 내 가족 외에 누가 얼마만큼 기억해 줄까. 평범한 사람은 다 마찬가지가 아닐까. 그저 이 세상에 태어났으니 살아가기 위하여 먹어야 하고 먹어야 하니 먹을거리를 장만해야 하고 가족이 생겼으니 그들을 먹여 줘야 하는 의무와 책임을 지고 세월을 먹어야 하는 존재 그 자체일 뿐 내 존재가 없어지면 나의 세상은 '無'일 뿐이다. 해변가 모래밭에 디뎌 놓은 발자취를 그 위로 밀려오는 바닷물이 포말을 그리며 휩쓸고 가버린 뒤의 흔적 없는 원래의 모래사장이 되는 것처럼.

'하늘을 나는 새나 물속을 헤엄치고 다니는 물고기가 그 발자국을 남기지 못하듯이 인간사 그 무엇이 영원한 세월 속에 흔적을 남길 수 있다고 할 것인가.'

문득 내 친구가 해준 말이 생각난다. 95세가 된 어느 노인이 인터넷에 올린 글을 읽어보니 그 노인이 65세 때 좋은 직장에서 정년퇴임을 했을 때 허무한 생각이 들어 이제 자기 인생은 다 살았다 싶게만 느껴져 남은 인생에 대하여 아무 생각 없이 무의미하게 살다 보니 어느새 30년이라는 세월이 흘러 버려 지금에 이르러 지나온 세월을 돌이켜보니 정년퇴임했을 때보다 더 허무하게 느껴지고 그 허송한 세월이 너무 아까워서 속이 상했다는 것이다.

그 30년이란 세월은 젊었을 때 직장에 들어가 정년을 맞이한 세월과 맞먹는 세월인데 무심히 보내버린 그 세월을 다시 찾아올 수 없으니 자신이 한탄스럽다고 했다는 것이다. 아닌 게 아니라 그 노인이 정년퇴직을 했을 당시 인생이 끝났다고 좌절하지 말고 불확실성의 잔여세월일지라도 그 세월에 새 희망의 인생설계를 붙였더라면 그와 같은 아쉬움이 가슴에 가득 차오른다고 하지는 아니 했을 성싶다.

세월은 흘러가도 마음은 휩쓸려 흐르지 않는다. 몸과 얼굴에는 세월이 흐른 흔적이 남아 있어도 마음에는 그 흔적이 없다. 그때 그 시절 마음에 찍힌 이미지(image)는 세월이 흘러가도 변함이 없이 그대로 기억 속에 자리 잡고 있다. 수십 년이나 지나가 버린 오늘에 이르러서도 지금도 변하지 않고 있는 그때의 마음으로 그러나 세월의 때가 묻은 몸의 눈으로 현실을 접하면 아름다웠던 그때의 환상 같던 이미지가 와르르 무너져 실망의 나락으로 떨어질 것 같은 두려움이 있다.

평범한 인생의 삶은 다 그러하듯 숨이 끊어지고 심장이 멎으면 이젠 사람이 아니다. 전연 재생 불가능한 한갓 무기물(無機物)에 지나지 않는다. 그 삶이 화려했든지 인생 밑바닥 생활이었든지 다 똑같아진다. 다만 죽은 이가 이 세상과 어떠한 관계를 맺고 살아왔으며 사별하는 살아있는 사람이 누구냐에 따라 그 기억의 크기와 범위가 달라질 뿐이다.

한 시대를 풍미(風靡)하고 인류를 위해 큰 업적을 남긴 인물들, 아니면 인류에게 씻을 수 없는 악행을 저지른 몇몇 인물들, 그들은 세기가 바뀌어 세월이 한없이 흘러가도 삶을 이어가는 사람의 마음속에 좋은 기억으로 아니면 나쁜 기억으로 뿌리박고 있다. 인류를 위해 헌신한 정치가들, 인류의 풍요와 편의를 위해 노력한 발명가들, 인류의 마음을 풍요롭게 한 예술가들…. 그들은 살아있는 사람의 마음속에 살아 이어오고 있고 또 이어간다.

인생은 짧고 예술은 길다 했던가. 인생의 길이는 사람에 따라 다르지만 길어봐야 백 년 안짝으로 끝을 맺는다. 더러는 유명한 예술가는 3, 40대에 요절하기도 하였다. 그러나 그들의 혼이 담긴 예술작품은 몇 십 년, 몇 백 년이 지나도 그대로 남아 있어 그 예술가들은 살아 있는 사람들의 마음속에 살아 있다. 예술가들은 살아있는 사람이 죽은 후에도 다시 태어나는 사람들의 마음속에 기억으로 삶을 이어간다.

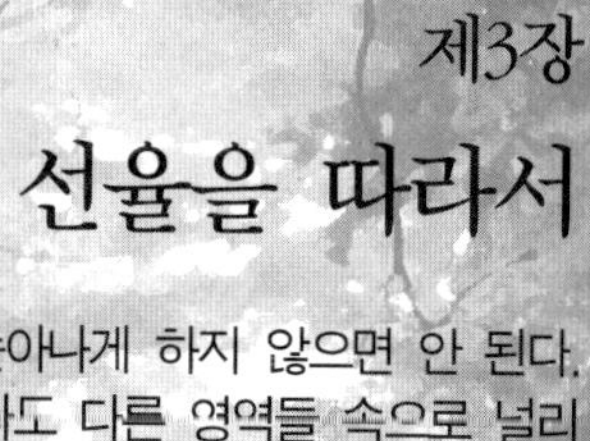

제3장

선율을 따라서

음악은 사람들의 정신으로부터 불꽃이 솟아나게 하지 않으면 안 된다. 그리고 음악은 어떤 예술의 움직임보다도 다른 영역들 속으로 널리 뻗어지며 모든 지혜, 모든 철학보다도 더욱 드높은 계시이다

음악요법

— 음악은 모든 지혜, 모든 철학보다 드높은 계시

나는 아침잠에서 깨어 눈을 뜨면 습관적으로 클래식 음악만을 방송하는 FM라디오 스위치를 올린다. 감미로운 비발디, 바흐, 하이든, 모차르트, 베토벤, 브람스, 쇼팽…의 음악이 흐른다. 그 선율이 몽롱한 내 머릿속으로 스며든다. 발라드, 녹턴, 미뉴에트, 세레나데, 판타지아, 랩소디…의 리듬과 멜로디가 정신을 맑게 한다. 그리하여 나의 하루가 시작된다.

요사이는 어느 누구나 '스트레스(stress)'라는 말을 자주 쓴다. 내가 이 '스트레스'라는 말을 처음 들었던 것은 청년 시절 위장병으로 고통을 받고 있을 때였다. 그 당시 위통이 심해서 수술까지 각오하고 병원에서 종합검진을 받았는데 신체적으로는 아무 이상이 없다는 검사결과가 나와 일단은 안심을 하였으나 어째서 그리 위가 아프냐고 물으니 담당의사가 내 직업을 물었다. 그때 나는 무직이었다.

나는 물질문명이 고도로 발달한 현대 산업사회에서 살아가고 있는 사람들이 앓고 있는 만병의 근원은 그것이 세균감염에 의한 것이 아닌 한, 또 우생학적인 것이 아닌 한, 사람의 '마음'에 있다고 확신하고 있다. 우리들은 오늘날 여러 가지 인간관계에서 빚어지는 갈등(conflict) 속에서 살아가고 있다. 그것이 개체 간이든 자기 자신의 것이든…. 여기에서 우리는 의식적이든 무의식적이든 이른바 '스트레스'라는 것을 받으며 그것이 마음속에 쌓여지는 채 살고 있다. 그런데 그것을 씻어 떨쳐버리지 못하면 마음이 상한다. 마음이 상하면 육체가 상한다.

FM라디오 방송을 들어보면 선진 외국에서는 음악치료사라는 전문직종이 새로 등장한 지 오래되어 정신질환, 신경증(노이로제), 신경성질환 등 주로 마음에서 오는 병에 이환(罹患)된 환자에 대하여는 재래식 치료법이 아닌 음악요법에 의한 치료를 시도한다고 하며 그 결과 상당한 치료효과를 본다고 한다. 아마도 그것은 의사가 환자의 병명과 증세에 따라 처방을 내리고 약물 등을 투여하듯 음악치료사도 환자의 증상에 따라 조용하고 아름다운 그리고 감미로운 멜로디가 담긴 여러 가지 음악을 선택하여 환자에게 일정한 간격을 두고 계속 반복하여 들려(투여) 주어 환자 자신이 그 음악에 홀려 심취케 함으로써 무아의 지경에 이르게 하여 헝클어진 신경을 고르게 다듬도록 하고 마음을 정화시켜 이환된 병의 고통으로부터 벗어나게 하는 것이다.

나는 하루라도 음악을 듣지 않으면 뒤를 보지 않은 것 같은 기분이 든다. 클래식음악이면 다 좋아하지만 '소프라노'보다는 '테너'를, '테너'보다는 '바리톤'의 소리를 더 좋아하고, '바이올린'보다는 '첼로'를, '플루트'보다는 '클라리넷'의 연주를 더 좋아한다.

마음이 울적할 때는 '드보르자크'의 첼로협주곡 제2악장을, 마음이 헝클어지려고 할 때는 '모차르트'의 클라리넷협주곡 제2악장을 즐겨 듣는다. 마음이 아픈 사람에게는 '쇼팽'의 녹턴(야상곡) 27의 2를 들으라고 권하고 싶다.

"음악은 사람들의 정신으로부터 불꽃이 솟아나게 하지 않으면 안 된다. 그리고 음악은 어떤 예술의 움직임보다도 다른 영역들 속으로 널리 뻗어지며 모든 지혜, 모든 철학보다도 더욱 드높은 계시이다"라는 '베토벤'의 말을 상기하면서….

북치는 사람

나는 중학 시절부터 서양의 고전음악 감상하기를 좋아했다. 그 시절에는 지금처럼 오디오 시스템이 좋지 아니했기 때문에 주로 라디오 음악프로, 특히 일본에서 전파를 타고 건너오는 그쪽 클래식 음악방송을 즐겨 들었다. 왜냐하면 그 당시만 해도 내 고향에는 방송국이 없었을 뿐더러 서울방송국에서 송출해 오는 방송은 그 수신 상태가 좋지 아니하였기 때문이다.

어쨌거나 지금까지 계속 틈이 있을 때마다 FM방송을 듣거나 레코드음악을 감상하기도 하며 더러는 실제 음악연주회에 참관할 때도 있고 TV화면을 통해 국내 관현악단의 연주와 세계 일류급 오케스트라의 연주도 눈으로 보면서 그 음악을 감상하기도 한다. 오케스트라가 심포니 등을 연주할 때 울려오는 화음은 오케스트라를 구성하는 제1 및 제2 바이올린, 비올라, 첼로, 콘트라베이스 등 현악기와 피콜로, 플룻, 오보에, 클라리넷, 호른, 바순, 트럼펫, 트롬본, 튜바 등 관악기 그리고 팀파니, 큰북, 작은북, 심벌즈 등 타악기와 같은 여러 악기의 연주자들이 지휘자가 작곡자의 모티

브(Motive)와 지휘자 자신의 취향을 가미한 연출에 따라 연주를 함으로써 형성되어 우리의 귀와 피부에 와 닿는다.

어떤 악기는 첫 소절부터 끝 소절까지 끊임없이 한곡의 연주에 중요한 역할을 하는 경우도 있는 반면 팀파니, 심벌즈, 큰북, 작은북 같은 타악기는 각종 관현악곡 중 특수한 효과음을 내고자할 때, 잠시만(?) 필요로 하는 그러나 전체 오케스트라를 위해서는 없어서는 안 되는 악기도 있다. 오케스트라가 완벽한 화음을 울려 퍼지게 하려면 어떠한 악기를 연주하든 간에 연주자가 단원 간에 팀워크를 구사하면서 자기 개인의 기량을 충분히 발휘해야 하는 것이다.

바이올린이나 첼로 연주자보다 인기도 없고 존경도 받지 못하지만 뒤쪽 구석에서 백발에 땀을 흘리며 그러나 초롱초롱한 눈으로 지휘자를 응시하면서 그리고 악보를 주시하면서 차이코프스키의 1812년 서곡에서 나오는 대포소리, 베토벤의 전원 교향곡 제3악장에서 나오는 천둥소리를 작출하는 것처럼 강하게 두드릴 때는 강하게 두드리고 천둥소리가 멀리 여울져 퍼져 나가는 소리를 낼 때는 서서히 약하게 두드려서 그의 극적인 장면을 연출함으로써 다른 악기 연주자들과 마찬가지로 북을 치는 연주자(?)도 오케스트라에서 중요한 역할을 하는 때도 있다.

내가 몸담고 살아가고 있는 이 조직사회를 거대한 오케스트라에 비유한다면 나는 어떤 악기를 소지하고 그것을 연주하고 있다고 볼 수 있을까. 물론 맨 앞줄에 앉아서 연주하는 바이올리니스트나 첼리스트도 아닐 것이고 중앙에 자리 잡고 연주하는 오보에,

클라리넷 연주자도 아닐 것이다. 구태여 비유한다면 맨 뒷줄에 서서 심벌즈나 북을 쳐대는 연주자(?)에 불과한 것이 아닐까.

고교 시절에 빈번한 음악 감상실 출입이 없었던들, 그 어떤 모정에 집착하지 않았던들, 많은 날들을 캔버스 앞에서 데리빙유 냄새에 도취되어 있지 아니했던들, 대학졸업 후 자기 분수를 모르고 깊은 망상의 늪에 빠져 허덕이면서 흘려버린 세월이 없었던들, 지금처럼 돋보기안경 끼고 북만 치고 있는 신세가 되어 버리지는 아니 했을 것인데….

그러나 '심벌즈'나 '북'이 '바이올린'이나 '첼로'처럼 '솔로'나 '트리오'를 연주할 수 없고 반드시(?) 오케스트라에 소속이 되어야만 그 본래의 기능을 발휘할 수밖에 없지만 그 북을 치는 사람이 없다면 그 '오케스트라'는 웅장하고 장엄한 화음의 연주를 할 수 없게 되어 그의 역할에 나름대로의 긍지를 갖고 있듯이, 비록 단하에서 반백의 볼록렌즈로 작출을 하고는 있지만 '변론의 방식에 관한 규정의 준수는 조서에 의해서만 증명할 수 있다'는 절대적 증명력(?) 있는 변론조서의 작성권이 주어져 있다는 현실 앞에서 또한 긍지와 자부심을 갖게 된다. 그래서 그 고유 권한(?)이 어느 누구로부터도 경시되지 않도록 다듬고 지킬 수 있도록 나의 직무에 더욱 충실할 것을 다짐해 본다. (1988)

음악듣기 좋은 세상

내가 어렸을 때 그러니까 초등학교 2, 3학년쯤 되었을 땐가 싶다. 그때는 틈만 나면 내가 살고 있던 여수에서 북쪽으로 60리쯤 떨어진 율촌 둑실이라는 내가 태어난 고향마을로 공짜(도둑) 기차를 타고 가서 일가친척 형제들과 어울려 놀다가 막차를 타고 돌아오곤 하였는데 어느 날인가 큰집(종갓집) 큰형님께서 그 마을의 형제들을 대청마루에 모이게 해 놓고 축음기를 틀면서 느닷없이 "이 음반에 그어진 줄이 몇 줄인지 아는 사람은 손을 들고 말해봐라" 했다.

그때 내가 손을 들고 "한 줄입니다"라고 답을 했다. 그랬더니 그 큰형님이 나보고 어린놈이 아는 것도 많다고 하면서 칭찬을 해 주었다. 그 당시 축음기를 가지고 있는 집은 우리나라에 텔레비전이 처음 보급되었던 1960년대 후반에 흑백텔레비전을 가지고 있었던 집과 같이 부잣집에나 있었던 귀한 음향기기였다. 나는 어렸을 때부터 음악소리 듣기를 좋아했다. 그래서 나는 그러한 축음기를 가지고 있는 집을 부러워했었다.

내가 본격적으로 클래식 음악 듣기에 심취한 때는 고교 시절 때부터이다. 그때는 우리 집에도 외제전축이 있었다. 레코드판은 친구한테서 빌려다가 들었다. 처음 접한 레코드판은 차이코프스키의 발레곡인 백조의 호수(swan lake)였다. 그러나 그의 발레곡 전곡이 수록된 음반이 아니고 주요 곡만을 발췌하여 수록한 4장짜리 SP판이었다.

그 다음 빌려 들은 곡은 베토벤의 바이올린 소나타 9번 '크로이체르' 3악장 전곡과 림스키 코르사코프의 세헤라자데, 슈베르트 교향곡 8번 미완성 교향곡인데 역시 SP판이었다. 그 뒤로도 틈만 나면 레코드판을 자주 빌려다가 들었는데 기억에 남는 곡은 이 네 곡뿐이다. 그 친구 집은 광주 시내에서 이름난 부잣집이었으므로 그 집에 가서 보면 각종 레코드판이 진열장에 가득 채워져 있어 나의 부러움의 대상이었다.

청년 시절에는 클래식 음악감상실을 자주 찾았다. 그 당시 지금의 종로 2가 YMCA 건물 뒤쪽에 '디 쉐네'라는 음악감상실이 있었는데 그곳에 가면 음악 애호가들이 늘 가득 차 있었다. 차 한 잔 시켜 놓고 오랜 시간 음악을 듣고 있는 모습들을 보면 제각각이었다. 눈을 지그시 감고 리듬에 맞추어 고개를 흔드는 사람, 마치 자기가 지금 흘러나오고 있는 교향악을 연주하고 있는 오케스트라의 지휘자인 것처럼 두 손으로 음악의 박자에 맞추어 지휘자의 흉내를 내는 사람, 한 손으로 리듬에 맞추어 흔드는 사람 등등….

요사이는 첨단기술 산업의 발달로 첨단적인 각종 음향기기가 만들어지고 디지털화한 방송기술의 발전으로 언제 어디서나 내가 듣고 싶은 음악을 즐겨 들을 수 있는 세상이 되었다. 특히 개인 컴퓨터와 인터넷은 이제 음반을 가질 필요 없이 음악을 들을 수 있게 하고 있다.

생음악을 듣고 싶으면 연주회에 간다. 그런데 요사이는 음의 재생기술이 뛰어나 재생음이 원음과 거의 똑같고 더군다나 DVD (digital video disk)라는 것이 만들어져 공연장에 가지 않더라도 음과 영상을 실제적으로 감상할 수 있게 되었다.

고전음악이 형성되었을 당시인 바로크시대나 낭만주의시대 음악은 19세기 후반 발명왕 에디슨의 축음기 발명 전까지는 녹음기술과 그 재생기술이 없었을 것이므로 음악을 들으려면 작곡자가 오선지에 그려준 음부(音符)를 듣는 이에게 각종 악기로 표현해 전달해 주는 중간 역할을 하는 연주자가 연주하는 연주회장을 가야만 했을 것이고 생음악만 들었을 것이다. 그때는 작곡자의 악보가 인쇄되어 그 악보를 지금의 음반을 주고받으며 사고파는 것처럼 했을 것이다. 그러니까 그때는 음악을 들을 수 있는 계층이 한정되어 있지 않았을까 하는 생각이 든다.

소리의 미학

소리의 발생 원리는 물체의 떨림(진동)이라고 배웠다. 우리 귀에 들리는 소리는 어떤 물체가 일정한 시간에 떨리는 수(진동수)의 범위 내에 있어야 하고 그 수가 모자라거나 넘치면 이른바 초음파라 하여 우리는 그 소리를 들을 수 없다고 한다. 즉 어떤 물체가 그 물체에 가하여진 충격 등 진동을 일으키는 작용을 받았을 때 그 물체가 떨려 그 떨림이 그 물체에 접해 있는 공기 등에 파장을 일으켜 그 파장이 우리 귀에 도달하여 우리가 그 소리를 듣게 되는데 그 파장의 길고 짧음에 따라 들을 수 있는 소리, 들을 수 없는 소리로 구분된다고 한다.

우리가 들을 수 있는 소리에는 무수한 종류와 질이 있다. 내가 좋아하는 소리는 음악소리이다. 음악 중에도 서양 고전음악 소리이고 그 중에서도 낭만주의시대 작곡가가 작곡한 음악소리 듣기를 좋아한다. 그리고 오페라도 좋아한다. 내가 듣기 싫어하는 소리는 여자의 울음소리와 여자가 고음으로 깔깔거리고 웃는 소리이다.

어느 날인가 동료들과 강원도 오대산국립공원 내에 있는 소금강 계곡을 거슬러 올랐다가 내려오는 길에 그 싫어하는 여자의 웃는 소리 때문에 내 생명을 잃을 뻔했던 일이 있었다. 동행한 동료와 담소를 나누며 내려오는데 왼쪽 계곡물이 흐르는 곳에서 여자들이 떠들며 내가 가장 듣기 싫어하는 소리를 내는 웃음소리가 내 청각신경을 자극했다.

위험한 바위 길이므로 발을 딛는 데 신경을 쓰며 걸어야 하는데 그 웃음소리에 신경을 쓰느라 미처 내 눈길을 발아래에 두지 못한 탓으로 바위 위 좌우로 걸쳐져 있는 나무뿌리에 내 발이 걸리는 바람에 내 몸이 힘없이 가는 방향으로 관성의 법칙에 따라 꼬꾸라져 바위와 바위 사이에 처박혔다. 그 순간에 본능적으로 내 왼손이 먼저 앞으로 나가 내 이마가 앞 바위에 부딪쳐 찍히는 찰나를 막았지만 그래도 워낙 충격이 심해 내 손바닥도 찢어지고 이마에도 상처가 났다.

눈 깜짝할 순간에 벌어진 일이었다. 내가 정신을 차렸을 때는 내 코에서 피가 땅바닥으로 쭈르르 흘러내렸다. 그 순간 이제 내가 죽는구나 하는 절망감마저 들었다. 내 손이 그 바위를 먼저 짚지 아니했더라면 이마가 깨져 진짜로 생명을 잃었을지 모를 일이었다.

가장 듣기 좋은 음악소리는 여러 악기가 화음으로 마치 수량이 풍부한 넓은 강에서 강물이 도도히 흐르는 모양의 소리를 내는 오케스트라의 연주가 아닌가 싶다. 오케스트라를 구성하는 각종 악기는 현악기는 현악기대로 관악기는 관악기대로 각기 특유의 음색을 가지고 있어 독주악기로 연주를 해도 아름다운 소리는 나온다. 나는 첼리스트가 연주하는 첼로 소리를 제일 좋아한다. 더러는 그 음색이 남자의 목소리와 가장 가깝다고들 한다. 그 소리는 누군가 나를 끌어안은 포근하고 넉넉한 소리다. 때로는 마음속 깊이 감추어진 응어리진 마음을 토해내는 소리다.

드보르자크의 첼로협주곡 2악장을 들으면 내 마음속 깊이 감추어진 비애가 솟아 저절로 눈물이 나온다. 오펜바흐의 '재클린의 눈물(Les larmes de Jacqueline)', '하늘의 두 영혼'을 들을 때에도 감추어졌던 눈물이 흐른다.

나는 음악을 들을 때마다 그 음악소리에 어울리는 내가 실제로 보고 느꼈던 하늘, 구름, 여명, 노을, 바람, 바다, 파도, 산, 들, 초원, 설원, 강물, 호수, 안개 등을 연상하고 영화나 TV 등 영상매체에서 보았던 장면을 떠올린다. 사라사테의 '두 대의 바이올린과 피아노를 위한 나바라(Navarra)'를 듣고 있노라면 모천회귀 본능으로 산란을 위하여 자기가 태어난 곳으로 강바닥이 드러나 보이는 물줄기를 따라 파닥거리며 거슬러 올라가는 암수의 연어를 연상케 한다.

또 조슈아 벨(Joshua Bell)이 바이올린으로 오케스트라와 같이 연주하는 니겔 헤스(Nigel Hess)의 영화 '라벤더의 연인들(Ladies in Lavender)'의 테마곡을 눈을 감고 들으면 이름 모르는 새 한 마리가 끝없는 창공을 양 날개를 쭉 펴고 상승기류를 타고 오르다가 날개를 오므렸다 폈다 하면서 상하곡선을 그리며 저 멀리 노을이 지는 곳으로 날아가 버려 마음을 허전하게 하는 것 같은 느낌을 갖게 한다.

그리고 필라델피아 오케스트라가 연주하는 바흐(J.S. Bach)의 '토카타와 푸가'를 역시 눈을 감고 듣고 있노라면 메마른 날씨에 어디선가 흙먼지를 일으키면서 바람이 휙 몰아쳐 와 내 몸을 휘감고 돌다가 회오리를 일으키면서 저 멀리 하늘로 솟구쳐 올라가 버린 후 먹구름을 몰고 와 하늘을 뒤덮으며 하늘을 요동치게 하는 것 같은 느낌을 갖게 한다.

또 피에르 피에를로(Pierre Pierlot)의 오보에(oboe)와 장프랑 파이라드 쳄버 오케스트라가 함께 연주하는 도메니코 지폴리(Domenico Zipoli)의 '오보에와 첼로, 오르간과 현을 위한 아다지오'를 듣고 있으면 흡사 아주 오랜만에 만난 연인이 서로 손을 마주 잡고 그동안 어디서 무얼 하느라 소식이 없었느냐, 그리움에 지쳐 눈물만 한없이 흘리고 있었노라고 오보에(여자)가 애절하게 소리를 내면 첼로(남자)가 너를 얼마나 찾아 헤매인 줄 아느냐고 감격적인 말을 하고 있는 장면을 보는 듯한 느낌을 갖는다.

더욱이 나의 마음을 애수에 젖게 하는 노래는 클로드 최라는 사람이 작사 작곡한 '사랑은 꿈이었을 뿐(Love is just a dream)'이라는 곡이다.

꿈이었나 너를 떠나온 날 지금까지 후회하고 있어
기억조차 하기 힘든 지금 오- 사랑이란 이미 끝났다오.
그대와의 사랑의 추억은 차가운 옛날의 노래일 뿐
무성한 들녘의 외로움에 내 서늘한 옷깃을 여미네.
사랑이란 끝없는 그리움 사랑이란 꿈과 같은 것

너무나도 사랑했던 널 후회해도 이젠 소용이 없네.

오- 다시 한 번 그대 품에서 오- 다시 한 번 널 사랑할 수 있다면….

이라고 부르는 소프라노 조수미 씨의 목소리를 들을 때면 왜 내 가슴이 찡해 오고 눈에는 이슬이 맺히는지…. 노랫말 때문인지 아니면 마음을 애끓게 하는 멜로디 때문인지, 그것은 둘 다 마찬가지, 그것은 아마도 역부족으로 힘에 겨워 이루어질 수 없는 연모에 애달아했던 추억 때문이리라. 그 많은 세월이 흘러갔어도 기억은 소멸되지 않은 채 현실과 괴리된 상념에 빠져들기도 하니 그때의 아쉬움이 너무나 크고 깊었던 탓이리라.

음악소리는 듣기가 편해야 하고 아름답고 즐거워야 하고 선율이 부드러워야 하고 때로는 심금을 울리는 감동적이고 감상적이어야 한다고 생각한다. 그런데 20세기에 이르러 형성된 현대음악이라고 일컬어지는 음악소리를 들으면 다 그러는 것은 아니지만 다분히 불협화음적이고 악기 간에 음이 부조화적이며 반음이 많고 금속성 같은 괴성이라 매끄럽지 않은, 그래서 소음 같은 소리라 나는 현대음악을 별로 좋아하지 않는다.

현대음악은 음악소리를 듣는 사람 위주로 작곡을 하는 것이 아니고 작곡자의 추상화된 작곡기법과 그 기분에 따라 악기를 연주하는 사람의 기교(technique)만을 요구하는 것 같다. 내가 그 깊이를 모르는 문외한이라 그런지는 몰라도 하여튼 현대음악을 들으면 그림전시회에서 구상화를 보다가 비구상화(추상화)를 보는 것 같은 난해함을 갖게 하고, 흡사 수량이 부족한 강물이 그 바닥에 불규칙하게 깔려 있는 너덜 위를 포말을 토해내며 흐르는 것 같은 느낌을 갖게 하며, 어여쁜 여인의 얼굴에 어울리지 않게 헝클어진 머리칼을 보는 것 같은 느낌을 갖게 한다.

생음악(生音樂)

내가 음악을 듣는 수단으로는 주로 라디오를 통해서였고 더러는 SP 레코드판을 축음기를 틀어 듣기도 하였고 나중에는 LP판을 전축으로 듣기도 하였다. 그러나 나는 여전히 틈만 나면 FM라디오를 통해서 서양 클래식 음악을 들어오고 있다. 근래에는 음향기기의 급진적 발달로 아날로그기기에서 디지털기기로 바뀌어 음질이 좋은 소리를 들을 수 있을 뿐만 아니라 동시에 공연영상까지 볼 수 있는 시대가 되어 나도 그 문명의 혜택을 누리고 있다.

하지만 아무리 음(音)의 재생기술이 발달하였다 하더라도 각종 현악기를 연주할 때 현의 떨림이 악기의 공명상자(共鳴箱子)를 통해서 나오는 소리—각종 금관 · 목관 악기를 연주할 때 악기의 주둥이(mouthpiece)의 떨림이 공명관(共鳴管)을 통해 나오는 소리—성악가의 목청에서 나오는 소리를 공기의 진동(音波)만을 통해서 내 귀로 직접 듣는 생음악소리와 똑같이 재생할 수는 없다고 본다.

나는 생음악을 감상하기 위하여 이따금씩 콘서트홀을 찾는다.

거기에 가면 전기(電氣)의 힘을 빌린 음의 확성장치인 마이크와 스피커 등 음의 전달매체를 거치지 않은 자연 그대로의 소리를 듣는다. 내가 말하는 생음악은 실내공연장에서 연주하고 노래를 부르는 것은 같지만 반드시 전기의 힘을 빌려 청중에게 가수의 노랫소리를 전파하여야 그 공연효과를 누릴 수밖에 없는 대중음악을 말하는 것이 아니다.

그런데 나는 평소 의문을 가지고 있던 음악공연장에 가보았다. 그 공연장은 보통의 콘서트홀이 아닌 이른바 'block buster'라고 하는 대형 무대가 설치된 아주 커다란 실외 체육경기장이었다. 나는 그 넓은 초대형 공연장에서 대중음악 공연이 아닌 클래식음악을 어떻게 청중에게 소리를 전달할까 의문을 가지고 있었다. 왜냐하면 나는 클래식음악 연주는 확성기기(擴聲器機)인 마이크와 스피커를 이용치 않고 생음악으로 연주한다는 고정관념을 가지고 있었기 때문이다.

나는 그곳에서 세계적으로 유명한 테너가수와 소프라노가수가 공연을 한다기에 많은 돈을 지불하고 그 빅 콘서트에 가보았다. 그러나 나는 그 큰 음악연주회에 간 것을 후회했다. 대형 스피커가 수도 없이 설치된 곳에서 성악가가 부르는 노랫소리와 관현악단이 반주하는 하모니가 그 넓은 운동장과 스탠드로 에코(echo)가 되어 울려 퍼졌다. 나는 무대 바로 앞에 앉아 그 연주소리를 들었는데 앞에서 들리는 연주소리가 산울림이 되어 뒤에서 다시 메아리쳐 왔다.

한편 생각하면 세계적인 거장들의 꽉 짜여진 연주 일정 때문에 수많은 클래식음악 애호가들이 다 들을 수 있도록 여러 차례 연주를 할 수 없는 것이기 때문에 많은 사람들이 일시에 보고 들을 수 있게 하기 위하여 그리고 더불어 상업적인 효과도 배가시키기 위해서는 그와 같은 실외 대형공연장을 마련할 수박에 없을 것이라고 여기고는 있지만….

제4장

산행기(山行記) 등…

이렇듯 인간사 어떤 목표를 설정하였으면
내게 주어진 운명이 그것을 거부하지 않는 한
어떠한 고난이 닥치더라도 기어이 목표를 달성하려는 용기와 끈기를
가지고 실천을 한다면 반드시 그 뜻을 이룰 수 있다

등산예찬

나는 바닷가 갯마을에서 태어나서 항구도시에서 자라났지만 산을 참 좋아하고 산에 오르기를 좋아한다. 그렇다고 뭐 반드시 등산광이라고까지는 할 수 없다. 요사이는 나이 탓인지는 몰라도 잘 오르지도 못한다. 그래도 거의 매주 일요일이면 친구와 단둘이 가까운 북한산에 오르기도 하고, 때로는 연휴 때면 1년에 두세 번 정도 지리산에 여럿이 오르기도 한다.

내가 산과 친숙하게 된 연휴는 아마도 청년 시절, 결과적으론 무위로 끝나버렸지만 무언가 꿈을 키워보겠다고 산사에서 공부랍시고 책장을 넘기고 있을 때 호연지기(浩然之氣)를 기른다는 핑계로 절이 묻혀 있는 근처 산이란 산은 맨발에 검은 고무신을 끌면서 능선과 정상들을 휘돌아다니고 좌절감과 고독감을 달래기 위하여 골짜기란 골짜기는 다 쑤시고 다녔던 탓인지도 모르겠지만 하여튼 그때는 날더러 꼭 다람쥐같이 산을 잘 기어오른다고들 했다.

그런데 지금은 힘이 들어서 잘 오르지 못한다. 그저 숨을 몰아쉬면서 땀을 뻘뻘 흘리면서 심장이 무지막지하게 고동을 치는 소리들 들으면서 비약(飛躍)하려는 마음을 없애고, 싸목싸목 오르고 있다.

나는 등산을 하는 것처럼 몸에 좋은 운동은 없을 것이라고 생각한다. 암벽이나 빙벽등반을 제외한 보통 등반은 특별한 기술이 필요 없다. 그저 누구나 산에 대한 겸허한 마음자세만 가지고 있으면 된다. 등산은 요란스러운 멋이 필요 없다. 과다한 비용도 들지 않는다. 등산은 자기 혼자도 할 수 있고 여럿이 할 수도 있다. 등산을 하는 데는 예약이 필요 없다. 회원권 같은 것도 필요 없다. 누구나 오르고 싶으면 오를 수 있는 것이 등산이다.

산에 오르면 나와 같은 마음으로 산이 좋아 산에 오르고 내리는 많은 사람을 보게 된다. 그들 중에서 특히 보기 좋은 현상은 가족들끼리 정답게 산행을 한다든지 부부가 단둘이 정담을 나누면서 오르내리는 모습이다. 나는 그들을 보면 부러움이 생긴다. 나도 물론 아내가 있고 가족이 있지만 우리 식구들은 산에 오르는 것을 좋아하지 않는다. 그래서 나는 매우 안타깝게 여기고 있다.

억지로 산에 같이 가자고 하면 한사코 마다한다. 아내에게 산에 오르면서 땀을 흘려야 몸이 아프지 않고 건강에 좋다고 설득하면 집에서 일하면서 흘리는 땀이 얼마나 많은데 뭐 하러 일부러 땀을 빼느냐고 항변한다. 나와 결혼 이후 파출부 한번 안 쓰고 맨날 일만 하는 아내에게 나는 더 말을 잇지 못한다.

나는 몸과 마음에 신선함을 채우러 산에 간다. 산에 가면 푸르디푸른 산소가 가쁜 숨을 쉬는 코와 입으로 무진장 흡입되어 공해로 찌들은 허파를 씻어주고 혼탁해진 피를 맑게 한다. 사우나탕에서 밖으로부터 열을 가해 억지로 땀을 빼는 것이 아닌 심장을 활발하게 운동시켜 몸속에서 열을 발산시켜 몸속의 노폐물을 밀어내게 해 내 몸을 청결케 한다. 또 일상 세상사에 대한 마음 씀씀이에 시달려 뇌 속에 쌓인 스트레스와 잡다한 상념을 산에 힘겹게 오르는 한 발자국 한 발자국 내딛는 발밑에 깔아뭉개 버리고, 산정상에 있는 생활의 활력소를 마음속에 가득 채우고 내려와 내일을 보람 있게 한다.

나는 1년이면 두세 차례 먼 곳에 있는 높고 큰 산에 오른다. 그럴 때면 힘에 벅찬 산 오름이 되기 때문에 몸에 무리가 오고 말로 형용키 어려운 고초가 따른다. 이러한 산행은 신체단련을 위한 것이라기보다는 그저 그곳에 가 보고 싶기 때문에 산행을 결행한다. 높고 깊은 산에 올랐다 내리면서 하루 12시간 이상을 발바닥에 불이 나고 무릎에서 삐걱거리는 소리가 나도록 걸어야 한다. 이러한 고통을 겪어야만 그 좋은 곳, 만물이 발아래에 있는 경지, 아무도 손대 보지 못한 나무, 마셔 보지 못한 옥수, 그 옥수가 흐르는 골짜기를 나만이 맛볼 수 있고 그 속에 잠긴다.

지리산 천왕봉에 오르지 못했다면 높음이란 것을 몰랐을 것이고, 열한 번이나 계곡을 가로질러 건너면서 힘이 빠진 다리를 손으로 들어 바윗길 위로 올려 한 발자국씩 내딛으며 내려오지 않았던들 책에서만 읽어 그려보았던 칠선계곡을 보지 못했을 것이다. 산행을 함으로써 말로만 듣던 '노숙'을 경험했고, 칠흑 같은 지리산 대성골의 밤, 발아래 계곡 언덕배기에서 옴짝달싹못하고는 꼴을 경험해 '진퇴양난'이란 게 무슨 말인지를 알게 되었다.

산에 자주 오르면 몸도 마음도 청결해지지만 무엇보다 '다리'에 힘이 생긴다. 힘이 생긴 다리로 내일도, 모레도 가족을 즐겁게 하고 매사에 역동적이 되게 하리라.

산행의 길잡이

— 빛바랜 리본 하나가 길 잃은 등산객에는 안내자요 등대불

나도 다른 등산 애호가들처럼 산에 오르내리기를 무척 좋아한다. 젊었을 때에는 그저 산이 좋아 이산 저산 무작정 오르내렸지만 요사이 나이 들어서는 건강을 유지하기 위하여 오르내린다(지금은 다리를 다쳐 그 후유증으로 꿈쩍도 못하고 있어 마음속으로만 눈을 감고 내가 다녔던 산길 그 숲속을 더듬고 있지만).

산에 오를 때와 내려올 때에는 그 길이 뚜렷한 등산로를 따라 걷게 되는 것이 보통의 산행일 것이지만 산에 자주 오르내리다 보면 사람이 너무 붐비는 등산로를 피해 인적이 드문 한적한 길을 택할 때가 더 많다. 봉우리가 높고 골짜기가 깊은 큰 산이든 낮고 얕은 작은 산이든 등산로가 분명한 길은 그 산이 초행길이라 해도 산에 올랐다 내려오는 데 길을 잃을 염려는 없다.

인적이 드문 산길을 걷다 보면 그 길이 빗물에 씻기고 낙엽이 쌓이고 눈에 덮여 있을 때에는 길의 방향을 잃고 헤맬 때가 있다. 그때 나는 습관적으로 어디엔가 나뭇가지에 누군가 단체산행을 위해 사전 답사를 하면서 그 길의 안내표지로 매달아 놓았던, 아니면

자연보호 캠페인을 겸한 등산로 방향표지로 먼저 오른 등산객이 친절하게 매달아 놓은 '리본'을 찾는다. 망설이고 있을 때 빛바랜 리본이 눈에 띄면 그처럼 반가울 수가 없고 고마울 수가 없다.

내가 15년 전 일행 몇 명과 더불어 지리산 천왕봉에 올랐다가 하산할 때에는 칠선계곡을 타고 내려온 일이 있는데 칠선계곡은 다 알다시피 지리산에서는 제일 길고 깊으며 넓은 그 경관이 너무나 수려한 계곡인데 그 당시는 국립공원관리공단에서 칠선계곡 등산로에는 등산 안내 및 이정표 등을 설치해 두지 않아 자연 그대로인 채 방치(?)되어 있었다. 계곡을 따라 내려오다 보면 계속 이쪽 저쪽을 11번이나 건너야 되는데 건너 쪽에 있는 길을 찾기가 쉽지 않아 망설이며 두리번두리번 길을 찾고 있을 때 계곡 저편에 색 바랜 리본이 보이면 한숨을 돌리고 방향을 쉽게 잡아 길을 찾은 후 추성리로 내려올 수 있었다.

그 후 나는 지리산에 매료되어 수십 번을 이 능선 저 골짜기를 오르고 내렸다. 몇 년 전에는 세석산장에서 숙박을 한 후 다음날 촛대봉, 삼신봉, 연하봉, 장터목산장을 거쳐 백무동 쪽으로 하산할 요량으로 오후 늦게 거림골로 들어섰다. 그런데 세석평전에 도달하고 보니 마침 그때가 세석 철쭉제가 열리고 있는 날이라 그 넓은 세석평전에 산악인들이 설치한 텐트가 수천 개가 깔려 있어 발 디딜 틈이 없을 정도로 사람이 붐벼 그곳 산장에서 잠을 잔다는 것은 꿈도 꿀 수 없는 일이었다.

일행과 상의 끝에 바로 한신계곡을 타고 하산하기로 하고 그곳 산장에서 손전등을 몇 개 산 후 한신계곡으로 내려서는 입구를 겨우 찾아 내려가는데 칠흑 같은 밤에 그곳은 마침 휴식년제가 시행되고 있어서 사람이 자주 다닌 흔적이 없는 터라 손전등으로 길을 비추어도 길이 희미해서 길을 찾아 내려가기가 참으로 어려웠다. 그때도 손전등을 사방으로 비추어 나뭇가지에 매달려 있는 색 바랜 리본을 찾아 방향을 잡고 더듬거리며 백무동까지 내려올 수 있었다.

어떤 이는 산에 가 보면 나뭇가지에 형형색색의 리본이 너절하게 매달려 있어 보기가 흉하니 자연보호 차원에서 리본을 달지 않았으면 좋겠고 꼭 달아 놓아야 할 필요가 있으면 쉽게 썩어 없어지는 물질로 리본을 만들어 사용했으면 좋겠다고 하는 글을 써놓은 것을 본 일이 있다.

일리 있는 말이지만 그는 아직 산에서 길을 잃고 공포 속에서 헤매어 보지 못한 사람 같다. 한갓 빛바랜 하나의 리본일지라도 그것은 길 잃은 등산객에는 산행의 안내자이고 숲속의 등대불인 것이다.

지리산 왕시루봉 등반기

지리산 왕시루봉은 전남 구례군 토지면에 위치한 해발 1,214m의 지리산 남쪽 끝 산봉우리이다. 지난 5월 연휴 때 이 산에 오르기로 마음먹은 이유는 작년 여름에 읽었던 문순태 씨가 쓴 장편소설 '피아골'을 읽으면서 머릿속에 그렸던 현장을 답사하고 싶어서였다.

이 산에 오르기 위한 참고자료는 87년 6월호 '山' 잡지에서 얻었다. 구체적인 등반코스는 구례군 토지면 단산리에서 왕시루봉에 오른 다음 그곳에서 노고단까지 이어지는 남북능선 중 느진목재와 문바위 등을 지나 질매재까지만 능선을 타고 가다가 질매재에서 오른쪽으로 빠져 피아골로 하산하기로 했으며, 소요시간은 10시간을 잡았다.

5명으로 최종 확정된 등반회원은 5월 21일 토요일 일과를 마치고 오후 2시 30분 2대의 승용차에 분승하고 수원을 출발하여 저녁 7시 30분경 구례군에 도착, 섬진강이 내려다보이는 어느 횟집에서 은어회와 섬진강 참게매운탕에 식사를 한 다음 1주일 전에 예약해 두었던 구례읍내 여관에 밤 9시경 도착하여 10시경 취침에 들어갔다.

몇 시나 되었을까, 일행들의 코고는 소리 사이 사이로 밖에서 무슨 소리가 들려 일어나 창문을 열어보니 비가 내리고 있었다. 기상예정시간 30분 전인 3시 30분에 전부 일어나게 하여 비가 오고 있으니 앞으로 어떻게 할 것인지 의논한 끝에 우천불구 당초 등반코스 계획대로 산행할 것에 합의하고 등반을 서둘렀다. 택시로 단산마을까지 가니 새벽 6시 30분이 되었다.

山 잡지에서 본 산행가이드의 기억을 살려 마을 왼쪽 끝 모퉁이 길을 돌면서 왕시루봉 조입 산행길이 맞는지를 그 마을의 어느 촌로에게 물어 확신을 가지고 등반길에 오르게 되었다. 그때 시계바늘은 6시 35분을 가리키고 있었다.

비는 계속 내리고 있었으므로 만약을 위해 가지고 갔던 비옷(상의)을 입고 우산을 받쳐 든 채 산에 올랐다. 길은 뚜렷했다. 작년에 올랐던 천왕봉 코스처럼 돌길이 아니었다. 흙길에 잡초가 나 있었으므로 발바닥에 닿는 촉감이 상쾌했다. 오르는 길이 골짜기가 아니어서 비만 내리지 않는다면 상상했던 경치를 감상하면서 오를 수가 있겠는데 뒤돌아본 밑으로부터는 비안개만 피어오를 뿐 사방은 시계(視界) 제로 상태였다. 1시간이 경과되니 우산을 든다는 것이 힘이 들어 접어서 배낭에 달고 비를 맞은 채 올랐다. 30분 걷고 5분 정도 쉬었다.

쉴 때는 빗물에 젖은 바위 위에나 풀밭에 주저앉았다. 2시간이 지나니 비안개 사이로 만발해 있는 철쭉꽃 군락이 보였다. 숨을 헐떡이며 풀바닥에 털썩 주저앉으며 좀 쉬자고 했다.

사방을 분간하기 어려워 우리들은 어디쯤 올라와 있는지 정확한 위치를 가늠할 수가 없었으나 정상이 가까워 오는지 철쭉꽃나무, 잣나무, 도토리나무 군락은 사라지고 안개 속으로 초원이 펼쳐져 보인다. 그곳에 헬리포트가 2개나 있었다. 그곳을 가로질러 계속 오르니 갈림길이 나왔다. 왼쪽으로 가면 외국인 별장으로 가는 길이고 오른쪽으로 가는 길은 왕시루봉으로 직행하는 길이다. 물통에 물을 넣기 위해서 일단 그 별장에 들렀다. 왕시루봉에서 물을 구할 수 있는 곳은 외국인 별장 한 곳뿐이다.

펀펀한 오솔길을 조금 걸어 들어가니 돔형 건물 2채가 보였다. 비를 피하기 위해서 교회당인 듯한 건물 안으로 들어갔다. 그 교회당 건물 뒤쪽에서 인상이 별로 좋지 않은 사람이 나와 어디서 온 사람들이냐고 묻기에 서울에서 왔다고 했더니 이런 비에 웬 등산이냐고 하면서 교회당 안에서 전부 나오라고 해서 짐을 끄집어내어 처마 밑에 놓고 물 있는 곳을 물어 수통에 모두 가득 넣었다. 비에 젖어 연분홍빛이 빗방울 사이로 축축하게 보이는 철쭉꽃 옆에서 선교사인 듯한 사람에게 부탁을 해서 우산을 받쳐 들게 한 채 기념사진을 찍어 달라고 했다.

키가 작고 몸집이 땅땅한 맨발에 검은 고무신을 신은 별장 관리인으로 보이는 촌로의 말에 따라 곧장 왕시루봉 정상에 오르는데 안개 속에 시커먼 것이 깔려 있길래 풀밭인 줄 알고 그래도 갈려고 하니까 그 관리인이 손으로 막으면서 그 옆길로 올라가라고 해서 자세히 살펴보니 그것은 잔디가 아니고 외국인을 위한 풀장이었다. 한여름이면 그곳에서 다이빙도 할 수 있게 시설이 갖춰져 있다고 했다. 내가 잘못했으면 그 풀장에 빠질 뻔했다. 그 깊이가 두 길이나 된다고 했다. 이런 높은 곳에 풀장과 배구장이 갖추어져 있다니 놀랍기도 했다.

정상으로 오르는 길을 가르쳐 준 관리인의 말이 비가 많이 내리고 있으니 멀리 가지 말고 정상에서 조금 내려가면 산죽밭이 나오고 바위가 있을 터이니 그곳에서 오른쪽으로 빠지면 피아골 토지동국민학교가 있는 쪽으로 내려가게 된다고 하면서 그곳으로 하산할 것을 권유했다. 그러나 전 회원의 고집대로 당초 계획을 강행하기로 하고 질매재를 향하여 출발했다.

사방이 안개비 때문에 아무것도 보이지 아니했지만 왕시루봉 정상에 올라선 것만은 확실한 것 같았다. 꼭대기인 듯한 곳에 묘가 한 기 써 있었다. 시간을 보니 단산마을 초입에서 꼭 3시간이 걸렸다. 정상까지 오르는데 분묘가 요소요소 길목에 11기가 있었다. 일컬어 명당이라고 해서 후손들이 이런 산꼭대기까지 시신을 모시고 와서 매장을 한 것 같은데 묘의 관리상태가 엉망이라 초토화되어 있어 과연 후손이 번창했는지 의심스럽기까지 했다.

별장 관리인 말대로 갈림길에서 오른쪽 내리막길로 가지 않고 능선길로 보이는 길로 직진을 했다. 길은 너무 좋았다. 양탄자 같은 부엽토 위를 걷는 촉감이 매우 좋았다. 기분이 상쾌하여 노랫소리가 나왔다. 그런데 배가 고팠다. 비가 내리고 있으니 앉을 수가 없다. 선 채 햄, 빵, 과일 등으로 배를 채웠다.

그 자연을 카메라에 담았다. 길바닥 좋은 능선길을, 그 오솔길을 얼마나 걸었을까, 갑자기 길이 끊기고 벼랑이 나왔다. 아니 이게 어찌된 셈이냐, 그때서야 나침판을 꺼내 보았다. 서쪽으로 향하고 있었다. 어디에서 어긋났을까. 이럴 리가 없는데 왼쪽을 내려다보니 길이 있다. 그렇다면 왼쪽으로 내려가다 보면 다시 오른쪽으로 돌아 본래의 능선으로 올라오게 되는 것일까. 그렇게 되기를 바라면서 왼쪽 길로 내려갔다.

나침반을 또 보았다. 계속 서쪽으로 향하고 있었다. 고집을 부리면서 그냥 내려갔다. 이제는 길도 희미해졌다. 오르막길은 영 나타나지 아니했다. 생각을 더듬어 보았다. 내가 큰 불찰이다. 이놈의 날씨 탓이다.

별장 관리인의 말을 애시당초 듣지 아니하고 내가 산행가이드에서 익힌 대로 왕시루봉 평퍼짐한 산새가 5백m쯤 이어지는 그 북쪽 끝 갈림길에서 오른쪽으로 북쪽 능선을 따라 느진목재와 문바위 등으로 향해야 하는 건데 그만 그 길이 피아골로 직행한다는 말에 그 길을 피하고 직진했던 것이 큰 잘못이었다. 날씨만 좋았더라면 그 갈림길 북쪽 능선에서 동서로 힘차게 뻗어있는 지리산 주능선을 관망할 수 있어 방향을 잡을 수 있었을 텐데 시계 제로인 날씨 탓으로 불행하게도 길을 잘못 들어선 것이다. 억울한 것은 소설 속의 장면 서초머리 배달수가 단발머리 김지숙을 업고 넘던 질매재를 가보지 못하게 된 것이다.

이제 정신을 가다듬어야 했다. 불안해하거나 공포에 싸이지 말아야 했다. 나는 그렇게 걱정을 하지 아니했다. 지리산 지도를 충분히 독도했기 때문이었다. 방향만 잃지 아니하고 그대로 계속 하산한다면 문수리라는 마을이 나올 것이기 때문이다. 가보지 아니한 길, 산행가이드에도 나와 있지 아니한 하산길이라 거리와 시간은 알 수 없었지만 시간은 충분했기 때문에 시간이 좀 걸릴 뿐 어둡기 전에 마을에 도착하리라 믿고 있었다.

일행에게 안심시키면서 앞장을 서서 뚜렷한 길은 아니지만 사람이 지나간 흔적이 있는 곳을 더듬으면서 조금씩 하산을 했다. 시계는 11시 30분을 가리키고 있었다. 숲은 더욱 울창해지고 길은 더욱 희미해지다 못해 아주 길이 없어졌다. 약초 캐는 사람이라도 지나간 흔적이 있을까 두리번거리면서 찾아보니 나뭇가지가 꺾어져 있는 곳이 보여 그곳을 더듬으면서 내려갔다. 겁은 났지만 배도 고팠다. 다행히 장거리 산행에 대비하여 먹을 것을 많이 가지고 있었기 때문에 먹을 것 걱정은 없었다.

불안한 마음에다 온몸까지 땀에 젖고 비에 젖어 흡사 물속을 걷고 있는 기분으로 컴컴한 숲 속을 헤치면서 계속 하산을 했다. 얼마를 내려갔을까, 나뭇잎에 떨어지는 빗방울 소리 사이로 저 아래쪽에서 계곡물소리가 들려왔다. 모두가 소리쳤다.

"야— 계곡이다! 물소리가 들린다."

안도의 한숨을 쉬었다. 산 아래에 이르렀음을 알았다. 그뿐만 아니라 조그마한 바위벽에 흰 페인트로 십자가 표시가 되어 있고 외국인 별장으로 가는 방향표시가 되어 있는 것이 발견되었다. 그러고 보니 우리가 내려온 길은 아까 보았던 외국인 별장 관리인 전용 길인가 싶었다. 조금 더 내려가니 계곡이 보였다. 계곡을 따라 그 옆으로 뚜렷한 길이 나 있었다.

오후 1시쯤 되었을 때 앞이 툭 트이면서 계단식 논이 보이고 마을이 보였다. 비도 조금 멎었다. 판초스타일 그대로 사진을 찍었다. 어느 농가에 들러서 택시 좀 불러 달라고 부탁을 했다. 그때가 오후 1시 20분. 그 집에는 할머니와 막내딸 두 식구만 살고 있었다. 우리를 분에 넘치게 친절하게 대해 주었다.

택시를 기다리는 동안 옷을 말리려고 판초 등 비옷을 벗으니 온몸이 사시나무 떨리듯 입술과 무릎들이 덜덜 떨렸다. 그 꼴을 보다 못한 그 집 처녀가 부엌에다 솔가지 불을 피워주면서 몸을 녹이라고 해서 불을 쪼이니 그 따스함이란 말로 형언할 수가 없었는데 거기다가 그곳 할머니가 진짜 토종꿀물을 따끈하게 다려 한 사발씩 주어 다들 훌훌 마시니 얼 것 같은 몸이 훈훈하게 녹아왔다. 산에서 먹을 음식물이 이제는 필요 없게 되었으므로 전부 그 할머니에게 주었다. 할머니에게 기념사진도 찍어 주었다. 그 인심 좋은 집을 기념하기 위해서 모두 사진을 찍었다.

기다리던 택시가 왔다. 구례읍에 도착하니 그때가 오후 2시 50분이었다. 시간이 본의 아니게 많이 남았으므로 이대로 그냥 상경하기에는 너무 억울해서 그 길로 여수행. 그 뒷날 상경했다. 그런데 우리가 잠간 머물러 폐를 끼쳤던 문수리 중대마을 그 박처녀집으로 다음과 같은 편지를 써야만 했다.

친절했던 박처녀에게

어느 날 비 오던 날 그 어느 시대였던가. 산사람들처럼 느닷없이 험상궂은 몰골들을 하고 박처녀집에 들이닥쳐 몸을 녹이고 마음도 녹여 그 고마웠던 친절을 잊지 못하고 서둘러 기념사진을 보내드리려고 필름을 사진기에서 뽑으려던 찰라, 이 일을 어쩌면 좋겠습니까. 필름이 전연 돌아가지 아니했습니다. 용서해 주십시오. 부끄럽기 그지없습니다. (1988)

지리산(성삼재 → 세석 → 대성골) 산행기

지난 나의 10월 연휴를 이용한 지리산 등반계획에 동참한 일행 14명이 승용차 4대에 나누어 타고 서울을 출발했다. 그런데 전주 시내를 통과할 무렵 내가 운전하던 차가 4중 추돌사고에 휘말려 움직이지 못하게 되었다. 일행들을 먼저 보내고 나는 사고처리를 끝낸 후 5시간 후에야 택시로 구례 약속장소로 갔다.

오후 2시 반 구례에 도착하여 나를 기다려 준 일행 2명과 같이 서둘러 택시로 해발 1천1백m인 성삼재에 도착하여 곧바로 노고단을 향하여 산행을 시작했다. 1시간 정도 걸으니 지리산 동서 주능선이 시작되는 해발 1천5백7m인 노고단에 도착했다.

앞서 간 일행과의 3시간 차를 좁히기 위하여 앞에 건너보이는 반야봉과 그 너머 아스라이 보이는 천왕봉으로 이어지는 45km의 주능선길을 재촉하여 들어섰다. 그때가 오후 4시 20분, 막 단풍이 물들려는 나무들 사이 평탄한 등산로를 따라 돼지령에 이르니 푸르디푸른 남쪽 하늘 그 아래 재작년 5월 연휴 때 올라 비 때문에 길을 잃고 헤매었던 왕시루봉, 그곳에서 돼지령으로 이어지는 남북능선이 한눈에 뻗어오고, 그 너머 섬진강의 줄기가 한귀퉁이 굽이쳐 흐르고 있었다.

걸음을 재촉하여 임걸령과 노루목을 지나 반야봉을 왼쪽으로 둔 채 3도의 분계점인 삼도봉에 이르니 날은 어두워져 하늘엔 별들이 빛을 발하고, 얼굴에 스치는 바람결은 냉기가 감돌았다. 캄캄해지는 산길을 만약을 위해 준비한 손전등으로 비추며 더듬거려 얼마쯤 내려가니 평지에 수백 개로 엉클어진 텐트 군락, 그곳은 뱀사골로 빠지는 화개재, 텐트들 사이로 길을 물어 토끼봉으로 한참 오르고 있는데 얼마쯤 올랐을까. 천지가 번쩍하는 순간 내 이마에 통증이 왔다. 가로 뻗은 나뭇가지에 머리를 받은 것이다. '오늘은 충돌하는 날인가?' 하여튼 내 키와 걸맞게 뻗어있는 나뭇가지에 세 번이나 찌었다.

토끼봉(1천5백33m)에 오르니 밤 8시, 지척을 분간키 어려운 숲속 너덜길을 가물거리는 손전등으로 겨우 발 앞부리만 비추면서 총각샘을 지나 명선봉(1천5백86m) 내리막길을 얼마쯤 내려갔을까. 50m 전방 아래쪽에서 사람들 소리가 들리고 불빛을 안은 텐트 군락이 보였다. 그곳이 연하천 산장이 있는 공터였다. 시골장터가 따로 없었다.

일행들을 찾는 것을 포기하고 지쳐 빠진 이 몸 누울 자리를 찾아 이 구석 저 구석 뒤져 보았으나 세 사람 편히 발 뻗을 자리는 없었다. 전국 산꾼들이 이곳으로 다 모인 것 같았다. 겨우 산장 울타리 밑에 침낭을 깔고 가지고 있던 옷을 전부 껴입고 모자로 얼굴을 덮어 이슬을 피하도록 했으니 말로만 듣던 노숙을 했다.

잠을 자려고 했으나 주위에서 떠드는 소리, 등짝으로 스며드는 땅의 찬 기운 때문에 눈만 감고 서너 시간 지났을까. 우리를 찾는 소리에 셋이서 동시에 벌떡 일어나 '반가움'이 무엇인가를 새삼 느끼면서 먼저 도착해서 자리를 잡아 놓은 일행들이 있는 곳으로 갔다. 시계를 보니 새벽 3시였다.

다음날 앞으로 갈 길이 더 멀기 때문에 서둘렀지만 7시에야 오늘의 하산점인 대성골을 향하여 출발을 했다. 세석평전으로 가는 능선길에 교통체증 아닌 산행체증 현상이 자주 벌어졌다. 그렇지만 만나는 사람, 지나치는 사람마다 격려의 인사말 그 인정 속에 피곤을 잊는다.

형제봉(1천4백42m)을 겨우 넘어 조망하니 수많은 봉우리가 아직도 줄줄이라 도대체 얼마를 더 걸어야 세석평전에 다다를 것인지, 막막한 심정으로 삼십 수년 전 지리산 공비 소탕작전 도로로 개설한 듯한 도로가 오른쪽 골짜기로부터 산허리를 굽이쳐 휘감고 돌아 올라와 왼쪽 골짜기 산 옆구리를 뱅뱅 감고 내려가는 지점과 겹치는 '벽소령'을 지나 무릎에 고장이 생겨 고통을 겪는 일행을 이끌고 덕평봉(1천5백22m)을 넘고 영신봉(1천6백52m)에 힘겹게 올랐다. 내 글재주로는 그 장관을 표현할 수 없는 산중의 광활한 세석평전을 휘 둘러보고 그곳에서 먼저 내려간 일행과 만나 음식을 섭취한 후 하산지점에 대기시켜 놓은 택시와 약속시간에 맞추어 내려갈 수 있을는지 의문을 품으면서 오후 3시 걸음을 재촉하였다.

식은땀을 흘리며 발을 절뚝거리며 따라오는 일행과 삼신봉으로 이어지는 남쪽 능선길을 1시간 정도 걷다가 갈림길에서 '대성교 8km'라고 표시된 이정표를 지나 오른쪽으로 내리쳐 박은 급경사의 길을 한참 내려가니 계곡이 나왔다. 목적지가 가까워진 것으로 착각하고 느긋한 마음으로 고통 속에 울면서 따라오는 일행을 기다리며 계곡물에 발을 담그고 시계를 보니 오후 6시. 지나는 사람으로부터 대성교는 앞으로 2시간 정도 더 내려가야 한다는 말을 듣고 '아니, 그렇다면 오늘도 밤중에 이 돌길을 걸어야 한단 말이냐.' 무서움증이 생겼다. '대성교 5km'라고 쓰인 표지판을 뒤로하고 계곡을 건너자 날은 어두워졌다.

이런 낭패가 또 있을까. 헌데 마침 뒤쪽에서 건장한 청년 두 사람이 불을 비추며 내려오고 있었다. 무작정 그들에게 구원을 요청해 환자를 맡기고 나는 빠른 걸음으로 먼저 내려가 일행을 올려보내려고 뛰면서, 숨을 헐떡이면서, 넘어지면서, 앞에 가고 있는 불빛을 따라갔다. 그런데 낙담스럽게도 불을 가진 사람은 가게에서 머물고 말았다. 앞으로 대성교까지는 2km, 이 캄캄한 숲속 너덜산길을 불도 없이 혼자 갈 수 있을까? 그러나 어쩔 수 없는 일이 아닌가. 그냥 걸었다. 얼마쯤 더듬으며 걸었으나 아무래도 왼쪽이 낭떠러지 계곡인가 싶어서 무서움증이 생겨 더 이상 발을 내디딜 수가 없었다.

발을 움직이기만 하면 저 아래 계곡 물소리가 들리는 곳으로 굴러 떨어질 것만 같았다. 사방은 먹판, 진퇴양난, 이렇게 마냥 서서 있을 수밖에 도리가 없었다. 울음이 나오려 했다. 아니 속으로 울고 있었다.

천우신조(天佑神助), 위쪽에서 불빛이 보였다. '아이고 살았구나!' 걸음이 무척이나 빠른 어린 남매는 전등을 들고 가게에서 같이 살고 있는 아버지 마중을 가는 길이었다. 그들에게 걸음속도를 좀 늦추어 주도록 사정을 했다. 그래도 숨을 헐떡거리고 땀을 비 오듯 흘리며 그들을 따라 일행이 기다리고 있는 대성교에 이르렀다.

시계를 보니 밤 8시 30분, 나는 우리를 기다리고 있던 일행 두 사람에게 뒤처져 오고 있는 환자를 데려오도록 올려 보내고 택시 속에서 잠에 녹아 떨어졌다. 얼마나 지났는지 떠들썩하는 소리에 눈을 떠 보니 그들이 도착한 모양이었다. 시계는 밤 11시를 가리키고 있었다. (1991)

불무장등(不無長嶝)

지리산! 우리는 이 산을 민족 영산이라고 일컫는다. 민족의 수난사 그 한이 그곳에 묻혀 있고 역사의 흐름을 그 속에 안으며 숙연하게 우리들을 내려다보고 있는 장엄하고 웅장한 산, 지리산! 그 산이 거기 있어 나는 그 산에 매료되어 거기에 자주 오르내려 나의 등산에 대한 갈구를 해소시켜 심적으로나 신체적으로 앓고 있는 잔병을 말끔히 씻어 새로운 마음과 몸으로 돌아와 일상에 접하곤 하였다.

지리산은 그 산속에 수십 개의 봉우리와 여러 갈래의 능선, 수백 개의 크고 작은 골짜기가 어우러져 있다. 지리산 지도를 놓고 이 봉우리 저 골짜기를 눈여겨보노라면 그 이름들을 누가 언제 지어서 그렇게 붙여 놓았는지 궁금증이 생길 때가 한두 번이 아니다. 지리산이라는 이름은 이병주 님이 쓴 소설 '지리산'을 읽어보면 "지리산의 별칭엔 두류산, 방장산, 삼신산 등이 있다. 두류산 이름은 백두산맥이 순하게 풀려 와서 천왕봉을 이루었다는 뜻에서 부름이요, 방장은 불명으로 불리는 이름이며, 지리산이란 이태

조가 등극할 뜻을 품고 각 산신들에게 기도를 올렸는데 백두산, 금강산의 양 산신은 승낙을 했지만 두류산 산신만은 반대했다고 하여 산신의 위(位)를 낮추고 그 후 반역자들을 이곳에 귀양 보냈은즉 훗날 이조를 몰아낼 지식인이 이곳에서 배출되리라는 뜻으로 불린 이름이며, 삼신산은 진시황(秦始皇)이 구하려고 든 불로장생의 약이 이곳에 있다고 해서 불린 이름이니…"라고 쓰여 있다.

지리산에는 천왕봉을 위시해서 그가 거느린 높고 낮은 봉우리가 합해서 47봉우리나 되는데 그 중에서 다섯 봉우리를 빼고는 전부 이름이 붙여져 있다. 그런데 그 이름을 보면 거의가 무슨 '봉'이라 하여 이름 뒤에 산봉우리 '봉' 자를 붙이고 있는데 개중에는 노고단(老姑檀), 만복대(萬福臺) 및 종석대(鐘石臺)와 같이 이름 끝에 제단 '檀'과 집 '臺'를 붙인 경우가 있다. 그것은 이름을 지은이가 다 뜻이 있어서 그렇게 했겠지만 유독 봉우리가 아닌 뜻을 가진 이름이 있다. 행정구역이 전라남도, 경상남도, 전라북도로 갈리는 분기점인 삼도봉(三道峰) 바로 아래에서 남쪽으로 뻗어 내려간 능선의 시발점을 불무장등(不無長嶝)이라고 명명되어 있다.

어떤 사람이 언제 무슨 이유로 그러한 이름을 붙였을까. 역시 하도 궁금해서 그곳을 한번 답사를 하고 싶어서 몇 년 전 초여름 녹음이 막 짙어지려고 할 무렵 일행 몇 명과 같이 그곳으로 산행을 시도했으나 삼도봉에서 남쪽으로 뻗어 내린 능선은 정식 등산로가 아니기 때문에 등산안내 표지판이 하나도 설치되어 있지 않았다. 삼도봉에서 급경사를 이룬 험로를 더듬거리며 내려갔으나 워낙 수풀이 우거진 곳이라 우리가 가고자 하는 방향으로 가지 못하고 길인 듯 아닌 듯한 험한 길로 내려와 보니 우리가 목적했던 곳이 아니고 엉뚱한 피아골 직전마을로 떨어진 일이 있었다.

그래서 이태가 지난 가을에 또 일행 이십여 명을 인솔하여 그곳으로 산행을 시도하여 한번 경험이 있었으므로 실수 없이 방향을 잡고 내려가는 길을 찾아가는데 그 이름이 일러주듯 계속 급한 비탈진 길로만 이어져 무릎관절에 무리한 압박을 주는 탓으로 통증이 유발되었다. 한발 한발 내려딛기가 힘이 들어 주위 경관을 살펴 감상을 할 엄두도 못 내고 어서 이 비탈진 길이 끝나기만을 고대하며 내려가 당재에 이르러 더 진행을 하지 못하고 오른쪽 내리막길로 방향을 틀어 농평이라는 조그마한 마을을 지나 피아골 연곡사 앞에 있는 토지초등학교 건너 길까지 내려왔다.

불무장등! 기나긴 비탈길이 없지 아니한 곳! 지금 그때 그 산행을 생각하면 기억에 남는 것은 계속 내리막 비탈길로 이어지다가 바위가 몇 개 깔려있는 아주 조그마한 평지에서 도시락을 먹을 때 온통 그 주위에서 나는 산 더덕 냄새뿐이었다. 그때 산 더덕을 캐러 다시 한 번 와야겠다고 마음먹었지만 지금까지 그곳에 가지 못하고 있다.

— 임오년을 보내며

〈태극종주를 마치고〉를 읽은 소감

먼저 어쩌면 만용이라고 할 수밖에 없을 것 같은 주인공의 무모한 용기와 끈기로 감행하신 지리산 태극종주의 완주에 감탄 또 감탄을 해 마지 않는다.

나는 지리산이 좋아 이태 전까지만 해도 1년이면 꼭 두세 번 그 산에 오르면서 수십 갈래의 능선과 골짜기를 두루 섭렵하였지만 등산을 하는 시기는 등산하기 좋은 계절만을 골라 산행을 하였기 때문에 주인공이 겪었던 혹한과 설정(雪程)은 경험하지 못하였다. 눈이 많이 쌓인 산길을 오른 경험이래야 서울 근교 북한산 겨울 등반 정도였으니 주인공이 이번에 감행하였던 지리산 태극종주의 그 혹독한 산행에는 비할 바가 못 된다.

언젠가 내가 흡사 이병주 씨가 쓴 소설 '지리산'을 읽으면서 그 소설의 주인공이 지리산에서 활동을 하는 궤적을 지도를 보아 가며 탐독을 하였던 것처럼 이번에도 주인공이 쓴 산행기를 읽을 때 지리산 지도를 놓고 주인공이 고투를 하였던 등산 행로를 따라 색연필로 선을 그으면서 주인공이 밟았던 족적의 그 순간순간을 더

듣으며 상황을 상상해 보니 나처럼 등산을 좋아하는 사람이라 해도 도저히 그 흉내조차 낼 수 없을 것이라 여기고 있다.

주인공이 산행을 시작했던 일시는 음력 그믐이라 달빛도 없는 밤 1시 그 캄캄한 밤에 필시 초행길이었을 텐데 두 시간 만에 표고 1,099.3m인 웅석봉 정상에 올랐으니 그 속보에 혀를 내두를 지경이다. 주인공이 웅석봉 정상에서 밤하늘의 별을 쳐다보듯 지리산 어느 봉우리든 그 높은 곳에서 달빛 없는 맑고 깊은 밤에 하늘을 올려다보면 빈틈없이 촘촘히 박혀 있는 그 수많은 별들이 손에 곧 닿을 것만 같아 간짓대로 휘휘 저으면 그 별들이 우수수 쏟아질 것 같은 황홀감에 젖기도 한다.

주인공은 밤머리재로 내려와 왕등재(935.8m) 능선을 따라 새재를 거쳐 쑥밭재(1,323m)에 이르니 낮 12시가 넘었다고 했다. 쑥밭재에서 중봉 하봉 천왕봉에 오르는 능선은 좋은 날씨에도 그야말로 험로이다. 그런데 눈이 깊이 쌓인 경사의 험로를 내디뎌 천왕봉(1,915.4m)에 낮 4시에 올랐으니 그 먼 거리를 그 악조건에서 15시간 만에 정상에 다다른 셈이다. 산행을 글로써는 몇 줄 또는 몇 사로 표현하지만 그 글 속에 내포되어 있는 고난의 여정 그 고초는 상상을 초월한다.

칠십을 바라보는 내가 발목에 심어 놓은 철심을 아직 뽑지 않은 상태에서 지난날만을 생각하고 작년 가을에 사무실 직원들과 같이 지리산 백무동을 출발하여 천왕봉에 오르려는 산행을 시도하였으나 결국 나는 천왕봉에는 못 오르고 장터목까지만 가고 말았는데 겨울의 장터목을 생각하면 그곳에서 살을 에는 것 같은 칼바람을 맞아보지 못한 사람은 그 상황을 상상할 수도 없을 것이다. 그런데 주인공은 영하 18도(체감온도 영하 30도)의 새벽바람을 맞으며 오전 5시 30분에 장터목을 출발하여 연하봉(1,667m), 촛대봉(1,703.7m), 세석평전, 벽소령 등 지리산 주능선을 따라 산행을 하여 성삼재에 오후 2시 20분경 다다랐으니 50km에 이르는 산길을 불과 9시간도 되기 전에 주파하였다. 보통 사람은 이 거리를 아무리 서둘러도 1박을 해야 하는 거리인데 주인공은 아마도 초인적인 능력을 가진 분 같다.

나는 바래봉 철쭉꽃이 만발할 때와 만복대 억새가 가을 산바람에 물결을 치는 상쾌한 날씨에 두 차례 성삼재에서 작은고리봉, 묘봉치, 만복대(1,433.4m), 정령치, 고리봉(1,304.5m), 세걸산, 세동치, 부운치를 거쳐 바래봉(1,165m)까지만 가서 운봉 쪽으로 하산을 하였던 경험이 있는데 주인공은 쉬지 않고 같은 코스를 겨울 찬바람이 쌩쌩 불어 몸을 제대로 가눌 수 없는 야산의 능선을 혼자 걸어 바래봉을 밤 10시가 지나 오르고, 마지막 봉우리인 덕두산(1,149.9m)에 밤 11시에 올라 밤 12시에 구인월 하산점에 이르러 드디어 태극종주를 끝냈다고 하였다. 결국 주인공은 그 머나먼 혹한의 험로를 34시간 만에 외로움과 공포와 지루함을 인내심과 투지로 견디어 내고 마침내 뜻한바 목적을 달성하였다. 나는 주인공의 그 초인적인 의지와 능력으로 자기와의 싸움에서 승리를 거둠에 대하여 다시 한번 찬사를 드리고 경의를 표한다.

이렇듯 인간사 어떤 목표를 설정하였으면 내게 주어진 운명이 그것을 거부하지 않는 한 어떠한 고난이 닥치더라도 기어이 목표를 달성하려는 용기와 끈기를 가지고 실천을 한다면 반드시 그 뜻을 이룰 수 있다고 나 역시 생각하고 있다.

무제

나는 여전히 산에 오르내리기를 좋아한다. 그래서 서울 근교에 있는 명산인 북한산에 자주 오르내린다. 먹어가는 나이와 더불어 쇠퇴해 가는 건강을 유지하는 수단으로는 등산보다 더 좋은 것이 없을 거라 여기고 있기 때문이다. 북한산에 오르는 길은 여러 곳이 있지만 나는 주로 정릉골을 잘 택하고 때로는 등산일행이 누구냐에 따라 평창동 파그호텔 입구 쪽을 택하기도 한다.

북한산에 올라 서너 시간 정도 걷다가 그날의 기분과 사정에 따라 하산방향을 잡는데 보통은 대동문을 통과해 진달래 능선을 타다가 첫 갈림길에서 오른쪽으로 꺾어 내려선다. 그 길은 등산객이 별로 붐비지 않는 한적한 길이라 마음에 들기 때문이다.

그 길로 쭉 내려가면 '운가사'라는 조그마한 절이 있는데 그곳에서 약수를 한 모금 마시고 땀을 식힌 후 조금 더 내려가면 우리 사법부 초대 수장이셨던 街人 김병로 선생의 묘가 있고 그 앞에 비석이 세워져 있는데 그 묘비에는 이런 비문이 음각되어 있다.

"무릇 시대의 탁류 앞에서는 세 종류의 사람이 나타나는 것이니 하나는 거기에 굴종하는 사람이요, 또 하나는 피하여 숨어 사는 사람이요, 다음 하나는 그 탁물과 더불어 마주 싸우며 끝까지 지조를 굽히지 않는 사람으로서 이는 만인 가운데서 하나를 만나기도 어려운 것인데 그같이 쉽게 만나기 어려운 사람으로 모든 겨레의 흠앙 속에서 살다가 애도 속에 가신 이 한 분이 계셨으니 가인 김병로 선생이 그이시라…."

나는 산에 가면 두 종류의 사람, 그 인간성을 본다. 처음 하나는 자기가 가지고 갔던 쓰레기를 산에 두고 오는 사람이요, 다음 하나는 산에 남이 버린 쓰레기를 주워 담아 가지고 내려오는 사람이다. 산에 자기가 가지고 간 쓰레기를 산에 그냥 두고 온 사람은 어떤 사람이고, 그것을 주워가지고 온 사람은 또 어떤 사람일까.

전자와 같은 사람은 자기가 버린 쓰레기보다 더 나을 것이 없는 도둑의 마음을 가진 사람이요, 세상을 자기 위주, 자기 편할 대로 살아가는 극히 이기적이고 몰염치한 사람이요, 결코 남에게 이로운 존재일 수 없는 사람이다. 산에 오르는 사람, 산이 좋아 그곳에 오는 사람이 어째서 산에서 산을 좋아하는 사람의 마음을 불쾌하게 만드는 것인지 이해할 수가 없다.

반면, 산에서 남이 버린 쓰레기를 주워, 숨겨 놓은 쓰레기까지 찾아보아 무겁게 둘러메고 내려오는 나이 많이 잡수신 어르신네를 보면 존경스러운 마음이 불끈 솟아 저절로 감사하다는 말씀을 하게 된다. 이런 사람들은 어째서 무슨 마음으로 힘들고 궂은일을 스스로 하는 걸까. 산을 사랑하는 마음, 자연을 사랑하는 마음, 자기를 사랑하는 마음, 자기 가족을 사랑하는 마음, 남을 위하는 마음, 이 사회를 위하는 마음, 더 나아가 이 나라를 사랑하는 마음, 이러한 마음을 가지고 있기 때문이 아닐까.

우리들이 살아가고 있는 이 세상에 스스로 남이 버린 쓰레기를 줍는 사람만 살고 있다면 그 수많은 법이 무슨 소용이 있을 것인가? 법이 필요 없는 세상, 그러한 세상을 그리는 것은 망상일까?

타인의식

나는 매년 정월 초하룻날이면 죽마고우와 같이 흰 눈이 덮인 북한산 백운대에 오른다. 금년에도 어김없이 해가 바뀐 첫날 친구 셋이서 백운대에 오르기 위해서 조금 늦은 시간이지만 집을 나섰다.

도선사 입구를 거쳐 깔딱고개를 넘는데 사람이 어찌나 많은지 사람에 치어서 제대로 오르지 못할 지경이었다. 등산객이 많이 붐비는 백운산장에서 잠깐 쉬는 동안 바로 위쪽으로 보이는 백운대를 올려다보니 정상으로 오르내리는 사람 행렬이 곡선을 그은 채 전혀 움직일 줄 모르고 그냥 서 있는 것 같았다.

아무래도 신행체증 때문에 시간이 늦을 것 같아 정상에 오르는 것을 포기하고 백운대를 오르는 길목인 위문에서 바로 만경대를 돌아 용암문으로 하산하자고 했더니 고집이 센 한 친구가 내 의견에 따르지 않고 자기는 길이 막혀도 빨리 갔다 올 수 있으니 백운대까지 기어이 올라갔다 와야겠다고 하면서 우리를 보고는 조금 늦게 서서히 올라와 위문에서 기다려 만나자고 했다. 할 수 없이 아이젠을 매는 등 시간을 끌다가 둘이서 서서히 위문 쪽으로 올라갔다.

그곳에도 사람이 많았다. 정상에 오른 친구가 내려오기만을 기다리고 있는데 바로 옆에서 대학생으로 보이는 한 무리의 젊은이들이 무슨 기분에 들떠서인지 주위 사람들의 존재는 전연 의식하지 않은 채 괴성을 지르며 떠들어 대면서 하얗게 눈이 덮인 산과, 숨을 헐떡이며 올라온 등산객들이 잠깐 숨을 돌리고 땀을 식히는 순간을 압도(?)하고 있는 것이었다. 젊은이들이 저렇게 안하무인인 양 자기들만 산에 오른 것처럼 떠들어, 기분 좋게 정월 초하룻날 산에 오른 뭇사람들의 마음을 불쾌하게 하는 것을 보고 이런 곳에도 남의 눈치를 보지 않고 자기들 기분 내키는 대로 행동을 하는 사람이 있구나 탄식했다.

우리 주위에는 타인의식이 결여된 사람들이 의외로 많은 것 같다. 타인의식은 공중도덕심의 밑자락이다. 우리가 커 올 때는 "우리나라는 동방예의지국이다"라는 말을 많이 들었다. 그런데 요사이 사람이 많이 모이는 곳, 이를테면 '공중', '공공', '대중' 자가 붙은 델 가 보면 '예의지국'이라는 말이 무색해진 지 이미 오래임을 느끼게 된다.

남을 의식하지 않는 심리, 자기중심적인 사고방식을 갖고 생활하는 사람의 심성은 어떻게 형성되었을까. 그것은 타고난 성품에도 원인이 있겠지만 무엇보다도 성장과정에서 받는 영향 즉, 교육에 더 큰 원인이 있다고 생각된다. 그중에서도 가정교육이 어린이의 심성 형성에 얼마나 큰 영향을 끼치는가는 다언불요, 자기 자식들의 '기'를 죽일 수 없다는 구실 하에 사람이 많이 모이는 곳에서 어린애들이 철없고 버릇없는 짓을 해도 그것을 말리지 않고 내버려두는 것이 과연 참된 가르침이 될 수 있을는지. 그것은 오히려 '염치를 모르는 아이', '남에게 미안한 마음을 갖지 못하는 아이'로 길들여지게 하는 것뿐일 것이다.

도림사의 추억

내가 전남 곡성 동악산 줄기의 형제봉 아래에 있는 도림사와 잠간의 인연을 맺었던 연유는 내 자신을 모르는 과대망상적인 욕망에 눈이 어두워 다시 그 뜻을 이루어 보겠다고 내 고향 군청에서 잠시 근무했던 말단직 일자리를 내팽개쳐 버리고 딴에는 굳은 결심을 하고 내가 파묻혀 실력을 닦을 장소를 물색하던 중 언젠가 광주에 살 당시 아버지 심부름으로 섬진강변 압록이라는 곳으로 버스를 타고 갈 때 곡성 못 미쳐서 '도림사 입구(道林寺 入口)'라고 쓰인 표지판을 보았던 기억이 되살아나 그곳을 찾아갔기 때문이다.

1965년 무더위가 한창 기승을 부리던 여름날에 누구의 소개도 없이 그 절을 무작정 찾아가 주지스님에게 부탁하여 승낙을 받아 한 달 식비로 쌀 두 말과 찬대 2천 원을 내기로 하고 요사채 좁은 방 한 칸을 빌려 들어가 고행(?)을 하게 되었다. 나는 그 전에 고즈넉한 산사에 들어가서 기거를 하면 몹시 외로움을 타서 적응을 하지 못하고 며칠 만에 집으로 돌아와 버렸던 일이 있었는데 도림사에서는 그 절에 들어가게 된 동기가 워낙 굳은 것이었고 마침 나와 같은 처지의 중학 후배 수험생과 같이 입사(入寺)하였고 또 다른 수험생이 미리 자리를 잡고 칩거를 하고 있어서 고독감 같은 것은 갖지 않을 수 있었다.

그 당시 그 절은 살림 형편이 썩 좋은 편은 아닌 듯싶었다. 첫날 절밥을 먹는데 밥은 꽁보리밥이요 반찬이라고는 절 뒤 텃밭에서 나는 무청으로 담근 초록색 김치와 가지나물뿐이었다. 그러한 식단으로 일주일을 먹고 나니 배탈이 났다. 나는 어려서부터 보리밥 먹기를 싫어했다. 그런데 굳은 결심을 하고 절에 들어왔으니 그 밥을 아니 먹을 수 없어 꾹 참고 먹었더니 아니나 다를까 해우소에 가서 일을 보면 소화가 되지 않은 보리밥이 그대로 배설되었다. 그래도 어쩔 수 없이 계속 먹었더니 내 몸의 내장도 그 환경에 적응이 되어 갔다.

그러나 그러한 식단으로는 영양학상 도저히 내 몸을 지탱할 수 없어 할 수 없이 집에 가서 멸치볶음과 소고기를 넣은 고추장볶음 등 영양식으로 밑반찬을 만들어 왔다.

내가 기거하던 방은 남향으로 방문 앞에 겨울철 한나절이면 햇볕이 따스하게 내려쪼여 옆으로 비스듬히게 누워 일광욕을 할 수 있는 툇마루가 있고 그 앞마당 건너에는 그리 크지도 않은 남새밭 너머로 큰 대나무 밭이 있어 그 속에는 날마다 이름을 알 수 없는 새들이 날아와 지저대고 바람이 부는 날에는 사각사각 죽엽이 스쳐대는 소리만 있을 뿐 산사는 고요해 책을 읽을 분위기로는 안성맞춤이었다. 그처럼 밖은 고요한데 때로는 마음속은 시끌시끌해 그러한 때는 그 방을 박차고 나와 맨발로 검은 고무신을 신은 채 절 뒷산 형제봉에 올라 심란해진 마음을 다독거리기도 하고 숲속 오솔길을 걸으며 가곡 '수선화'를 소리 높여 부르기도 하였다. 내가 뜻을 이루는 것을 보면 손가락에 장을 지지겠다고 말했다는 그녀를 생각하며….

꼭 내가 뜻한바 목적을 이루어야겠다는 일념으로 새벽 예불시간에 맞추어 기상하여 절 앞 넓은 반석 위로 흐르는 맑은 물에 세수를 하고 그 물만큼이나 맑아진 마음으로 법당으로 들어가 스님의 목탁소리에 맞춘 독경소리를 들으며 예불시간이 끝날 때까지 몇 십 번이고 부처님 앞에 배를 올렸다. 그러고 나면 마음에 안정이 오고 자신감도 생겨 마음이 든든하였다. 나는 책을 보다가도 불쑥 나 혼자 산에 올라 산을 헤매다가 마음이 가라앉으면 스스로 만든 감옥 같은 방으로 들어와 책상 앞에 앉곤 하였다.

어느 날인가 그날도 가슴에 벌떡증이 치솟아 밖으로 뛰쳐나와 형제봉 바로 아래에 있는 길상암에 올라 그 옆 북동쪽으로 이어진 험한 능선을 따라 걸어서 동악산 꼭대기를 넘어 계속 능선을 타다가 절 앞으로 가파르게 뻗은 바윗등을 맨발에 검은 고무신을 신은 채 한참 내려오다가 잡목이 우거진 오솔길로 접어드니 발아래로 계곡물 흐르는 소리가 들렸다. 자세히 내려다보니 바로 절 앞 건너편 계곡 절벽 위에 내가 서 있었다.

내가 서 있는 절벽 아래를 보니 그리 높지 않은 것 같고 또 절벽 중간에 튀어나온 턱이 있어 그 턱을 밟고 내려가면 먼 길을 돌아가지 않더라도 쉽게 절벽 아래로 내려가 계곡을 건너 절로 갈 수 있을 것 같아서 절벽 아래로 내려가기 위하여 절벽 가장자리에서 엎드려 왼발을 먼저 아래로 뻗어내려 중간 턱에 발을 디디려고 했으나 발이 닿지를 않았다.

그래서 내려가는 것을 포기하고 다시 오르려는데 마음대로 되지 않아 겁이 덜컹 났다. 내 몸을 다시 절벽 위로 끌어 올리려면 내 손으로 잡고 끌어당길 만한 나무나 지형지물이 있어야 하는데 내가 오른손으로 짚고 엎드려 있는 절벽 가장자리 흙바닥에는 내 왼손이 닿는 그러한 물건이 없었다. 진짜로 겁이 났다. 이대로 있다간 절벽 아래로 떨어질 것만 같았다. 아무도 없는 산속이라 누구에게 구조를 요청할 수도 없는 절박한 순간이었다.

왼손을 앞으로 뻗어 땅바닥에 솟아 있는 풀을 한 움큼 쥐어 당겼다. 다행히 그 힘으로 내 몸이 따라 올라왔다. 내 몸무게가 워낙 가벼워 그 풀뿌리가 뽑히는 힘에 미치지 못한 행운(?)으로 그 위기에서 벗어날 수 있었다. 한숨 돌리고 원래의 오솔길로 내려오다가 오른쪽 계곡으로 내려가기 위하여 약간 높은 언덕진 곳에서 아래바닥으로 뛰어내렸는데 하필 나무꾼들이 낫으로 쳐 놓은 날카롭게 위로 뻗어 있는 잡목 위로 내 왼발을 딛게 되었다. 그 뾰족한 나무가 내 검은 고무신 바닥을 뚫고 들어와 발바닥을 찌르는 바람에 피가 많이 흘러 내렸다. 결국은 피를 본 셈이다.

내가 바로 내려오려던 절벽을 그 밑에서 쳐다보니 전문 산악인이 자일을 이용해야만 내려올 수 있는 10m가량 되는 높이였고 중간에 툭 튀어나와 있는 턱도 절벽 가장자리에서 밑으로 2, 3m 정도 되는 거리에 있어 내 왼발로 딛기에는 너무나 턱없는 높이였다. 내 눈이 문제였다. 착시였다. 거리를 측정하지 못하는 내 눈, 거기에 나의 철없는 무모한 만용이 아무도 보지 못하는 곳에서 추락사할 어처구니없는 일을 낼 뻔했다. 지금도 그때 일을 생각하면 정말 아찔하기만 하고 그러한 만용을 왜 부리려 했는지 답이 나오지 않는다.

마찬가지로 내 분수를 모르고 흡사 절 앞 절벽 위에서 그 높이를 착시현상 때문에 바로 보지 못하고 무모하게 바로 내려가겠다고 시도했던 만용처럼 그 자격시험에 덤벼들었던 나의 꿈은 모두 허사가 되고 말았다. 결국은 그 여인의 손가락에 장을 지지게 하는 일은 생기지 않고 말았다.

30여 년이 지난 후 어느 날인가 아내와 같이 고향에 다녀오던 길에 그 절이 어떻게 변하였나 싶어 둘러보았더니 내가 그곳에 있었던 때의 자연스러움은 간곳없고 지방관광지로 변해 있었다.

마음의 병과 믿음

— 최근 퇴직하자마자 타계한 두 분을 그리며

나는 나의 건강유지법의 하나로 매주 일요일에 혼자라도 산에 오르고 있지만 또 다른 의미로 매해 그러했던 것처럼 지난 정월 초하룻날에도 북한산에 올랐다.

초입에 들어서니 눈이 내려와 있어 산이 하얗게 그러나 미끄러워 보였다. 아이젠을 준비하지 못한 것을 후회했다. 하산할 때는 애를 좀 먹을 것을 각오하면서 그냥 오르기 시작했다. 형제봉을 거쳐 대성문까지 갔다가 길이 미끄러워 더 가지 못하고 되돌아 내려오고 있는데 내 바로 옆 골짜기에서 느닷없이 목이 터져라 울부짖으며 아버지를 찾는 소리가 내 귀를 때렸다.

'아니, 이 산에서 웬 아버지를 저렇게 찾고 있는 걸까?'

산에서는 흔히 목청을 높여 "야호!" 하는 들뜬 목소리는 들었어도 "아버지! 아버지!" 하는 처절한 목소리는 처음 듣는 것 같았다. 미끄러지지 않으려고 긴장하며 내려가던 걸음을 멈추고 주위를 살펴보았다. 산골짜기 이곳저곳 이쪽 바위 저쪽 바위에 웬 사람들이 앉아 몸을 흔들며 엉덩방아를 찧으며 두 손을 들어 하늘을 우러러보며 아버지를 찾고 있었다.

그 소리들이 몹시 시끄러웠다. 무슨 소망이 그리도 크길래, 그 어떤 한(恨)이 그리도 서려 있길래 저리도 남의 눈치를 아랑곳하지 않은 채 이 산에서 목청을 높여 기도를 하는 것일까?

어떻든 그 어떤 믿음을 가지고 저렇게라도 한풀이를 하고 나면 꽉 막혔던 가슴이 후련하게 터지고 편안함을 얻어 새로운 희망을 갖게 되리라.

인생은 무상하다는 말이 있다. 몇 달 전에 내가 평소 존경했고 또 나를 아껴주셨던 두 분 국장님께서 우리 직장을 정년으로 퇴직하신 지 얼마 안 되어 거의 같은 시기에 세상을 떠나셨다. 그 분들이 직장에 계실 때는 건강하고 패기에 넘치셨던 모습을 생각해 보면 참으로 허망스럽기 이를 데 없고 애석한 일이 아닐 수 없었다.

퇴직이라는 것이 그렇게 인생마저 퇴식(退息)시켜 버리는 것인지. 두 분의 사망 원인은 혈압으로 인한 뇌일혈과 뇌경색이라고 했다. 그 병을 일으킨 원인은 단정 지을 수 없지만 아마도 마음에서 온 것이 아닌가 싶었다. 그분들이 갑자기 세상을 뜨신 후 떠돌던 소문을 꼭 믿는 것은 아니지만 어쩌면 재직 시에 느끼지 못했던 소외감, 모멸감 때문에 상심이 크셨을는지도 모르겠다.

산에서 내려오면서 본 소리치며 '아버지'를 불러 찾는 사람들처럼 그분들도 그러한 믿음을 가지고 그렇게 소리라도 질러 울분을 토해내 버렸더라면 마음에 쌓인 병의 근원은 발생하지 않았을 것이 아닌가 싶었다.

내 자신도 그러한 믿음이 있어 체면불구하고 '아버지'를 찾는 소리라도 마음껏 질러버릴 수 있다면 나의 일상생활에서나 직장 생활에서 겪는 무안함과 서운함 때문에 피부로 느끼는 가슴 답답 증 같은 것은 쉽게 해소시킬 수도 있으련만 나에게는 그러한 믿음이 생기지 않으니 그저 한탄스러울 따름이다. (1994)

지리산 산행기(총괄)

우리는 지리산을 흔히 민족의 영산이라고 일컫는다. 우리 민족의 수난사 그 한이 그곳 갈가리 갈라져 뻗어진 능선 그 아래 칠부능선이나 골짜기에 묻혀 있고 역사의 흐름을 그 속에 안으며 숙연하게 우리들을 내려다보고 있는 장엄하고 웅장한 산, 지리산! 그 산이 거기 있어 나는 언제부턴가 그 산에 매료되어 그 산에 오르내리기를 수십 차례, 도시 내음에 찌들어 고달파진 심신을 거기에 올라 호연지기로 다스리고 추슬러 정화시키고 내려와 일상에 다시 접하곤 하였다. 그 중 특히 기억에 남아 있는 곳의 전경을 되살려 본다.

▌에메랄드빛이 있는 소 : 칠선계곡

내가 지리산에 오르기 시작한 때는 1987년 가을부터이다. 같은 사무실에 근무하고 있던 동료직원 수 명이 지리산 천왕봉에 올랐다가 칠선계곡으로 하산한다기에 평소 소설을 읽고 머릿속으로만 그렸던 지리산 칠선계곡을 꼭 가고 싶던 터라 나도 그 일행에 동참하기로 하였다. 멋모르고 지리산 초행길을 지리산에서 가장 험하다는 천왕봉—칠선계곡 코스에 따라 붙어 12시간의 산행을 감행하였으니 그 고초가 이루 말할 수 없었다. 그 고통 속에서도 내 눈에 비치는 그곳 초가을의 경관, 수없이 널려 있는 에메랄드빛을 품은 소(沼)! 그 소에 떨어지는 폭포, 그 장관을 나는 지금도 잊을 수가 없다.

❙핏빛의 단풍 : 피아골

칠선계곡을 다녀온 지 얼마 안 되어 법원산악회에서 실시하는 지리산 피아골로 들어서서 삼도봉을 경유 뱀사골로 하산하는 산행에 참가하였다. 지리산에서 가장 험하다는 칠선계곡을 타고 내려온 뒤끝이라 피아골과 뱀사골의 잘 다듬어진 등산로는 그야말로 탄탄대로라 걷기가 한껏 수월했다. 피아골의 삼홍소에 비친 단풍의 빛깔, 역사적으로 사연이 많은 골짜기, 정유왜란, 동학란 등 각종 난리 통에 피아간에 흘린 피가 나무에 물들어 그 넋의 빛을 발산한 것인가. 골짜기가 온통 붉은빛의 단풍, 지금도 눈에 선하다.

❙산골 처녀의 친절 : 왕시리봉

어느 해 5월 하순, 일행 몇 명과 더불어 지리산 노고단에서 남쪽으로 뻗어 내린 능선 끝에 솟아있는 왕시리봉(1,214m)에 올라 북쪽으로 능선을 타고 가다 피아골 산장을 경유 피아골을 타고 하산할 요량으로 비가 내리는 중에도 산행을 강행했으나 계속 내리는 안개비 때문에 시야가 가려 정상에서 방향을 잃고 북쪽으로 가는 길을 잘못 잡아 엉뚱한 곳으로 빠져 헤매다가 여섯 시간 만에 집 몇 채가 있는 중대마을이라는 곳에 다다라 모두 물에 빠진 것처럼 푹 젖어 있는 몸으로 마을 첫머리 촌가에 들러 집주인으로 보이는 할머니에게 따끈한 물 한 모금을 마실 수 있도록 도움을 청했다. 우리들의 몰골을 보고 측은했던지 할머니와 그 손녀인 듯한 처녀가 방으로 들어오라는 것을 젖은 몸이라 사양을 했더니 부엌으로 들어오게 하여 솔가지로 군불을 피워 우리들의 몸을 녹게 하고 뜨거운 꿀물까지 타 주어 우리들의 몸과 마음을 따뜻하게 했던 그 산골 처녀의 친절이 지리산을 생각할 때마다 떠오른다.

❙곧 쏟아질 것 같은 수많은 별들 : 토끼봉(1,533.7m)

어느 해 가을 자동차 추돌사고 수습 때문에 산행 출발시간이 예정시간보다 훨씬 늦어 노고단 고개를 오후 5시경에 넘어서 돼지령, 임걸령, 노루목을 거쳐 삼도봉(날라리봉)에 이르니 시간은 오후 7시 30분경이라 저녁식사를 간단히 마치고 나니 날은 완전히 어두워졌다. 화개재에 이르는 급경사 내리막길을 손전등을 비추며 더듬거리면서 내려가 화개재를 지나 토끼봉에 올라 잠깐 휴식을 취하면서 하늘을 올려다보니 마치 은가루를 뿌려놓은 듯 온 밤하늘에 그 수많은 별들이 촘촘히 손에 곧 닿을 듯 박혀 있어 간짓대로 휘 저으면 그냥 쏟아질 것만 같은 별들, 나는 거기에서 그 별들을 보았다.

❙칠흑 같은 밤 : 대성골

연하천 산장 근처 노천에서 일박 후 벽소령, 덕평봉(1,521.9m), 영신봉(1,651.9m), 세석평전을 지나 목적지인 대성골—대성교를 향해 아침 7시경 출발을 했는데 어제 나와 같이 밤늦게까지 무리한 산행을 했던 일행 한 분이 무릎에 이상이 생겨 걸음을 제대로 걸을 수가 없어 다른 일행들을 먼저 내려가게 하고 나는 걸음걸이가 불편한 일행과 같이 뒤처져서 서서히 갈 수밖에 없었다. 대성골을 반도 안 내려왔는데 날이 어두워지고 있었다.

손전등도 없는 터라 험한 길을 환자와 같이 내려간다는 것이 두려웠다. 그러나 내려가야만 했다. 다행히 청년 두 사람이 내려오고 있었다. 환자를 그 청년에게 부탁하고 나 혼자 빠른 걸음으로 앞서간 일행들을 데리러 갔다. 그런데 별빛도 보이지 않는 나무숲 속으로 들어서니 주위는 완전 먹동, 칠흑같이 어두운 그 밤, 한 발자국만 잘못 디디면 저 아래 계곡물 흐르는 소리가 들려오는 낭떠러지로 떨어질 것 같은 공포감에 사로잡혀 울고 싶었던 일도 있었다.

❙연둣빛 신록 : 칠불사

5월 하순 칠불사 뒤 토끼봉으로 오르는 능선길, 나는 요사이 자꾸만 그 등산로가 눈에 아른거린다. 그렇게 가파르지 않은 오솔길 옆으로 하얀 산철쭉 꽃을 안은 연둣빛 나무들!

▌탁 트인 조망 : 반야봉(1,733.5m)

그날은 운이 좋았다. 지리산 주능선 길에서 약간 북쪽으로 비껴 앉아 솟아있는 반야봉에 오르니 구름 한 점 없는 하늘에 공기조차 싱그러우니 흡사 소 등뼈처럼 노고단에서부터 천왕봉까지 뻗어 있는 지리산 주능선을 비롯하여 그 능선에서 소 갈비뼈처럼 남북으로 뻗어 내려간 지능선 전부가 360도 회전하는 눈으로 한꺼번에 조망할 수 있었다.

반야봉은 멀리서 보면 무던하게 그리고 특히 천왕봉에서 보면 흡사 여자 둔부처럼 생겼지만 정상을 넘어 달궁 쪽으로 하산하는 길은 그야말로 험로이다.

▌파노라마 : 삼신봉(1,284m)

청학동에서 북쪽으로 한 시간쯤 오르면 삼신봉에 다다른다. 거기에 올라 북쪽을 펼쳐보면 지리산이 동서로 뻗어 있는 파노라마가 연출된다. 우리는 그 곳에 두 번 올라 먼젓번은 서쪽 능선을 따라 쌍계사로 하산했고 다음번은 세석평전에서 뻗어 내린 능선을 타고 가다 대성골로 하산한 일이 있다.

▌빛바랜 리본 : 한신계곡

세석산장에서 숙박을 하고 다음날 장터목산장을 거쳐 천왕봉에 올랐다가 백무동으로 하산할 요량으로 오후 4시쯤 거림골로 들어섰는데 세석평전에 다다르니 세석평전이 온통 텐트로 뒤덮여 있고 등산객이 넘쳐 그곳 산장에서 잠을 잔다는 것은 꿈도 꿀 수 없었다. 그곳에서 철쭉제가 열리는 날이었다.

숙박을 포기하고 백무동으로 야간에 하산하기로 하고 지름길로 가기 위하여 휴식년제를 실시하고 있는 한신계곡을 타기로 했다. 그곳 산장에서 손전등을 사 가지고 한신계곡 초입을 찾아 사람의 발길이 뜸했던 길이라 희미한 길을 전등으로 비추면서 내려갔지만 길을 찾기가 쉽지 않았다. 그때 불빛에 비추이는 빛바랜 '리본'이 나무에 매달려 있는 것이 보였다. 그 리본은 등대불과 같은 것이며 산행의 길잡이다.

▎산더덕 냄새가 가득한 곳 : 불무장등

그 이름이 특이해서 어떤 곳인가 싶어 그곳으로 산행코스를 잡고 1차로 삼도봉에서 남쪽으로 뻗어 내려간 능선을 탔으나 초여름의 수풀속이라 길을 잘못 들어 엉뚱하게 피아골 직전마을로 떨어져 실패하였다. 몇 해 후 가을날에 다시 시도하여 제대로 길을 찾아 내려가는데 글자 그대로 급한 비탈길이 끝도 없이 이어져 결국은 무릎에 이상이 생겨 정말 고통스러운 하산길이 되고 말았다. 그러나 기억에 남는 것은 약간 평평한 곳에서 식사를 할 때 코를 찌르는 산더덕 냄새, 그 일대가 산더덕 밭임을 직감했으나 시간상으로 더덕을 캘 여유가 없어 아쉽지만 다음을 기약하고 그냥 내려와야만 했다.

▎산림욕 : 목통골

지리산에서 삼림욕을 즐기면서 산행하기 좋은 곳은 목통마을에서 화개재에 이르는 목통골 등산로를 꼽을 수 있다. 하늘이 보이지 않는 울창한 숲 그 이파리들에서 품어져 나오는 산소를 가쁜 숨으로 마음껏 들이마시는 기분은 그곳에 가면 맛볼 수 있다.

▌심산에서 커피 파는 젊은 부부

천왕봉(1,915.4m)에서 동쪽으로 중봉(1,875m), 써레봉을 조금 지나면 유평리 쪽으로 내려가는 길에 치밭목 산장이 있다. 절해고도와 같은 깊은 산중의 산장에 드물게 들르는 등산객에게 커피를 팔고 있는 젊은 부부를 보았다. 무슨 사연이 있어 망망대해 무인도와 같은 그곳에 살림을 차렸을까. 지금도 그대로 커피를 팔고 있을까. 괜한 생각이 든다.

▌만복대 오르는 중에 오른쪽 뺨을 때렸던 빗줄기

6월 어느 날 일행 십수 명과 더불어 산수유로 유명한 구례군 산동면 상위 마을에서 1박 하고 묘봉치(卯峰峙)를 경유 만복대(1,433.4m)에 올라 정령치로 내려가는 길에서 왼편으로 꺾어 다름재로 이어지는 능선을 타고 가다 다시 위안리 마을로 내려오는 산행코스를 잡고 새벽에 산행 초입에 들어서니 비가 쏟아지기 시작했다. 빗줄기가 제법 굵었으나 산행을 취소할 수 없어 그대로 강행을 하였다. 묘봉치에서 만복대에 오르는데 반야봉 쪽에서 불어오는 비바람에 눈을 뜰 수가 없고 오른쪽 뺨을 사정없이 때리는 빗줄기 때문에 뺨이 얼얼하였다.

▎장터목 오르는 길에 얼굴 정면으로 내닿는 눈보라

어느 핸가 10월 31일 법원산악회에서 시행하는 지리산 천왕봉 등정에 동참하였는데 백무동에서 한신계곡으로 오르다가 가내소 폭포가 있는 곳에서 왼쪽으로 꺾어 청렴폭포와 내림폭포를 거쳐 장군대를 지날 때 함박눈이 쏟아지기 시작했다. 장터목산장이 가까워질 때 함박눈은 세찬 눈보라로 변해 눈을 뜰 수 없을 만큼 얼굴 정면으로 내리꽂혔다. 고개를 숙이고 겨우 장터목에 이르니 눈이 너무 많이 내려 천왕봉 등정을 취소하고 하동바위 쪽으로 하산한다는 산악회의 방침에 따라 천왕봉에는 오르지 못하고 백무동으로 내려와야만 했다.

▎가슴 통증이 심한 산행

2004. 10. 24(일) 사무실 직원들과 같이 천왕봉에 오르기 위하여 백무동 느티나무 민박집에서 1박 하고 새벽 하동바위 쪽을 향하여 산행을 시작하였는데 걸음을 걷기 시작하자마자 가슴 통증이 일어났다. 일행들은 이미 앞서 가 버렸는데 나는 20m쯤 걷다가 통증이 심하면 쉬고 또 쉬고 그러기를 반복하면서 억지로 기다시피 하여 5시간을 걸려 장터목산장에 다다랐다. 천왕봉에 오르는 것을 포기하고 일행들이 내려오기를 기다렸다가 같이 같은 코스로 하산지점에 이르렀다.

이제 이번 산행으로 지리산 오름이 끝인가 싶어 나이 먹음에 서글퍼져 인생무상함까지 갖게 한다.

아, 지리산! 나는 또 그 산에 가고 싶다. (2005)

관상동맥 협착증(협심증)

내가 가슴에 통증(왼쪽 가슴을 짓누르는 것 같은 증상)을 느끼지 시작한 때는 1990년대 초부터이다. 평소에는 통증을 느끼지 못하다가 등산을 하게 될 때 급경사를 오르면 왼쪽 가슴에 심한 통증을 느꼈고, 그때마다 걸음을 멈추어 좀 쉬고 나면 통증은 사라지곤 하였다. 계속 산길을 걸어 몸이 달구어지면(warming up) 그 증상은 없어졌다.

그러한 증상이 있는 줄 알면서도 산에 오르는 것을 좋아해 매번 등산은 계속되었다. 법원 산악회에서 실시하는 산행에도 거의 빠짐없이 참가했고, 내 스스로도 서울 근교에 있는 북한산 등에도 친구와 거의 매주 일요일에 산행을 하였으며, 1년에 두세 번은 내가 발의하여 계절별로 지리산 곳곳에 등산을 하였다.

다른 산의 산행은 길어야 다섯 시간 정도 걸리지만 지리산 산행은 짧아야 아홉 시간이 걸리고 긴 시간은 열두 시간씩 걸린다. 그때마다 산행을 막 시작하면 가슴 통증을 느꼈지만 그때마다 조금 쉬고 나면 통증은 가라앉았다. 그래서 2002년까지는 산행을 아무

탈 없이 잘 타 왔었다.

2004년 10월 24일 사무실 직원들이 지리산 천왕봉에 한번도 올라본 일이 없다고 나보고 동행을 해 주면 좋겠다고 해서 심장 통증의 위험을 알면서도 무리를 안 하면 괜찮겠지 싶어 같이 오르기로 했다. 지리산 백무동 느티나무 민박집에서 1박 후 새벽 6시경 하동바위 쪽 등산로를 따라 산행을 시작하였는데 얼마 가지 않아서 가슴 통증이 심하게 오기 시작했다. 그때마다 2, 3분씩 쉬면 통증은 가라앉았다. 통증이 가라앉으면 또 걸었다. 그러나 또 걸으면 통증이 왔다.

20m쯤 걸어 오르면서 쉬고 또 쉬고 그러다 보니 일행은 이미 내 시야에서 멀어진 지 오래였다. 이제 나 혼자 그 수를 헤아릴 수 없을 만큼 쉬면서 조금씩 걸어 오르니 평소에는 서너 시간쯤 걸리는 장터목산장까지 다섯 시간이 넘어서 도착했다. 장터목산장에서 천왕봉에 오르는 것을 포기하고 일행이 내려오기를 기다리면서 쉬고 있으니 가슴 통증은 오지 않고 아주 편했다.

그 후로 가끔 친구와 서울 근교 가까운 산에 3시간 정도 산행을 했는데 급하게 오르지 않고 서서히 오르니 가슴 통증을 느끼지 않았다. 그런데 근래에 이르러 아침에 출근할 때 길을 걸으면 가슴 통증(압박감)이 생겼다. 그때마다 주먹으로 왼쪽 가슴을 치곤 하였다. 그래도 숨이 차거나 어지럽거나 하는 증세가 없어 병원에 가봐야겠다는 생각은 들지 않았다.

또 한 가지 가슴 통증 외에 맥박이 건너뛰는 증세(부정맥)를 1999년 7월 미국에 갔을 때 처음 느꼈는데 부정맥 증세가 나타나면 기분이 좋지 아니했다. 그래서 심장병에 관한 책(이종구 박사가 씀)을 읽어 보니 나 같은 부정맥을 '기외수축'이라 하는데 그렇게 심각한 병은 아니라고 되어 있어 별 관심을 두지 않다가 법무사 등록을 하기 위해서 건강검진을 받을 때 혈뇨(血尿)가 보인다고 해서 그에 관한 정밀검사를 받으면서 그때 마침 부정맥 증세가 있어 신장내과 전공의인 담당의사에게 그 사실을 얘기했더니 24시간 부정맥을 체크하는 기구를 휴대케 하여 검사를 했으나 별다른 처방을 해 주지 않았다.

2007년 3월 26일 구반포에 있는 의원에 들를 일이 있어 동작동 전철역에서 내려 반포천 둑길을 걸어가는데 오목가슴이 답답하면서 가슴이 두근거리는 부정맥 증세가 나타나 기분이 좋지 아니했다. 의원에 도착하여 일을 본 후 그 증세를 얘기했더니 혈압을 재고 청진기로 가슴을 진찰하였다. 혈압이 150에 90이고 맥박이 빨리 뛴다고 하였다. 방금 길을 급히 걸어서 그럴 거라고 했더니 약을 처방해 주어 약을 먹었더니 가슴 답답증이 좀 가신 듯하였다.

4월 4일 새벽 2시, 가슴이 답답하고 두근거렸다. 이러다 말겠지 하고 잠을 청했으나 가슴 답답증은 계속되었다. 잠이 오지 않았다. 심각성을 느꼈다. 오늘은 병원에 가봐야겠다고 마음먹고 아내에게는 아무 기색 없이 평소보다 조금 빠르게 9시 5분쯤 집을 나서 집 가까이 있는 종합병원에 가서 진료 접수를 하였더니 심장내과 교수들의 진료예약이 다 차서 전담교수를 지정할 수 없으니 일반외래로 접수하고 2층 심장센터 접수처에 가서 접수를 하라고 했다.

심장센터에서 오후 4시경에 오라고 해서 시간에 맞추어 갔으나 예약환자가 너무 밀려 두 시간이 훨씬 지나 예약환자에 대한 진료가 다 끝난 다음에 내 차례가 되어 오후 6시 20분경 담당의와 인터뷰를 했다. 내 증상을 얘기했더니 지금도 가슴이 답답하느냐고 하기에 그렇다고 하니까 간호사보고 내 혀 밑에 무슨 스프레이를 뿌려보라고 했다. 그 스프레이를 뿌린 후 가슴 답답증이 가신다고 했더니 그 진찰의는 큰 무어라도 발견한 것처럼 화들짝 놀라며 당장 응급실로 가서 입원하여 검사를 받아야 한다고 했다.

담당간호사의 안내에 따라 응급실로 내려가 수속을 밟고 침대를 배정 받아 가슴 X-ray부터 촬영하고 심전도 등 검사가 시작되었다. 식구들에게 걱정 끼치지 않고 조용히 검사하고 진료를 받으려고 했는데 입원까지 해야 한다니 할 수 없이 집에 전화를 걸어 아내에게 사실을 얘기했다. 아내가 당장 응급실로 쫓아왔다. 아들도 퇴근한 길로 왔다. 응급실 침대에서 밤을 새웠다.

다음날(5일) 오전 중 심장내과 담당교수가 회진을 왔다. 증상과 가족력에 대하여 물어보았다. 나의 그동안의 가슴 통증 및 답답증 발작 경위에 대하여 말하고 최근 며칠 사이에 위(胃)가 답답하듯 오목가슴이 답답하다고 했더니 담당교수는 내 위를 손으로 눌러보고 청진기를 대어 보더니 위는 아니라고 했다.

내 아버지가 협심증(심근경색)으로 75세에 돌아가셨다고 했더니 담당교수는 같이 온 전공의들에게 'Natural death'라고 하는 말이 들렸다. 그 교수가 나보고 정식으로 입원하여 정밀검사를 받아야 한다고 했다. 아내가 입원수속을 하고 입원실 침대가 나오기만을 기다리고 있었다. 아무리 기다려도 입원실로 옮기라는 말이 없어 아들이 그 친구에게 부탁을 하였더니 바로 입원실로 옮기라는 통보가 있어 남자 간호사의 안내로 9층 11호(7인실)로 들어가 그 방 서쪽 편에 있는 입구에서 두 번째 병상에 누웠다.

다음날(6일) 아침부터 심장초음파 검사, CT촬영을 마치고 끝으로 관상동맥혈관 조영술 검사를 받았다. 검사결과 대동맥이 약간 넓으며 심장 한쪽 관상동맥혈관 세 곳이 혈전으로 좁혀 있음이 보인다고 했다. 그래서 화요일(10일)에 혈관 그물망(스텐트) 시술을 한다고 했다. 심장혈관조영 검사를 받은 후 24시간 동안은 움직이지 않고 누워 있어야 한다고 해서 누워서 아내가 죽을 수저로 떠먹여 주는 식사도 하고 소변도 누워서 보았는데 누워서 소변 보는 습관이 안 들어 소변이 나오지 않아 방광에 오줌이 차서 매우 고통스러웠다. 그 고통을 간호사실에 호소하였더니 당번 (여)의사가 와서 요도에다가 호스를 넣어 오줌이 나오게 했는데 그 양이 700cc나 되었다. 몇 시간이 지나 밤 12시쯤 또 방광에 소변이 차서 고통스러워 또 호소를 했더니 이번에는 젊은 남자 당번 의사가 와서 요도에 호스를 넣으려고 했으나 잘 들어가지 않아 30분가량 실랑이를 하는데 그 고통은 말할 수 없었다.

결국 다른 의사를 불러 그 의사의 도움으로 쉽게 오줌을 누게 되었다. 새벽에도 같은 상황이 벌어졌는데 그때는 처음에 처치를 해 주었던 여의사가 해 주어 쉽게 처리되었다. 오른쪽 사타구니에 동맥혈관 시술한 곳이 아물기 전에 잘못 건드려 터지면 큰일이 난다고 해서 조심 또 조심하고 밤을 새워 24시간을 무사히 지냈다.

누워서 대변 보기가 싫어 밥은 안 먹고 마시기 좋은 죽으로 식사를 했다.

조영술 검사를 한 다음날(토) 오후 사타구니(대퇴부)에 동맥 절제 부위가 아물어 걸어서 소변을 볼 수 있게 되어 화장실에 갔다 오는데 초진 담당 전공의가 관상동맥혈관 확장시술에 대하여 보호자와 면담하고 서명을 받아야 한다고 했다. 아들이 일찍 퇴근해 아내와 같이 그 의사로부터 시술에 관하여 제1간호사실 카운터에서 설명을 듣고 있을 때 나도 내 심장을 촬영해 놓은 영상이 보고 싶어 그 설명 장소에 가서 내 심장혈관 동영상을 보고 나서 그 의사가 심장시술에 관하여 혹시라도 생길지 모르는 부작용의 위험성, 즉 시술 도중 혈관 벽이 긁혀 상처가 나면 동맥이 터질 수 있다, 척추신경을 건드려 하반신 마비를 일으킬 수 있다, 조영제의 부작용으로 콩팥이 망가질 수 있다, 시술 중 심장이 멎어 사망할 확률이 0.4%가 된다는 둥 무서운 얘기를 교과서적으로 설명하는 소리를 들었다.

'아니 그렇게 위험한 시술을 지금 나보고 받으라는 거야 뭐야!' 하는 생각이 뇌리를 스치고 지나가던 찰라, 아들이 그 설명서에 서명을 하는 것을 보는 순간 내 온몸에 있는 기운이 땅 밑으로 쑥 가라앉으며 눈이 천정으로 돌아 올라가며 시야가 흐려졌다.

내 옆에 있던 아내가 놀라 내 몸을 급히 부축하여 바닥으로 쓰러지려는 순간을 막았다고 했다. 설명을 담당했던 의사도 놀라 응급처치를 위하여 간호사실 옆 처치실로 옮겨 4시간 이상 처치를 하였는데 혈압이 급격히 떨어져 80/50까지 이르렀다고 했다. 아내는 그 순간 무슨 일이 생긴 줄 알았다고 했다. 처치실에서 안정을 되찾아 밤 10시쯤 병실로 옮겼다. 입원실에서 안정을 취하니 혈압도 정상으로 돌아왔다.

4월 10일(화) 10시에 시술을 한다고 해서 어젯밤부터 금식을 하고 기다리고 있었는데 11시가 지나고 12시가 지나도 소식이 없더니 오후 1시가 되니까 남자간호사가 시술실로 데려갔다. 내 짐작대로 시술 순서대로 하지 않고 중간에 끼어들어 시술 받은 환자가 있었고 내 앞에서 시술 받은 할머니가 상태가 불량하여 시술시간이 예상보다 오래 걸렸다고 했다.

내 시술시간은 40분밖에 걸리지 않았다. 시술을 담당했던 교수의 말이 시술이 잘 되었다고 하면서 시술부분이 중요하고 어려운 자리라 가슴을 열고 해야 하는 시술인데 자기가 잘했다고 생색(?)을 냈다.

옆방에서 보호자에게 시술결과에 대하여 설명하는 소리를 들으며 시술부위 처치를 받고 바로 4층에 있는 심장내과 중환자실로 옮겨져 또 24시간 누워서 안정을 취했다. 이번에는 누워서 소변을 볼 수 있었다. 역시 식사는 아내가 쑤어 준 죽을 수저로 먹여 주어 먹었고 대변을 누워서 보기 싫어 식사는 죽 종류로만 했다.

24시간이 무사히 지나 11일(목) 12시경 8층 일반 병실로 옮겼다. 계속 링거를 맞고 약을 복용한 후 다음날(12일) 15일분의 복용약을 받고 퇴원했다. 이제 앞으로 계속 혈전용해제 등의 약을 복용해야 한다고 했다. 내가 심장혈관에 이상이 생긴 원인은 평소 콜레스테롤 수치가 높았던 탓인 것 같다.

재직 시절에나 건강보험공단에서 실시하는 건강검진 때 항상 콜레스테롤 수치가 240mg/dL 이상이었고 2005년도 검사수치도 240mg/dL이었다. 이번 시술 후 병원 처방약 복용 후의 검사수치는 149mg/dL로 떨어졌다. 내 몸의 혈중 콜레스테롤 수치가 높았던 원인은 아마도 어렸을 때부터 어머니가 공부하는 데 영양보충하라고 같은 밥상에서 동생들은 안 주고(그때 동생들의 섭섭했던 얘기는 웃음거리로 남아 있다) 나에게만 계란을 꾸준히 먹여 주신 탓도 있는 것 같고, 소고기 곰탕 등을 안 먹으면 위장상태가 좋지 않아(이른바 소증) 그때마다 갈비 등 소고기를 꼭 먹어야 했던 식습관 때문이라고 여겨졌다.

콜레스테롤 수치가 높으면 혈관 벽에 혈전이 쌓여 붙어 혈관을 좁게 한다는 사실을 미리 알았더라면 그 수치가 높다고 할 때 그 수치를 떨어트리는 약을 복용해 왔었더라면 이번과 같은 사달은 나지 않았을 것이 아닌가 싶어 그때 무관심했던 일이 후회가 되었다.

❙ 후기

7박 8일간 입원을 하고 퇴원을 하고 보니 집 주위에 아직 가지뿐이던 은행나무 단풍나무 등에는 연초록색의 새싹이 솟아나와 있었다. 12일 만인 16일(월)에 출근을 하는데 걸어서 출퇴근하던 파레스 호텔 앞 반포천 둑길 가장자리에 심어진 벚꽃 나무에 맺혀 있던 꽃망울은 벌써 피었다 지고 없어져 둑길 바닥에는 떨어진 꽃잎이 바람에 날리고 있을 뿐 나뭇가지에는 꽃 대신 나뭇잎이 솟아나고 있었다.

우리 아파트 2동 주위에 막 피어나려고 하던 자목련은 어느새 다 지고 시들어 버린 꽃잎만 추하게 갈색으로 변해 있었다. 그러나 입원해 있는 동안 내 가족의 힘이 얼마나 소중하고 큰 것인가를 새삼 느꼈으며 그 고마움을 영원히 잊을 수 없을 것이다. (2007)

호주-뉴질랜드 관광여행기

날씨가 무척 덥다. 피서를 가고 싶은 생각이 문득 든다. 계절이 반대인 지구 남반부에 있는 나라로 가고 싶은 생각이 든다. 남들은 다 갔다 왔다는 그 나라 호주와 뉴질랜드로 피서 여행을 가기로 마음먹고 가장 저렴한 비용으로 갈 수 있는 방법을 인터넷으로 검색해 보았다. 다른 여행사는 거의 9박 10일에 2,600,000원을 하는데 'T 여행사'에서는 1인당 항공사 유류 인상분 60,000원 포함 1,550,000원이라 그 여행사에 예약을 했다.

여행사 납입금이 백만 원씩이나 차이가 나는 이유를 잘 모르겠으나 아마도 숙박호텔 등급과 식사종류가 좀 다를 것으로 생각했다. 그러나 잠자리가 좀 좋지 않거나 고급음식이 아니면 어떠랴 싶고 돈이 비싸다고 눈으로 보는 경관이 더 좋게 보일 리 만무할 것으로 여겨 내 형편에 맞게 저렴한 비용으로 집사람하고 같이 다녀오자고 해서 값이 가장 저렴한 여행사에 예약을 한 것이다.

7월 25일 여행사에서 A항공사 조종사 파업으로 A항공 시드니행이 취소되어 일본 동경 나리타공항을 경유해서 시드니로 가야 하기 때문에 인천공항 미팅시간을 오후 2시로 앞당긴다는 통보를 받았다. 미팅장소에 오후 1시 30분에 갔으나 시간이 너무 일러 여행사 직원이 아직 나오지 않았다. 조금 후에 여행사 직원이 나와 여행안내서와 항공티켓을 교부받았는데 당초에는 14명이 신청을 했는데 A항공사 조종사 파업으로 3명이 취소를 해서 11명이 최종 일행이 되었다고 했다. 같이 갈 일행들을 보니 우리 부부가 제일 고령이고 한 부부가 50대 후반이고 나머지는 40대 초반에 어린애들과 동행이었다.

당초에는 A항공 601편이 인천공항을 오후 8시에 출발해서 다음 날 아침 7시에 호주 시드니에 도착하게 되어 있었으나 파업으로 취소되어 오후 5시 A항공 106편으로 동경 나리타공항으로 출발하였다. 오후 7시 30분에 나리타공항에 도착해서 바로 호주 시드니행 항공으로 바꾸어 타기 위하여 환승창구에 가서 환승 절차를 밟는데 담당직원이 일의 미숙으로 어찌나 더디게 처리하는지 답답하기 그지없었다.

같은 날 오후 10시 40분 동경발 시드니행 QANTAS 호주항공 QF 22G편에 탑승하여 10시간을 비행하는 동안 기내식을 두 번(석식, 조식)을 하는 등 지루한 시간을 보낸 후 26일 호주시간으로 아침 7시에 시드니 공항에 도착하였다. 시드니에 가까워지는 호주 상공에서 왼쪽 창밖을 보니 여명(黎明)으로 동쪽 하늘과 바다 사이에 남북으로 밝음과 어둠의 선이 쭉 그어져 있는 현상을 보았다. 시드니 상공에 이르니 동쪽 수평선상의 하늘빛이 이제는 검붉음에서 주황색으로 변해 가고 있었다. 시드니 시가지를 내려다보니 시가지 전체가 숲으로 덮어져 있고 그 사이사이로 붉은 지붕을 한 가옥들이 보여 진정 이국 풍경을 물씬 풍겼다.

시드니공항에 도착하여 동경 나리타공항에서처럼 뉴질랜드의 오클랜드행 비행기로 바꿔 타기 위하여 환승창구를 찾아가는데 환승창구를 찾아가는 길이 각종 매점 앞을 통과하도록 동선(動線)을 만들어 놓아 복잡해서 어리둥절한 가운데 환승창구를 겨우 찾아 티켓을 보여줬더니 그 티켓을 본 여직원이 여기가 아니라고 하였다.

나보고 "Can you speak English?"라고 하기에 "쪼끔"이라고 하니까 손짓으로 이리저리 방향을 가리키면서 뉴질랜드로 가는 항공기 환승창구를 찾아가라고 하는 것 같은데 내가 머뭇거리고 있으니까 안 되겠다 싶었던지 옆에 있는 다른 여직원보고 같이 가서 안내를 해 주라고 했다. 우리 일행은 그 여직원을 따라가는데 이리 돌고 저리 돌아 오르고 다시 내려가 한참을 가다가 손짓으로 가는 방향을 가리켜 주는 대로 뉴질랜드행 환승창구를 찾아가 오크랜드행 티켓을 교부받아 65번 게이트 앞에서 탑승을 대기하고 있었다.

대기하는 동안 매점에 가서 식수를 한 병 샀다. 탑승시간만을 기다리고 있는데 어느 여대생인 듯한 처녀가 우리 일행을 향해 "아빠!" 하고 부르면서 다가오고 있었다. 우리 일행 중 부산에서 아들을 데리고 온 중년 부부의 딸이 시드니 대학에서 어학연수를 하고 있는데 가족이 함께 뉴질랜드로 관광여행을 하기 위하여 이곳에서 만나 일행에 합류하기로 했다는 것이다. 그래서 우리 일행이 12명이 되었다.

7월 26일 오전 9:30 뉴질랜드항공 NZ 102편으로 시드니를 출발하여 3시간여를 비행한 후 뉴질랜드 시간으로 오후 2:30(시차는 시드니와 2시간)에 오클랜드공항에 도착하였다. 시드니 공항을 이륙하여 비행하는 동안에는 비행기 밑은 구름으로 깔려 있어 아무것도 안 보였으나 오클랜드 상공에 이르러 구름층을 뚫고 그 아래로 내려가니 내려다보이는 땅이 말로만 듣던 초원이 겨울임에도 불구하고 마치 초록색 카펫을 깔아 놓은 것처럼 온 들과 산이 초록색으로 물들여 있었다.

공항에 착륙하여 입국심사와 소지품 검색대에서 각종 식물의 씨앗 등 음식물의 지참여부의 검색을 철저히 받은 후 출구를 나와서 여행사 가이드(현지에 거주하는 한국이민자 이창호)를 만난 후 대합실 구석진 곳에 가서 겨울옷으로 바꿔 입고 여행사 가이드의 안내에 따라 버스가 있는 곳으로 가서 버스에 오르니 우리 일행과 합류하여 함께 투어를 할 다른 여행사팀 17명이 미리 기다리고 있었다. 그래서 뉴질랜드 남북 섬 5일간의 투어는 모두 29명이 같이하게 됐다. 그 여행사 투어 팀은 홍콩을 경유해서 왔다고 했다.

뉴질랜드 기후는 겨울이라고 하지만 우리나라 늦가을 날씨 같아 춥지는 않은데 마침 날씨가 흐리고 보슬비가 조금씩 내리고 있었다. 뉴질랜드는 네덜란드의 아벨태즈먼이라는 사람이 처음 발견하였는데 그가 오스트레일리아에서 남섬의 서쪽 해안에 도달한

1624년 이후부터 유럽에 알려졌고 새로 발견된 땅(land)이라는 의미에서 나라이름이 붙여졌다. 그로부터 1세기 후인 1769년부터 1777년까지 '쿡' 선장이 여러 차례 조사한 후 1814년에 런던 선교사인 마스딘이 건너와 기독교 포교의 첫발을 디뎠다 한다. 1840년에는 원주민인 마오리족의 추장들과 '와이팅기' 조약이 체결되어 전 섬에 걸쳐 영국의 주권이 확립되었고, 그 후 이주민이 건너와 식민이 시작되었다고 하는데 그 당시 영국에서는 일반 흉악범 죄수들의 유형지로 호주를 택하였고 정치범 등 지식층의 범죄자는 뉴질랜드로 보냈다고 한다. 그 후 1907년에 영국 국왕의 대행자로서 의회와 입법권을 갖게 되었고, 1947년에 영국 연방의 하나로 독립을 했으며, 이 나라의 크기는 남북섬 합해서 우리 한반도의 1.4배에 달하고 인구는 약 360만 명뿐이라 인구 밀도가 아주 낮은 나라라고 하는 뉴질랜드의 역사에 관한 가이드의 설명을 들으며 제일 목적지인 오클랜드에서 남쪽에 위치한 로터루아(Rotorua)로 향하였다.

보슬비가 내리는 가운데 차창으로 보이는 들과 산언덕은 푸른 초원으로 도배가 되어 있고 그 위에는 한가로이 풀을 뜯고 있는 수많은 양떼들과 기름진 소 떼들 그리고 사슴들을 볼 수 있었다. 날이 어두워져 주위가 안 보이는 가운데 제일 목적지인 마오리 전통 민속 쇼를 보면서 저녁식사를 하는 곳으로 가는데 그곳이 상당히 지대가 높아 짙은 안개 속을 뚫고 올라가 식당에 들어갔다. 그런데 기대와는 다르게 식당은 뷔페식인데 초라했고 마오리 전통 민속 쇼라는 것도 그 내용이 극히 빈약하여 언젠가 하와이 갔을 때 보았던 민속 쇼와 같은 수준으로 기대했던 것이 거품이라는 것을 알고 실망이 컸다. 역시 여행상품 가격이 저렴한 값을 한다고 체념하고 말았다.

식사를 마치고 가까운 거리에 있는 폴리네시안 스파 온천욕장으로 가서 수영복으로 갈아입고 남녀가 같이 들어가는 유황 온천 욕탕에 몸을 담갔다. 지붕이 없는 노천탕이라 탕 밖의 기온은 차갑지만 따뜻한 물속에 몸을 담그고 캄캄한 밤하늘을 쳐다보는 기분은 그런대로 괜찮았다. 온천욕을 마치고 숙소로 갔는데 그 숙소가 특급 내지 일류 호텔은 아니라 해도 명색은 호텔인 줄 알았는데 미국 영화에 나오는 마당에서 방으로 바로 들어가는 모텔이었다. 다행히 침대는 2개였으나 화장실이 그저 그랬다. 이곳 숙박문화가 그러한지는 모르겠으나 어쨌든 기대 밖이었다. 역시 상품가격과 무관하지 않음을 실감했다. 아침 일찍 모닝콜이 울리기 전에 일어나 아침 준비를 끝내고 밖으로 나와 주위 환경을 둘러보니 호숫가에 위치하고 있어 주위 경관은 좋았다.

7월 27일 아침 7시에 모텔 구내식당에서 간단히 아침식사를 한 후 8시에 '와까레와레와'라는 민속촌으로 출발하였다. 이곳은 시내 중심에서 남쪽으로 3km 거리에 있는 유황냄새가 코를 찌르는 지열지대로 부글부글 끓어오르는 진흙열탕과 간헐천(Geyser)이 열기를 내품어 그 일대가 온통 수증기로 덮여 있는 기이한 현상을 구경하면서 바위틈으로 품어 나오는 증기에 손을 대 보았더니 뜨거워 손을 데일 뻔했다. 우리나라에서는 볼 수 없는 현상이라 신기했다.

그리고 그곳을 이웃하여 옛날 원주민인 마오리족이 따뜻한 지열을 이용해서 생활을 했던 주거 공간 등과 민속품의 전시장을 구경했다. 그들의 주택은 땅을 1m 정도 파서 그 위에 나무판자로 움막을 지은 형태(키위하우스)이고 음식물 등 물품을 지열과 동물로부터 보존하기 위하여 하나의 기둥 위에 지상으로부터 2m 정도 높이에 창고 같은 것을 지어놓고 있었다. 그곳의 구경을 마치고 '아그로돔'이라는 양 사육장으로 가서 양털 깎기 쇼를 보는데 의자에 비치되어 있는 헤드폰을 끼우면 우리나라말로 통역이 된다.

현지가이드 집에서 운영하는 식당에 가서 중식을 마치고 로토루아 근교에 있는 레드우드 수목원에 갔다. 이곳은 미국이 세계 제2차 대전 당시 목숨을 바친 뉴질랜드 병사를 위해 산림청 직원에게 비공식적으로 준 캘리포니아산 레드우드를 육종하여 기른 것이 지금의 수목원이 되었는데 사람의 몇 아름드리가 되는 껍질이 붉은 색을 띤 나무가 하늘을 가리며 치솟아 있는 나무들 사이로 산책을 하고 난 후 '파라다이스'라는 개인 소유의 정원을 구경했다.

오클랜드로 오는 길에 녹용 판매점과 양모이불 판매점 두 곳을 쇼핑했다. 녹용 판매점에서는 부산에서 온 나이가 좀 든 것 같은 부부를 비롯해서 주로 조인한 투어 팀의 여러 멤버들이 값이 꽤 고가인 녹용을 구입하는 것을 보았고, 꽤 재력가인 듯한 부산에서 온 부부는 양모제품을 파는 곳에서도 알파카(Alpaca)가 원료인 고가품의 이불을 사는 것을 보았다. 우리도 한국 사람이 양털공장을 운영하는 곳에서 미국에 살고 있는 딸에게 주기 위하여 양모 이불을 하나에 700불(한화 오십만 원 상당)을 주고 샀다.

가이드가 안내하는 쇼핑을 다 끝내고 오클랜드에 와서 'TRAVELLERS INT'라는 역시 미국 모텔 수준의 여관에서 식사를 하고 잠을 잤다. 여행객이 현지가이드와 운전기사에게 주는 공식적인 팁을 1인당 US달러로 100불씩을 달라고 해서 북섬 가이드에게 다 주었다. 앞으로 남섬과 호주가이드에게는 어떻게 하는지 조금 의문스러웠지만 그거야 여행사에서 알아서 할 일이라고 생각했다.

7월 28일 오전 8시 30분 오클랜드 공항발 QF 4111편으로 남섬 크라이스트처치(Christchurch) 공항에 1시간 20분이 지난 오전 9:50분에 도착하여 현지가이드를 만나 그의 안내로 버스에 올라 퀸스타운(Queenstown)을 향하여 출발하였다. 가이드의 자화자찬으로 시작된 관광안내 및 설명을 들으며 뉴질랜드 남섬의 오염되지 않은 켄터베리 대평원을 지나는 동안 테카포(Tekapo) 호수 변에서 잠시 쉬면서 호숫가 너덜길을 거닐었다. 목사가 없이 아무나 들어가서 기도하는 교회와 개 동상(개 동상을 세워 놓은 유래는 들었으나 잊어먹었다)을 둘러보고 조금 더 가서 테카포 호수변 조그마한 마을의 도로변에 있는 한국교민이 운영하는 식당에서 점심을 한식으로 하는데 술을 좋아하는 우리 일행 측 멤버인 젊은 일행이 소주를 한 잔씩 돌려 잘 먹지 못하는 술이지만 사양하는 것이 실례가 될 것 같아 받아 마셨다. 특식으로 연어회를 희망자만 먹었는데 1인당 US달러로 10불씩 지불하였다.

그곳을 출발하여 1시간쯤 남쪽으로 가면 푸카키(Pukaki) 호수 변을 따르는 도로를 타게 되는데 그 호수의 빛깔이 비취색으로 보였다. 날씨가 맑으면 호수 건너편으로 멀리 뉴질랜드에서 제일 높은 산인 '마운틴 쿡(3754m)'이 보인다고 했는데 그날은 날씨가 흐려 볼 수가 없을 것 같았는데 호수 저 멀리로 구름이 잠깐 걷히는 사이로 그 웅장한 모습을 볼 수 있었다.

평원을 달리는 동안 차창에 비추이는 경관은 그 산야의 색깔이 남쪽이라 기후가 더 낮은 탓인지 북섬과는 다르게 갈색이 많았지만 그래도 북섬과 똑같이 들과 산에는 양떼나 소, 사슴을 방목하고 있어 멀리 보이는 산언덕에는 흡사 구더기가 깔려 있는 것처럼 보였다. 조금 더 내려가다가 그 일대 과일농장에서 재배한 각종 과일을 여행객에게 팔고 있는 가게에서 잠시 정차하여 휴식을 취하며 과일을 사먹기도 하였다.

조금 더 내려가니 이제 평원은 사라지고 산악지대로 접어들었다. 도로의 분위기가 달라졌다. 협곡이 보였다. 협곡을 이루는 카와라우(Kawaraw)강을 사이에 두고 이쪽 산과 건너 저쪽으로 이어놓은 철제 다리 중간에 43m 높이의 번지점프대가 있는데 그 다리 위에서 밑으로 흐르는 강물을 내려다보니 아찔한 감이 들었다. 그 시간대에는 번시섬프를 하는 사람이 없었다. 기온이 떨어져 추위를 느꼈다. 멀리 눈 덮인 산의 준령이 늘어 서 있었다. 가이드 말에 의하면 저 멀리로 보이는 설산에서 우리나라 영화 '실미도'를 촬영했다고 했다.

7시간 정도 걸려 드디어 미국 클린턴 대통령이 휴양차 머물고 갔으며, "여왕이 살기에 적합한 도시"라고 하는 호반의 휴양도시

퀸스타운(Queenstown)에 도착하였다. 우리가 묵을 호텔에 체크인 하기에 앞서 해가 지기 직전에 펼쳐 보이는 호반(와카티푸 호수)의 건너편 저 멀리 솟아 있는 눈 덮인 높은 산을 배경으로 한 풍광을 호수를 왕래하는 유람선 선착장 주위를 걸으며 감상했다. 하늘에서 호수를 내려다보면 늘씬한 여자가 의자에 앉아 있는 옆모습의 형상을 하고 있다는 그 호수 중심부 양안을 끼고 비탈지게 형성된 도시는 정말 아름다웠다.

시내에 있는 한국 교민이 운영하는 식당에 가서 저녁식사를 마치고 시내에서 조금 떨어진 곳에 있는 골드 리지(Gold Ridge)라는 호텔에 가서 잠을 잤는데 화장실 겸 샤워실이 난방이 전연 안 되어 있어 몹시 추웠다. 집사람이 샤워를 하고 나서 감기에 걸렸다.

7월 29일 07:00 오늘의 관광 목적지인 피오드르랜드 국립공원에 있는 밀퍼드 사운드(Milford Sound)를 향하여 출발하였다. 운이 좋은 사람들이라 날씨가 이렇게 좋을 수가 없다고 가이드가 몇 번이나 감탄을 했다. 그런데 가는 도중에 버스가 고장을 일으켜(냉각수 유출) 가이드의 기지로 바로 뒤따라오는 다른 한국관광객을 태운 버스에 자리가 여유가 많아 옮겨 탔다.

빙하가 흘러 호수가 만들어졌다는 뉴질랜드에서 제일 큰 테아나우(Te Anau) 호수를 왼쪽으로 낀 도로를 달리는 버스 창으로 비추이는 거울 같은 호수와 그 호수에 비추이는 호수 저쪽 건너로 보이는 산맥을 이루는 설산의 풍경은 참으로 아름다웠다. 경치 좋은 곳에서 사진을 찍으라고 내려준 곳은 저 멀리로 보이는 험준한 설산이 산맥을 이루고 있는 광경을 배경으로 하여 광활하게 펼쳐진 가을빛 초원의 들판이었다. 그곳에서 설산을 배경으로 모두 디지털카메라로 사진들을 찍었는데 나는 구식 자동카메라로 한 장을 찍고 나니까 사진기의 배터리가 다 소모되었는지 고장이 나서 더 찍지 못하였다.

영화 '반지의 제왕'의 촬영 장소인 울창한 숲을 지나 남북으로 뻗어 내린 험준한 서던 알프스(Southern Alps) 산맥이 가까워오니 빙하수가 흐르는 곳이 많았다. 빙하가 녹아 흐르는 개울가에서 그 물로 눈을 씻으면 눈이 밝아진다는 우리가 옮겨 탄 버스의 가이드의 말을 듣고 그곳에 내려 눈도 씻고 물병에 그 빙하수를 담았다. 높고 험준한 산맥을 가로지르는 1953년에 착공하여 약 20년 만에 완공했다는 호머 터널(Homer Tunnel)을 통과하니 우리나라 한계령 같은 꼬불꼬불한 내리막길이 이어졌다. 한참을 내려가니 드디어 오늘의 목적지인 밀퍼드 사운드 선착장에 12시경에 도착하였다.

매점에서 카메라 배터리를 구입해서 교환코자 하였으나 사진기 배터리 넣는 케이스를 열 줄 몰라 포기하고 말았다. 유람선에 오를 때 배 입구에서 직업사진사가 사진을 찍어주었나. 배에 올라 자리를 잡고 뷔페식으로 선상식사를 하면서 태고 때 피오르드(Fjord, 빙식곡 또는 협만), 즉 큰 산맥이 빙하로 침식되어 만들어진 계곡에 바닷물이 들어와 생긴 좁고 깊은 만을 이루어 흡사 폭이 넓은 강 같기도 하고 호수 같기도 한 바다 위를 항해하는 배에서 협만 양안에 뾰족하게 우뚝 솟아 있는 직각을 이루는 암벽과 그

위를 덮고 있는 삼림과 높은 산꼭대기에서 가느다랗게 바다로 흘러내리고 있는 폭포수를 보는 기분은 말로 표현하기가 어렵다.

산 전체가 바윗덩어리로 형성되었는데 어떻게 저렇게 울창한 숲이 형성될 수 있을까? 가이드의 설명에 의하면 기후가 습하기 때문에 바위 위에 이끼가 끼는데 나무 씨가 바람에 날아와 그 이끼 위에 떨어져 싹을 터 자라나 나무가 되어 숲을 이루었는데 나무뿌리가 바위를 뚫고 뿌리를 내릴 수 없기 때문에 그 무게를 이기지 못하면 넘어지게 되어 그것이 연쇄적으로 넘어져 눈사태 같은 나무사태가 벌어진다고 했다. 그래서 군데군데 사태가 난 흔적을 볼 수 있었다.

그 길이가 16km나 되는 이 협만의 입구인 남태평양 타스만(Tasman)해를 향하여 나가다가 협만의 초입에서 배를 돌려 되돌아오다가 만년설이 녹아 흘러내리는 폭포(스털링 폭포, 높이 155m)수가 떨어지는 절벽 앞까지 선수를 빠짝 대어 폭포수를 배에서 맞을 수 있도록 해 그 폭포수를 맞기도 했다. 그 폭포수를 맞으면서 소원을 빌면 소원이 이루어진다고 했다. 오래전에 이 협만 밖의 바다에서 이러한 협만이 있는 줄도 모르고 지나 항해를 하던 어떤 선장이 풍랑을 피해서 이 협만으로 우연히 들어왔다가 이곳을 발견했다고 했다. 2시간 정도 유람하고 선착장으로 돌아왔다. 배에서 내리기 직전 배에 오를 때 찍었던 사진을 희망자에 한해서 구입토록 해 그곳 경관을 담은 CD를 포함해서 20불(?)을 주고 샀다.

오후 2시가 조금 넘은 시각에 우리가 왔던 길로 퀸스타운을 향해 출발하였다. 호머터널을 지나 내려오다가 공원관리 직원의 지시로 차가 멈추었다. 도로변에 바위 등이 무너질 우려가 있어 그 위험요소를 미리 제거하기 위한 작업을 하느라 차량통제를 잠시 한다고 했다. 어느 휴게소에 들러 우리가 원래 탔던 버스 수리가 끝나 그 버스로 옮겨 탔다. 오후 늦게 퀸스타운에 도착하여 또 호숫가 유람선 선착장과 호수 백사장을 거닐었다. 그런데 나도 감기 기운이 있는지 목이 아파왔다. 몸이 오슬오슬 추위를 느껴 어서 방으로 들어갔으면 좋겠다고 생각했다. 집사람도 같은 생각인 것 같았다. 가이드의 안내로 시내 중심가에 있는 심해 상어제품 판매점에 들러 설명을 들었다. 제품을 구입하는 사람은 없는 듯했다. 그곳에서 가까운 한국교포가 운영하는 식당에 가서 식사를 했다. 역시 부실했다.

가이드가 잠깐 자리를 비운 사이에 함께한 여행사 팀의 어느 젊은 여자가 아이들은 빼고 어른들 1인당 10불씩을 거둬 가이드에게 팁으로 주자는 제의를 하기에 다들 그 여자의 뜻에 따라 우리도 20불을 주었지만 생각지 않았던 일이라 다들 속으로는 떨떠름한 기분인 것 같았다.

7월 30일 아침 8시 크라이스트처치를 향하여 출발하였다. 가이드가 우리 일행이 거두어 준 팁에 대하여 성의에 감사하게 받겠으나 돈은 받을 수가 없다고 하면서 이 돈을 돌려드리는 것은 예의가 아니므로 가다가 이 돈으로 점심 먹을 때 연어회를 전부 자시도록 하겠다고 했다. 푸카키 호수에 있는 수력발전소가 있는 곳에서 차를 잠깐 멈추고 내려 주위 경관을 둘러보고 가이드가 아니면

이 길로 들어설 수 없다는 생색을 내는 자화자찬을 들으며 우리가 올 때 들러서 점심식사를 했던 데카포 호수 변 식당에서 점심식사를 했는데 가이드가 말한 대로 각 테이블에 연어회 한 접시씩 놓여 푸짐하게 잘 먹었다.

오후에 크라이스트처치에 도착하여 한국교포가 막 개업했다는 점포에 들러 쇼핑을 하면서 벌꿀(석청, 마루카) 한 박스를 구입했다. 시내 중심부에 있는 공원과 성당 앞 광장에서 머물다가 또 한국교포가 운영하는 식당에 가서 저녁식사를 했는데 역시 부실했다. 숙소 역시 북섬에서와 같은 미국 모텔 수준의 여관이었다.

7월 31일 새벽 3시에 기상하여 4시 30분 공항에 도착, 가이드가 출국수속과 티켓팅을 해 주어 5:50발 시드니행 QF 066편으로 호주 시드니를 향하여 출발하였다. 호주에 입국할 때는 과일 음식물 등을 절대로 휴대할 수가 없으므로 먹다가 남은 것은 버려야 했다.

시드니공항에는 3시간 15분 경과 후 호주 시간으로 아침 7시 5분에 도착하여 공항 검색을 거치는 데 많은 시간이 걸려 짜증이 났지만 어쩔 수 없는 일이라 꾹 참고 철저한 검색을 받은 후 밖으로 나왔다.

이제는 함께한 팀과는 헤어져 우리는 한국에서 호주 시드니에 있는 대학교에 유학 와서 학업을 마치고 회사에 다니면서 아르바이트로 가이드 일을 틈틈이 한다는 외모가 준수하고 성격도 차분한 것 같은 우리 여행사 소속 청년 가이드의 마중을 받은 후 그의 안내에 따라 바로 시드니 수족관 아쿠아리움을 관람하였다.

이 수족관은 시드니 항구 바닷가에 위치한 세계에서 가장 큰 수족관의 하나로 바다 속의 신비한 모습을 그대로 재현해 놓아 약 5,000여 종의 살아 움직이고 있는 바다생물이 대형 수족관 및 50여 개의 크고 작은 수족관에 전시되어 있다. 대형 수족관은 터널식으로 시설되어 있어 사람의 머리 위로도 커다란 물고기가 유영을 하고 다녔다.

수족관의 관람을 마치고 이곳에서 1시간 30분 거리에 있다는 다음 코스인 블루마운틴을 향하여 출발하였다. 가는 동안에 호주의 역사가 시작된 시드니는 오스트레일리아 뉴사우스웨일스주의 주도(州都)로 인구는 360만 정도이며 호주 남동해안을 끼고 있는 남태평양에서 가장 중요한 항구도시로 이태리의 나폴리, 브라질의 리우데자네이루와 더불어 세계 3대 미항 중의 하나이며, 시드니는 1770년 영국 제임스 쿡 선장이 이끄는 탐험대가 처음 발견하였고, 1788년 1월 총독 필립이 유형수 770명, 군인 250명을 데리고 이곳에서 최초의 식민지를 개척하였으며, 도시 이름은 당시 영국의 관료였던 시드니경의 이름을 따서 지었다는 등의 시드니 역사에 관한 가이드의 설명을 들었다.

블루마운틴으로 가는 도중에 시내에서 40분 거리에 있는 호주의 희귀 동물(코알라, 캥거루, 왈라비, 웜뱃, 에뮤, 크로커다일 등)을 볼 수 있는 퍼더데일 야생동물원(Featherdale Wildlife Park)에 들러 구경을 한 후 한국관광객이 많이 붐비는 한국교포가 운영하는 한식 뷔페식당에서 어설프게 중식을 하고 이동하여 블루마운틴 전망대에 이르렀다.

그곳 전망대에서 바라다 보이는 경관은 듣던 대로 경이로웠다. 흡사 몇 년 전에 미국에 가서 보았던 아리조나주 북서부의 콜로라도강의 대협곡인 그랜드 캐니언과 비슷하였는데 그곳보다는 깊이는 낮으나 폭이 훨씬 넓고 울창한 숲이 덮여 있다는 게 달랐다. 이곳 전망대에서 저 멀리 보이는 광활한 산악지대는 높이가 해발 1,100m이고 그 넓이가 약 250만km^2가 되며 그 이름을 '블루마운틴'이라고 부르는 이유는 이 산악지대를 숲으로 덮고 있는 나무인 '유칼립투스'에서 증발하는 수증기가 햇빛에 반사되어 일어나는 푸른 안개(Blue Fog)현상 때문이라고 했다. 그래서인지 전망대 아래로 한없이 내려가 저 멀리 건너편 좌우로 길게 직선으로 뻗어 있는 산악지대까지 펼쳐져 있는 숲의 바다는 푸른빛으로 보였다.

전망대 왼쪽으로 보이는 세자매봉이라고 이름 붙여진 우뚝 솟아 있는 세 개의 바위는 약 15,000년 전 대륙 융기로 솟아오른 사암절벽으로 이 흙빛 바위에는 마법에 걸려 바위로 변했다는 세 자매의 슬픈 전설이 전해 온다고 했다. 그런데 같이 세자매봉을 보고 있던 어떤 사람의 말이 저것은 중국 장가계에 비하면 아무것도 아니라고 했다. 잠깐 틈을 내어 매점에 가서 카메라 배터리를 사서 끼워 놓고 집사람 사진을 찍었으나 역시 잘 되지를 않았다. 완전히 고장이 났다. 할 수 없이 일회용 카메라를 구입해서 사진을 찍었다.

전망대에서 오른쪽으로 가서 절벽 아래로 내려가는 경사 52도의 급경사궤도 열차를 타고 쏜살같이 내려가는 짜릿한 맛을 보았는데 전에 내가 가끔 꿈을 꿀 때 급경사를 내리꽂으며 내려가는 기차를 타고 있었던 현상과 어찌 그리 같은지 신기하기만 했다.

옛날 광산이었던 숲이 우거진 산책로를 걸어 내려가 협곡과 협곡을 잇는 300m 높이의 곤돌라를 타고 원위치에 올라왔는데 곤돌라를 탈 때는 될 수 있는 대로 오른편 창쪽으로 붙어 서 있어야 펼쳐지는 경치를 잘 볼 수 있다는 가이드의 말을 따랐더니 점점 높은 곳을 향하여 오르는 동안에 보여지는 경치는 별스러웠다. 전망대가 있는 곳은 해발 1,000m 가까운 높이에 있는 듯한데 올라오는 길의 경사도가 완만한 탓인지 높은 곳에 오르는 실감이 나지를 않았다.

몇 년 전에 미국 와이오밍(Wyoming)주에 있는 국립공원 옐로우스톤(Yellowstone)을 관광할 때 그곳 높이가 2,700m가 넘는 곳이라 했는데 버스가 올라가는 길이 워낙 완만하여 평지를 가는 것 같았는데 오르고 보니 간헐천이 있는 산꼭대기에 이르렀다고 하는 것과 앞에 쓴 미국 그랜드캐니언에 갔을 때 처음에는 절벽 위에서 저 아래 협곡으로 흐르는 푸른 강을 보고 참 이상하다 어찌 땅 밑으로 강물이 흐를까 하고 머리를 갸우뚱했는데 내가 서 있는 곳이 평지가 아니라 1,600m 높이의 산꼭대기에 올라와 있던 것인데 그 산이 워낙 넓어 그곳까지 오르는 길의 경사도가 완만하여 평지를 달려온 것 같은 착각에 빠져 있었던 것과 같은 현상이었다. 원래 블루마운틴을 전부 둘러보려면 1주일 정도 걸린다고 하는데 몇 시간 정도 보는 것은 완전히 수박 겉핥기식이 아닐 수 없다.

시드니로 돌아오는 길에 역시 한국교포가 운영하는 조그마한 중국 음식점에 가서 저녁식사를 했다. 시드니 교외 서울로 치면

성남이나 용인쯤 되는 곳에 있는 써니 브룩(Sunny Brook) 호텔이라는 숙소에 갔다. 지금까지 투숙했던 여관보다는 좀 나은 편이나 일류급이라고는 할 수 없었다. 밤에 잠을 자는데 목이 몹시 아팠다. 감기로 편도선염이 생겼다. 집사람도 감기 때문에 고통을 받고 있다. 같이 여행을 하고 있는 나이 지긋한 일행이 감기약을 줘 먹으니 좀 나은 것 같은데 약 기운이 떨어지면 도로 두통 등 감기 증세로 고통스러웠다. 이럴 줄 알았다면 미리 감기약을 준비해 오는 건데 후회가 되었다. 거기다가 뉴질랜드에서 매끼 식사 때마다 권하는 술을 한 잔씩 받아 마신 탓인지 통풍기가 있어 길 걷기가 좀 불편해 왔다.

8월 1일 아침 7시 호텔에서 빵으로 아침식사를 마치고 8시 시드니 북쪽 동부 해안선으로 200km 정도 떨어져 있는 포트 스테판으로 향하였다. 3시간 정도 지난 다음에 그 길이가 40km나 되는 스탁톤 비치(Stockton Beach)에 이르러 넓게 펼쳐진 사구라기보다는 오히려 사막이라고 해야 할 것 같은 밀가루 같은 모래밭에서 4륜구동 자동차에 타고 높이가 15m 정도 되고 경사면이 45도, 길이가 30m 정도 되는 모래 언덕 위에 가서 길이 1m, 폭 20cm 정도 되는 널빤지에 올라타고 미끄러져 내려갈 때 양손을 좌우로 벌려 모래를 짚어 제동장치 역할을 하며 속도를 조절하면서 내려가는데 스릴이 있었다. 집사람은 무섭다고 미끄럼을 타지 않고 경사가 완만한 모래언덕 길을 걸어서 오르고 내렸다. 나는 모래썰매를 세 번 탔다.

다시 그 자동차를 타고 남태평양 쪽빛 바다에서 파도가 밀려드는 환상적인 황금모래 해변에 와서 백합 같은 조개를 모래 속에서 파서 줍기도 했는데 그 조개를 밖으로 가지고 나가면 엄청난 액수의 벌금을 물어야 한다고 했다. 그러한 경고문을 쓴 입간판이 세워진 것을 보았다. 중식(식당은 기억이 안 난다) 후 넬슨 베이(Nelson Bay)에 와서 배를 타는 선착장 앞 나무그늘 잔디밭에서 배가 떠나는 시간을 기다리다가 배시간이 되어 만을 한 바퀴 돌면서 돌고래가 바다 위로 솟아오르는 광경을 보는 돌핀워칭크루즈(Dolphin watching cruise)선에 승선하였다. 커다란 호수 같은 만의 바다 위를 1시간 넘게 놀았다. 오후 7시경 숙소인 써니 브룩 호텔에 귀환하여 양식인 스테이크로 석식을 하였다. 밤에 잠을 자는데 목이 아파 깊은 잠을 잘 수가 없었다.

8월 2일 역시 빵 종류로 아침식사를 마치고 시드니 근교 동부 해안으로 갔다. 먼저 본다이 비치(Bondibeach)라는 곳으로 갔다. 이곳은 우리나라 부산 해운대 해수욕장같이 모래해변이 시내와 접해 있는 시드니에서 가장 아름다운 곳으로 태평양과 직접 면해 있이 해변으로 밀려드는 파도가 높아 파도타기(surfing)에 좋은 곳이라고 한다. '본다이'라는 말은 호주 원주민어로 "바위에 부딪쳐 부셔지는 파도"라는 말이라고 했다.

몸이 으슬으슬 추워 바닷가에 오래 있기가 싫었다. 다음 장소로 이동하면서 골프장 옆으로 지나갔는데 이곳 골프장은 그린피가 1회에 우리나라 돈으로 1, 2만원 정도 하니까 골프를 원 없이 치려면 이곳에서 장기 체류하면서 골프를 치면 밑천을 뽑을 수 있다고 했다. 그 골프장을 지나 도착한 곳은 시드니 시내를 한눈에 다 볼 수 있는 넓은 공터인 '더들리 페이지(Dudley Page)'라는 곳인데 이곳에서 시드니를 배경으로 사진들을 찍고 가이드가 각자의 사진기로 돌아가면서 12명 전체사진을 찍어 주기도 하였다.

다음은 갭팍(Gap Park)으로 갔다. 영화 '빠삐용' 촬영지로 유명한 수십 m가 되어 보이는 해안절벽이 있는 곳, 절벽 가장자리로 안전철책이 설치된 산책로를 따라 오르내리며 왼쪽으로는 시드니 항만의 경관을, 오른쪽으로는 멀리로 수평선이 보이는 남태평양의 한없이 넓고 푸른 바다를 보았다. 호주 개척 시에 힘든 노동에 시달리며 가난과 고독에 절망한 죄수들이 몸을 던졌다는 깎아지른 듯한 해안절벽 아래로 부딪쳐 하얗게 물거품을 만들며 퍼지는 파도를 본 후 조그마한 공원 길가에 주차되어 있는 차에 가서 다시 차에 올라타고 미국 LA에 있는 비버리힐즈와 같은 고급 주택지를 지나 시드니 항의 상징물인 오페라하우스로 갔다.

사진이나 영상물로만 보아왔던 그 오페라하우스를 직접 와서 보니 감회가 새로웠다. 가이드의 설명에 의하면 이 오페라하우스는 14년간 공사를 해서 1973년도에 완공을 했으며 실내는 5개의 크고 작은 공연장이 있고 가장 큰 홀은 관객을 2,700명이나 수용할 수 있다고 했다. 이 오페라하우스는 덴마크의 건축가 이외른 우촌(Jorn Utzon)이 설계했으며 외관은 칼로 쪼갠 오렌지조각에서 영감을 얻어 디자인했다고도 하고 시드니항구에 정박되어 있는 요트들의 돛 모양을 되살린 조가비 형상을 본떴다고도 했다는데 하여튼 그 모양의 지붕이 바다와 묘한 조화를 이루어 그 아름다움이 덧보였다.

이 오페라 하우스는 건축의 노벨상이라고 할 수 있는 프리츠커상(The Pritzker Architecture Prize)을 위 건축가가 85세 되던 해에 받았다고 했다. 이 건축물에서 특기할 만한 것은 높이가 67m나 되는 조가비 형상의 지붕에는 흰 타일을 100여만 장을 썼다고 했다. 우리 내외는 오페라하우스 내부에는 들어가 보지 못하고 계단과 그 아래 벤치가 있는 바닷가 난간을 돌아보면서 오페라하우스와 하버브릿지를 배경으로 일회용 사진기로 사진 몇 장 찍고 하버 크루즈(Harbour Cruise, Vagabond Cruise)를 하는 배에 타기 위하여 모이는 장소에 갔다.

그곳에서 가이드는 배를 같이 못 타고 A항공 조종사들의 파업 사태가 아직도 풀리지 않아 내일 한국으로 돌아가는 항공기에 대하여 알아보기 위하여 우리가 배를 타고 나갔다가 돌아오는 시간에 A항공사에 다녀오겠다고 하였다.

시드니 항만을 한 바퀴 돌면서 선상식사(중식)를 하는 유람선에 승선하였다. 간단한 양식의 뷔페로 식사를 하면서 선장의 알아들을 수 없는 느릿느릿한 특이한 목소리로 지나가는 시드니 항구의 경치를 설명하는 소리를 들었다. 나체족이 누워 있는 모래해변과 영화 '더 록'의 촬영지였던 미국 샌프란시스코 항 앞바다 위에 있는 과거에 감옥으로 사용했던 알카트라자 섬과 규모는 작지만 비슷한 조그마한 섬을 지나쳤고 항만을 한 바퀴 돈 후 오페라하우스와 함께 시드니의 상징물인 하버브리지 밑을 지나 또 다른 선착장에 들러 승객을 하선시킨 후 우리가 승선했던 곳으로 돌아와 하선을 했다.

A항공사에 갔던 가이드와 만나 A항공 조종사 파업 때문에 8월 3일 08:20 시드니발 인천공항행 항공의 운항이 취소되어 3일 오후 3시에 뉴질랜드로 다시 가서 오클랜드에서 인천공항으로 가는 대한항공을 탑승해서 서울로 가야 한다는 말을 들었다. 집사람이나 나나 몸 컨디션이 안 좋은데 비행기를 더 타야 한다니 기분이 좋지 않았다. 가이드를 따라 오페라하우스 앞을 지나 바닷물이 넘실대는 해변을 끼고 돌아 걸어서 왕립식물원(Royal Botanic Gardens)의 넓은 잔디밭 위 여기저기에 이름 모르는 수많은 각종 식물을 살펴가면서 오페라하우스와 하버브리지를 한눈에 바라볼 수 있는 포트잭슨에 툭 튀어 나와 있는 미세스 매쿼리 포인트(Mrs. Macquarie's Point)에 가서 주위 경관을 둘러보고 그곳에 와 있는 버스에 타고 숙소에 와서 간단한 호텔식으로 저녁을 때웠다.

8월 3일 당초에는 08:20 시드니발 인천공항행 A항공에 탑승하기 위하여 새벽 6시에 시드니공항으로 가야만 했는데 A항공 운항이 취소되는 바람에 일정에 다소 변경이 생겨 오후 3시발 뉴질랜드행 비행기에 탑승하기로 되어 있어 당초 일정에 없는 시간을 보내야 하기 때문에 아침을 늦게 먹고 10시에 하버브리지가 있는 시드니 시내관광을 한다고 했다. 그 추가 비용은 A항공사에서 부담한다고 했다.

버스로 1시간쯤 달려 1972년 개통된 시드니 중심부와 북부지역을 바다를 건너 연결하는 전체 길이 563m의 아치형 철제다리 밑 도로를 지나면서 구경하고 호주에서 가장 오래되고 두 번째로 큰 (제일 큰 성당은 멜버른에 있다고 함) 성 마리아대성당(st. Mary)에 들러 성당 안에 집사람과 같이 들어가 보니 엄숙함이 저절로 풍겨오는 분위기에 마음이 쪼그라들고 양편에 있는 성서의 내용을 새겨 넣은 듯한 스테인드글라스 밖의 빛 비추임에 찬란한 아름다움이 한층 덧보였다. 작은 성의로 헌금하고 촛불을 켜고 난 후 묵상을 했다. 밖에 나와 성당 앞 광장에서 뾰족탑이 양쪽으로 세워진 성당을 배경으로 사진을 찍었다.

무슨 약품 제조회사에 들러 홍보 설명을 들었으나 사는 사람이 없었다. 다음 어느 매점에 들러 우리는 아이스와인 3병을 샀다. 또 다른 백화점인 듯한 곳에 들러 쇼핑을 하고 나서 중식을 한 후 공항으로 갔다. 가이드가 역시 출국수속 및 티켓팅을 해 주어 가이드와 작별하고 오후 3시 시드니발 오클랜드행 뉴질랜드항공 NZ 118편으로 3시간여 비행 끝에 오클랜드공항에 도착하여 K항공 직원의 안내에 따라 환승절차를 끝내고 밤 8시 30분 오클랜드발 인천공항행 K항공 KE 824편으로 10시간 넘게 비행기를 탄 후 4일 아침 6시경 인천공항에 도착하였다.

우연히 같은 여행사에 패키지투어를 신청하여 10일 동안 같은 일행으로 여행을 하였던 인연도 보통 인연은 아닐진대 공항에서 나오면 작별인사 한 번 제대로 하지 않고 그냥 뿔뿔이 헤어지는 것을 보고 그 어떤 허무함 같은 것을 느꼈다.

▎후기(後記)

우리 부부의 몸 컨디션이 썩 좋지 않았기 때문에 이번 여행은 즐거운 여행이 되지를 못하였다. 우리같이 나이가 많은 사람은 비용이 싼 패키지여행은 삼가하는 것이 좋겠다고 생각했다. 잠자리와 먹을거리가 고급이어야 한다는 것을 느꼈다. 일행들이 대부분 중년 이하 젊은 사람들이라 같이 어울리기가 어색했고 나이 많은 사람을 대하는 그 젊은이들의 태도도 그렇고….

언젠가 미국에 가서 그곳 현지투어를 할 때 그곳 가이드는 노인에 대한 배려가 각별하여 버스를 탈 때도 나이 많은 사람들을 앞좌석에 앉게 하고 젊은이들은 뒷좌석에 앉도록 하는 세심한 배려가 있었는데 이번 여행을 할 때는 가이드들은 그러한 것에 대해서는 신경을 안 썼고 젊은 일행들은 그들이 먼저 차에 올라 앞자리에 앉고 내릴 때에는 다른 사람이 못 앉도록 자기들 물건을 그 자리에 놓고 내리는 등 이기적인 처신을 보고 속으로 서운한 마음이 많이 들었다. 다음에는 마음 맞는 친구들끼리 한 조를 만들어 여행을 떠나야겠다고 마음먹었다.

실질적으로 8일 동안 우리나라에서 볼 수 없는 특이한 경관을 보고는 왔는데 뉴질랜드나 호주 관광지의 극히 일부분의 한 점을 본 것에 불과하다. 한곳을 보기 위하여 장시간 버스를 타고 가고 오고 하는 동안에 버스 차창을 통해 보이는 이국풍경을 보는 것도 물론 의미는 있는 것이지만….